QUELQUES PROPOSITIONS

CONCERNANT

LES INTÉRÊTS COLONIAUX.

QUELQUES PROPOSITIONS

CONCERNANT

LES INTÉRÊTS COLONIAUX,

ET SPÉCIALEMENT

DE L'ÉMANCIPATION IMMÉDIATE,

AVEC ASSOCIATION ET INDEMNITÉ,

PAR M. HENRI PAIN,

COLON DE LA GUYANE FRANÇAISE, ANCIEN AVOCAT-AVOUÉ PRÈS LES COUR
ET TRIBUNAUX DE CETTE COLONIE, EX-AVOCAT AU CONSEIL PRIVÉ
DU GOUVERNEUR, MEMBRE TITULAIRE DE L'INSTITUT D'AFRIQUE,
JUGE DE PAIX DE LANNION (CÔTES-DU-NORD).

« Traitez les hommes de la même manière que vous
» voudriez vous-mêmes qu'ils vous traitassent. »
(*Evang. selon S. Luc*, ch. VI, v. 31.)
« Celui qui laboure doit labourer avec espérance *de*
» *participer aux fruits de la terre*, et celui qui bat le
» grain, doit le faire *avec espérance d'y avoir part.* »
(*S. Paul*, 1re *Epître aux Cor.*, ch. IX, v. 10.)
« La place naturelle de la vertu est auprès de la
» liberté; mais elle ne se trouve pas plus auprès de la
» liberté *extrême* qu'auprès de la servitude. »
(De Montesquieu, *de l'Esprit des Lois*, t. 1, liv. VIII,
ch. III.)
« Partisans d'une émancipation intelligente et fé-
» conde, mettons, sans arrière-pensée, nos lumières
» et notre expérience au service de cette grande cause.
» Levons l'étendard de la régénération et inscrivons
» sur notre drapeau : *Liberté, ordre, travail, bien-
» être....* »
(*Discours de M. le lieutenant général Ambert, président du conseil colonial de la Guadeloupe.*)

NANTES,

IMPRIMERIE DE CHARLES GAILMARD, RUE DE GUÉRANDE.

1847.

A M. FAVARD, DÉLÉGUÉ,

ET A MESSIEURS

LES PRÉSIDENT ET MEMBRES

Du Conseil Colonial de la Guyane Française.

MESSIEURS,

En venant vous prier de vouloir bien agréer l'hommage de cette brochure, j'obéis deux fois à l'impulsion de mon cœur :

Car dans la personne du délégué et les membres du conseil colonial de la Guyane, je vois non-seulement l'élite de compatriotes qui, lorsque j'avais le bonheur de me trouver au milieu d'eux, m'ont honoré de leur estime et de leur affection, mais encore les dignes représentans de mon pays.....

C'est à ce titre surtout que je vous prie, Messieurs, d'accueillir ce faible hommage, offert au pays lui-même que, dans une pensée d'amour et de gratitude, j'aime à personnifier dans ses représentans non moins fidèles que dévoués, non moins éclairés que zélés.

Tout imparfait qu'il est, je n'hésite pas à laisser tomber mon travail dans le domaine de la publicité; car j'ai la douce confiance que le sentiment qui me l'inspire justifiera ma témérité, aux yeux du moins de mon pays.

Oui, m'efforcer d'être utile à mon pays, en même tems qu'à la sainte cause de la liberté je viens payer le bien faible tribut de mes convictions, telle est, en effet, ici ma seule pensée, mon unique préoccupation; tel est le double but que je me suis proposé.

Si, pourtant, malgré mon ardent désir de ne jamais m'écarter de la vérité; si, contrairement à mes intentions, des propositions erronées, ou même contraires aux vrais intérêts du pays, avaient malheureusement pu sortir de ma plume inexpérimentée, que mes compatriotes veuillent donc bien me les pardonner; mais aussi que d'autres plus éclairés, plus expérimentés que moi, n'hésitent pas à se mettre à l'œuvre: que tout en rectifiant les erreurs dans lesquelles j'ai pu tomber, ils se fassent aussi un devoir sacré de recbercher et d'indiquer, *d'une manière précise et définitive,* les véritables solutions que, depuis si longtems, réclament tant et de si importantes questions, desquelles dépend l'avenir colonial tout entier :

Que, conciliant les droits sacrés de l'humanité avec les besoins du commerce, de l'industrie et de l'agriculture, leurs systèmes se montrent également favorables à la cause de la liberté, à celle de la civilisation et aux intérêts des colonies, le premier, je m'empresserai de leur offrir et mon adhésion et mon faible concours, m'estimant heureux de prouver, par le sacrifice même de mes propres idées, que la bonne foi et l'amour du bien public sont les seules sources auxquelles, toujours, je les ai puisées.

D'ailleurs, Messieurs, m'empresser de placer sous vos auspices ce premier et bien faible essai; me permettre de vous prier de vouloir bien le couvrir de votre autorité, bien que sur plusieurs points nos opinions diffèrent, n'est-ce pas vous offrir le plus pur hommage que puisse revendiquer tout noble cœur, toute âme généreuse? Car c'est reconnaître, c'est proclamer que, non moins tolérans qu'éclairés; que non moins empressés à la recherche de la vérité que sincèrement attachés à la cause coloniale, vous ouvrez votre sein à toutes les opinions, à toutes les manifestations qui, pour s'y frayer un favorable accès, n'ont qu'à déployer une bannière, dont la devise ne soit autre que ces

mots qui sont si profondément gravés dans vos cœurs:
« Amour de la vérité, bonne foi, sincérité, mais aussi
» amour du pays et du bien public. »

Aussi, Messieurs, non moins fier qu'heureux de pouvoir
me placer sous cette bannière qui nous est commune,
déjà je crois entendre sortir de ses plis, doucement agités
par le souffle d'une divinité propice, ces paroles frater-
nelles et amies, que vos cœurs ne manqueront pas de
ratifier :

« Viens à nous, enfant de la Guyane, viens sans crainte,
» sans hésitation ; ce n'est pas en vain que vers nous une
» noble confiance t'aura porté : nous saurons absoudre tes
» erreurs, protéger et féconder tes faibles efforts! »

ÉPIGRAPHES.

« Traitez les hommes de la même manière que vous voudriez,
» vous-mêmes, qu'ils vous traitassent. »

(Évang. selon S. Luc, ch. vi, v. 31.)

« Partisans d'une émancipation intelligente et féconde, mettons,
sans arrière-pensée, notre expérience et nos lumières au service de
cette grande cause ; mais que la prudence et la sagesse soient nos
seuls conseillers : Organisons avant de détruire.

» En appelant toute une population aux bienfaits de la liberté,
qu'aucun effort ne nous coûte pour lui épargner, dans l'avenir, les
luttes et les misères du prolétariat, ce fléau des sociétés modernes.

. . . .

» Levons l'étendard de la régénération, et inscrivons sur notre
drapeau : *Liberté, ordre, travail, bien-être !* Que la mère-patrie
apprenne, enfin, que ces colons, tant calomniés, sont des enfans
dignes d'elle. »

*(Discours de M. le lieutenant-général Ambert, président du
conseil colonial de la Guadeloupe, à la séance d'ouverture de la
session de 1847.)*

« L'état sauvage est la condition la plus funeste à la santé de l'homme ; les épidémies, jadis, fréquentes et meurtrières, ont perdu de leur fréquence et de leur danger, *à mesure que la civilisation* a fait des progrès ; avec les lumières, la liberté règne , *et avec elle, l'aisance et la santé publique ;* avec l'ignorance et la superstition, la misère et les maladies dominent ; *l'esclavage,* enfin, *enchaîne la raison, étouffe le génie, brise les ressorts de la pensée , et détruit,* partout, *ce que l'homme renferme de noble et de grand ; la liberté,* au contraire, *le conduit au plus haut degré de vertu,* qu'il lui soit donné d'atteindre. »

(Le docteur G. Le Borgne, de Lannion. — *Le Médecin, Considérations Générales,* t. ɪ, pages 8 et 9.)

« L'esclavage n'est pas bon par sa nature ; il n'est utile ni au maître ni à l'esclave : à celui-ci, parce qu'il ne peut rien faire par vertu, à celui-là , parce qu'il contracte avec ses esclaves toutes sortes de mauvaises habitudes ; qu'il s'accoutume insensiblement à manquer à toutes les vertus morales : qu'il devient fier, prompt, dur, colère, voluptueux, cruel. »

(De Montesquieu, *de l'Esprit des Lois,* t. ɪɪ, liv. xv, ch. ɪ.)

AVANT-PROPOS.

AUX COLONS,

MES AMIS ET COMPATRIOTES DE LA GUYANE, DES ANTILLES, DE BOURBON.

« Partisans d'une Emancipation intelligente et
» féconde, mettons, sans arrière-pensée, notre
» expérience et nos lumières au service de cette
» grande cause... »

A ces paroles empreintes d'une si noble sagesse, que vient de faire entendre à une assemblée digne de les recueillir, une voix non moins chère que toujours féconde en d'utiles enseignemens, paroles si dignes elles-mêmes d'être précieusement recueillies et méditées par nous tous, qu'il me soit permis, — à moi qui ne puis revendiquer d'autre titre à la bienveillante attention de mes compatriotes que l'amour, dont je me sens animé pour le pays, — d'ajouter quelques considérations, quelques faibles idées, desquelles, méditées elles-mêmes et fécondées par l'intelligence, les lumières et le bon vouloir de ceux auxquels je les adresse, tout en implorant leur indulgence, pourront, peut-être aussi, sortir d'utiles applications.

Un point sur lequel, aujourd'hui, nous paraissons tous d'accord, c'est que le système de la résistance — système trop longtems préconisé — doit enfin faire place à celui d'un concours intelligent et sincère ; C'est que nous armer, désormais, pour repousser une transformation sociale certaine, inévitable, ce serait étrangement méconnaître nos propres intérêts, en même tems que nous montrer systématiquement hostiles au triomphe d'une cause qui, dans tout le monde chrétien, compte autant de partisans qu'il y a de cœurs nobles et généreux.

L'émancipation résolue — je dirai plus, accomplie en principe, si je puis m'exprimer ainsi, doit, avant longtems, passer réellement du principe à l'application. A cet égard, pas le plus léger doute; entre nous, désormais, il ne saurait y avoir de désaccord sur ce point.

Mais par quels moyens, arriver à l'application; comment accomplir cette grande œuvre de régénération ?

C'est là, désormais, la seule question que nous puissions agiter; question, pour la solution de laquelle, à nous tous, colons, mes chers compatriotes, il importe souverainement d'offrir au gouvernement du Roi un concours complet et sincère, une participation loyale et ferme.

Cette pensée que, dès l'année 1842, j'avais émise et que, depuis, je n'ai cessé de développer dans les divers écrits, que je viens, ici, soumettre à vos méditations, je suis non-seulement heureux, mais fier aussi de la rencontrer sur des lèvres, dont les paroles nobles et graves, toujours sont empreintes du cachet de la sagesse. Je suis heureux et fier que mes doctrines, restées ignorées, trouvent leur consécration dans ces paroles admirables, qu'a fait entendre le digne président du Conseil colonial de la Guadeloupe : « Partisans » d'une Emancipation intelligente et féconde, » mettons, sans arrière-pensée, notre expérience

» et nos lumières au service de cette grande
» cause. »

Encouragé par le rapprochement, si flatteur
pour moi, que je rencontre entre mes faibles idées
et les principes et les paroles d'un homme à tant
de titres recommandable parmi nous et investi,
chaque année, des marques de la plus haute,
comme de la plus intelligente estime de l'élite de
ses concitoyens, qu'il me soit permis, me faisant
une égide tutélaire de cette grande autorité, de
venir, avec confiance, soumettre à l'appréciation
de mes compatriotes quelques propositions qui
toutes peuvent se résumer en ces paroles que nous
ne saurions trop nous répéter les uns aux autres :
« Partisans d'une Emancipation intelligente et
» féconde, mettons, sans arrière-pensée, notre
» expérience et nos lumières, au service de cette
» grande cause.

Loin de moi — je me hâte de le dire, — la
présomptueuse pensée d'apporter à ce noble concours de l'expérience, de l'intelligence et des
lumières, une part qui aide, d'une manière immédiatement efficace, à la solution de la grande
question qui, désormais, doit revendiquer tous
nos efforts, occuper toutes nos veilles. Mais qu'il
me soit permis de me livrer à la douce espérance
que, de mes faibles idées, fécondées, je le répète,

par les hommes intelligens et généreux, auxquels je viens les soumettre, germeront quelques résultats qui soient utiles à la cause commune.

A vous tous donc, mes compatriotes, d'examiner si, dans l'Etat actuel de la question et au point où en sont les choses, l'Emancipation immédiate *avec association*, ce correctif qui, selon moi, serait la garantie comme la réalisation des vœux et des droits de tous les intéressés, colons et émancipés, n'est pas le seul mode qui puisse, en donnant une satisfaction pleine et entière aux vrais principes, assurer en même tems la conservation des personnes et des choses;

A vous tous d'examiner si ce mode d'Emancipation que je viens proposer à vos méditations, ne serait pas, complété par vos lumières et votre expérience, la réalisation de ces nobles paroles, sorties elles aussi de la bouche et du cœur du digne président du conseil colonial de la Guadeloupe :

« Levons l'étendard de la régénération, et ins-
» crivons sur notre drapeau : *Liberté, ordre, tra-*
» *vail, bien-être...* »

Mais ne perdons pas de vue, *qu'il est urgent que, sans hésiter,* nous entrions résolument, avec courage, fermeté *et sans esprit de retour,* dans cette voie nouvelle d'un concours intelligent et fécond , dans laquelle l'honorable président de la Guadeloupe vient de lancer le drapeau colonial ; et, si la sagesse et la prudence y doivent guider nos pas, que devant notre courageuse énergie et notre inébranlable résolution, s'aplanissent aussi tous les obstacles. Ne consumons pas dans d'éternelles hésitations des jours et des années, déja trop longtems perdus à soutenir l'étendard d'une infructueuse et aveugle résistance.

Pour la Guyane, surtout, plus encore que pour les autres colonies, est bien à désirer une solution définitive et prompte qui vienne l'arracher à cet état d'épuisement, dans lequel se dissolvent, chaque jour davantage, les restes haletans de ses élémens de travail et de prospérité, déjà si considérablement réduits.

Pour la Guyane, surtout, il est urgent que, régénérés par l'émancipation et la civilisation, ses travailleurs puisent dans les principes toujours si féconds d'une liberté bien comprise, l'énergie et le bon vouloir, que ne peut leur donner le régime de l'esclavage, aujourd'hui plus que jamais, aux prises avec les idées qui, de toutes parts, en sapent les bases, déjà si profondément ébranlées : Pour la Guyane il est instant que la grande et puissante voix de la liberté, s'élevant de ses rivages qui, chaque jour, deviennent de plus en plus déserts, et retentissant du sein de ses immenses forêts qui n'attendent que des bras pour offrir à la France et à la colonie elle-même d'inépuisables élémens de richesses et de prospérité, y appelle de nouveaux et de puissans travailleurs : que portant avec eux sur cette terre par elle régénérée les intelligens bienfaits et les immenses ressources du travail libre, ils y viennent remplacer les bras asservis et par conséquent impuissans qui lui étaient autrefois fournis par un trafic honteux, que la loi, se faisant enfin l'écho fidèle de la morale et de la religion, en même tems qu'elle obéit à la voix de l'humanité, a, pour jamais, proscrit.

Mais que, dans ces quelques réflexions, que je viens soumettre à la bienveillante et intelligente appréciation de mes compatriotes, ils ne s'attendent pas à rencontrer un traité, dans lequel se trouvent groupées, discutées, résolues, avec ordre, méthode et ensemble, les questions si diverses qui se rattachent à la grande transformation sociale que nous allons accomplir.

Non: cette brochure n'est, tout simplement, que le recueil de quelques propositions émises, à différentes époques, adressées à diverses personnes, et qui, réunies ensuite sous ce titre :
« *Quelques Propositions, concernant les intérêts*

**

» *coloniaux* » ont été communiquées, en 1846, à Monsieur le directeur des colonies, avec des notes explicatives et quelques réflexions nouvelles.

Il n'a été apporté aucun changement aux divers écrits, que contenait le manuscrit adressé à Monsieur le directeur des colonies et dont cette brochure n'est que la reproduction fidèle et textuelle.

Les classant seulement, ici, dans l'ordre de leurs dates, j'ai cru devoir placer en tête le *Mémoire* de 1842 et renvoyer à la fin les notes adressées à Monsieur le directeur des colonies, notes qui, dans le manuscrit, étaient au contraire placées sous les N⁰ˢ 1 et 2.

Les événemens accomplis, depuis l'envoi de ce manuscrit, m'ayant paru nécessiter quelques réflexions nouvelles, je les ai placées, en forme de notes, sous les matières auxquelles elles se rapportent. Ces notes contiennent aussi quelques nouveaux documens, que je me suis procurés. Enfin, j'ai cru devoir faire précéder les différens articles de ce recueil, de citations qui, placées en forme d'épigraphes, viennent prêter à mes propositions une autorité qui leur manquait, ou, plutôt, ajouter à celle qu'elles puisent déjà dans le discours de M. le lieutenant général Ambert. Ce sont là les seuls changemens par lesquels cette

brochure diffère du manuscrit qu'elle reproduit (A).

Aussi que les lecteurs bienveillans auxquels
s'adresse ce recueil, s'attendent à y rencontrer
les mêmes propositions, les mêmes questions,
plusieurs fois énoncées, d'une manière plus ou
moins étendue, où, pour parler plus exactement,
d'une manière plus ou moins incomplète.

Peut-être m'eût-il été facile, en refondant ces
divers écrits, de présenter à mes bienveillans
lecteurs un tout plus complet, mieux coordonné
et dégagé, surtout, des fastidieuses redites, pour
lesquelles j'implore, à l'avance, leur patience et
me recommande à leur bienveillance; mais qu'ils
me pardonnent d'avoir préféré à cette refonte
qui leur eut épargnée quelques heures d'une lecture fort peu attrayante, le seul et faible mérite
que je puisse revendiquer, celui de reproduire
textuellement et avec une scrupuleuse exactitude,
des réflexions, jetées rapidement dans des lettres
et des notes, que j'avais hâte de faire arriver à
leur destination, pressé que j'étais de payer, tant

(A) Pour distinguer ces notes nouvelles de celles que contenait le
manuscrit adressé à M. le directeur des colonies, je les ai indiquées par des caractères alphabétiques, tandis que les autres le sont,
comme dans le manuscrit, par des caractères numériques.

à la grande et belle cause de l'émancipation,
qu'à celle non moins sacrée des droits acquis,
le faible tribut de mes convictions et d'une expérience, que je crois avoir acquise dans la médi-
tation la plus consciencieuse de nos intérêts
communs.

En présence de cette fidèle et scrupuleuse
reproduction, et surtout de cette confession
sincère, grâce donc pour les fastidieuses redites,
grâce, surtout, pour les inexactitudes de style :
que, passant avec indulgence sur la forme, souvent inexacte, incorrecte, sous laquelle se produit ma pensée, mes bienveillans compatriotes
daignent seulement peser les idées et les choses,
et, de ce tout informe, faire jaillir et recueillir,
pour les féconder eux-mêmes, les quelques propositions qui leur paraîtront pouvoir donner lieu
à d'utiles applications. Que leur intelligence suppléant à ce qui est incomplet ; que leurs lumières
éclairant ce qui est obscur ; que leur patriotisme
ranimant leur courage, ils s'efforcent de poursuivre jusqu'au bout, cette tâche si pénible ; et,
peut-être, parviendront-ils à atteindre le seul but
que je me suis proposé, en les conviant à ce rude
labeur : faire sortir de cette ébauche si imparfaite
et si confuse que je viens soumettre à l'action
intelligente de leurs expériences et de leurs

lumières, une solution qui puisse utilement servir nos intérêts communs et assurer, en même tems, à la grande cause de l'émancipation un triomphe pacifique et fécond.

Que nos regards, tendus vers ce noble but, y découvrent une large compensation offerte à nos efforts ; et, si dans la préparation de ce grand résultat, aucune part ne devait m'être assignée ; si, de toutes mes propositions, il n'en était pas une seule qui fût susceptible d'une utile application, que du moins, à la suite de mes pas inexpérimentés, mes compatriotes ne craignent pas, de se lancer sur le terrain glissant et épineux de la publicité.

Pour tout homme de cœur, le témoignage de sa conscience et le sentiment de la pureté de ses intentions forment un impénétrable bouclier, contre lequel viennent s'émousser les traits les plus acérés de la critique, de l'envie, de la calomnie. Que chacun d'eux, osant donc affronter et les traits de l'amère critique et les insinuations perfides de la malveillance, s'arme de courage et vienne offrir à la grande cause de la régénération une participation pleine d'abnégation et de dévoûment ; que chacun deux, animé d'une noble et sainte ardeur, s'empresse donc de justifier ces admirables paroles, qu'un généreux élan a fait jaillir de nos rangs : « Partisans d'une Emanci-

» pation intelligente et féconde, mettons, sans
» arrière-pensée, notre expérience et nos lumières
» au service de cette grande cause... Levons
» l'étendard de la régénération, et inscrivons sur
» notre drapeau : *liberté, ordre, travail, bien être !* »

Paroles admirables, sublimes ! sorties d'un cœur
magnanime, que devant vous tout front s'incline !...
Que réduit en poussière sous l'action puissante de
votre énergique et féconde autorité, l'étendard de la
résistance fasse place à la nouvelle bannière, qu'à la
cause coloniale vous venez de créer, et sous laquelle
tout noble cœur doit se montrer fier de se ranger !

Que, dans la proportion des dons intellectuels
que lui a départis la divine Providence, chacun
de nous donc, rivalisant de zèle et de dévoûment,
se fasse un saint devoir d'apporter à l'accomplissement de la tâche nouvelle qui nous est tracée,
le tribut de son intelligence et de ses méditations.
De cette noble rivalité, de cette si louable et si digne
émulation, jailliront, soyons-en certains, des solutions qui, à la place de notre vieille organisation
coloniale, à jamais condamnée, sapée dans ses
fondemens et menaçant de nous écraser sous ses
ruines, feront surgir une constitution nouvelle qui,
d'autant plus forte, d'autant plus inébranlable et,
surtout, d'autant plus féconde, qu'elle sera plus
en harmonie avec les principes, les institutions et

les progrès de l'époque, nous ouvrira une ère nouvelle de prospérité et de bien-être.

Mais, pour que nous ayons le droit d'aspirer avec confiance à ce grand résultat, n'oublions pas — nous ne saurions trop nous le redire — que, *sans arrière-pensée, avec une résolution aussi franche que ferme,* nous devons à la grande et belle cause de l'émancipation offrir *un concours sans réserve,* une participation *pleine et entière.* Gardons-nous bien de nous montrer les imitateurs puérils de ces écoliers mutins, paresseux, indociles qui, forcés de prendre le chemin de l'école, n'y avancent qu'à regret reportant sans cesse leurs regards en arrière, cherchant une issue, par laquelle ils puissent échapper à l'œil observateur du maître et tromper sa surveillance : Marchons franchement, résolument dans la voie nouvelle, où nous entraîne le courant des idées et l'irrésistible torrent du progrès. A leur course impétueuse ne cherchons pas à opposer d'impuissantes barrières ; avec elles nous serions précipités, broyés sur d'inévitables écueils ; mais sachons en diriger le cours. Que notre voix aussi, dominant la tempête et s'élevant plus haut que les éclats de la foudre qui menace nos têtes, rallie sous les devises protectrices de notre nouvelle bannière tous ceux des nôtres qui voudraient s'égarer encore dans les

efforts impuissans d'une aveugle et funeste résistance. Qu'ainsi fermement unies entre elles et
concentrées sur un seul point, toutes les forces
de notre intelligence et de notre expérience
convergent vers un but unique : arrêter, aussi
promptement que possible, un système complet
d'émancipation qui, autant que le peut permettre
l'imperfectibilité des choses humaines, donne une
satisfaction pleine et entière à tous les intérêts,
à tous les droits, en même tems qu'il se montrera
parfaitement en harmonie avec les vrais principes.

Mais si, à l'accomplissement de cette grande
œuvre de régénération, nous ne voulons que nos
forces trahissent notre courage et nos intentions,
rappelons-nous, qu'ici-bas, rien ne se fait de
grand, de noble, de stable, si la religion ne vient
à l'architecte des œuvres de l'intelligence, plus
encore qu'à celui des œuvres purement maté-
rielles, offrir son puissant et indestructible appui ;
n'oublions pas que toute œuvre de l'homme qui
ne repose sur les inébranlables fondemens, que
jette la main de Dieu, croule bientôt, quelque
grande, quelque solidement établie, que, dans le
principe, elle puisse paraître. Que, fille de la
religion, l'instruction morale vienne aussi nous
prêter son tutélaire appui et féconder nos efforts.
Aussi, qu'à la suite de ces mots : *Liberté, ordre,*

travail, bien-être, qui, désormais, doivent distinguer le drapeau de la sagesse et de l'intelligence
coloniales de celui d'une aveugle résistance ; où
plutôt, avant eux, qu'il me soit permis de vous
proposer d'inscrire ceux-ci : *Instruction morale et
religieuse.....* Oui, *instruction morale et religieuse,
liberté, ordre, travail, bien-être!...* Telle est la
devise sacrée de l'oriflamme, sous la sauve-garde
de laquelle le vaisseau de la société coloniale peut,
soyons-en certains, affronter tous les écueils de
la mer orageuse de l'émancipation.

Avant de terminer ces quelques réflexions pré-
liminaires, j'éprouve le besoin, après avoir reven-
diqué en faveur de mes opinions l'autorité
tutélaire de cette harmonie, que je me suis montré
non moins heureux que fier de pouvoir constater
entre elles et celles de l'homme recommandable
qui vient de nous tracer la voie nouvelle que,
désormais, nous devons suivre... J'éprouve, dis-je,
le besoin d'unir mes faibles protestations à ces
accens énergiques par lesquels, avec toute la
puissance que donne à sa parole, et son noble
caractère et ses glorieux services, il a repoussé
cette odieuse et flétrissante solidarité, dans laquelle, trop souvent, on s'efforce de confondre et
tous les colons restés fidèles à la voix de l'humanité,
et ceux d'entre eux qui, heureusement *en petit*

nombre, ne craignent pas de se souiller par de criminels abus.

Déjà, dans le *Mémoire* écrit en 1842, que je publie dans ce recueil, je m'étais fait un devoir, obéissant à cet élan de profonde indignation, qu'inspire toujours le sentiment de l'honneur justement blessé, de protester contre cette odieuse solidarité que, dès cette époque, on faisait peser sur quiconque porte le titre de colon. — Aux nouvelles accusations, dont, plus d'une fois, pendant le cours de la session qui vient de finir, on a, d'une manière si outrageante pour la société coloniale tout entière, fait retentir la tribune, je répondrai : s'il est un principe sacré, proclamé par la raison et sanctionné par l'Eternelle justice, avant qu'il ne fût devenu l'une des règles fondamentales de notre constitution sociale et politique, c'est que les fautes sont personnelles et que leurs conséquences ne sauraient atteindre que leurs auteurs. Pourquoi donc, au mépris de cette loi commune, dont chacun de nous tous Français des colonies, aussi bien que de la mère-patrie, est en droit de revendiquer le bienfait, faire toujours indistinctement peser sur les colons les fautes de quelques-uns d'entre eux ?

Lorsqu'un crime est commis en France, lorsqu'un grand scandale y vient étonner, impressionner péniblement, effrayer l'opinion publique, serait-il donc juste que les colons s'armant, à leur tour, de ces faits, voulussent faire peser sur le corps social de la mère-patrie tout entier une odieuse solidarité ! Serait-il donc juste qu'ils voulussent au moins en charger la corporation, à laquelle appartiennent plus spécialement les coupables !

Si, dans ces derniers tems, où la corruption semble déborder de toutes parts ; dans ces tems malheureux, où des scandales, à jamais déplorables, viennent de faire descendre des plus hautes sphères de la société métropolitaine, sur le banc de l'ignominie, d'illustres criminels qui appartenaient aux compagnies les plus respectables, que consacrent nos institutions, serait-il juste... — Je dis plus, ne serait-il pas infâme que les colons, usant de représailles et imprimant sur des fronts innocens le stigmate infâmant, dont la justice vient de flétrir ceux des coupables, voulussent reporter sur la mère-patrie cette odieuse solidarité, qu'on ne cesse de faire peser sur la société coloniale tout entière. Et, si la noble prérogative de ministre et d'ancien ministre du Roi a été impuissante pour défendre des atteintes de la cupidité et de la corruption deux hommes si haut placés dans l'estime de tous, revêtus qu'ils avaient été de cette distinction suprême de la confiance royale, ne serait-il pas odieux, infâme de vouloir désormais faire rejaillir d'indignes et outrageans soupçons sur quiconque aura gravi les marches du pouvoir; ne serait-il pas odieux, infâme de rendre la noble chambre, la plus haute magistrature de l'état, l'armée tout entière, tous ces grands corps, en un mot, qui sont les gardiens fidèles de l'honneur et de la dignité de la nation, responsables du crime qui a flétri deux de leurs membres.

Eh bien! si cela serait odieux et infâme, pourquoi donc, lorsque certains crimes sont commis aux colonies, s'empresser d'envelopper la société coloniale tout entière du stigmate infamant qui ne devrait atteindre et flétrir que les coupables! Pourquoi, égarant, à dessein, l'opinion publique, la porter à confondre injustement dans son indignation et le sentiment de sa réprobation, les innocens avec les criminels; pourquoi ne pas distinguer pour les colonies, comme pour la France, il est juste, il est équitable, il est noble de distinguer les coupables, de la masse qui, restée fidèlement, inébranlablement attachée à la voix de la conscience et de l'honneur, doit aussi rester pure de tout soupçon outrageant, de toute accusation déshonorante.

Et, si, aux colonies, tout noble cœur repousse,

avec la plus énergique indignation, cette odieuse solidarité, dont on veut envelopper la Société coloniale tout entière, c'est qu'aux colonies aussi, non moins en France, qu'on le sache bien, toute âme honnête se révolte et gémit à la seule pensée des criminels abus qui, bien rarement, quoi qu'on en dise, font franchir à l'autorité, généralement si paternelle du maître, les limites, que lui ont assignées la morale et l'humanité, la voix de la conscience et de l'honneur, plus encore que la juste sévérité des lois; c'est qu'aux colonies, l'opinion publique et la réprobation générale ne flétrissent pas moins, qu'on le fait en France, ces déplorables abus, dont la Société coloniale voue les criminels auteurs aux foudres vengeresses de la justice; c'est qu'aux colonies, — et je ne crains pas de le proclamer hautement, ici, — et à l'appui de cette affirmation, j'évoque le témoignage de nos administrateurs, celui de quiconque a parcouru nos établissemens et observé de près, sans prévention, sans haine, sans partialité les maîtres, dans leurs rapports avec leurs esclaves — c'est qu'aux colonies, il se rencontre à peine un maître sur cent, qui ne se montre toujours jaloux de conquérir, par sa bienveillance et son humanité, l'affection de tous ses serviteurs, comme le père de famille se montre empressé de gagner la tendresse de tous ses enfans. Et, si, cette proportion, quelque favorable qu'elle soit à la cause de l'humanité, n'est pas encore ce que je voudrais qu'elle fût ; — je dirai plus, si, — ce que je ne pense pas, — elle était établie sur des bases erronées, il n'en est pas moins vrai que les maîtres qui abusent de l'autorité déposée entre leurs mains, constituent de bien rares exceptions qui ne sauraient justifier ces accusations d'humanité et de tyrannie, qu'on ne cesse de lancer contre les colons en général. Et, à supposer même que l'abus de l'autorité, au lieu de se concentrer dans quelques mains seulement, qui, je le répète, constituent de bien rares exceptions, eût étendu son funeste et tyrannique empire, de manière à ce qu'une portion assez considérable, le vingtième par exemple, de la Société coloniale pût, avec raison, être accusée d'abuser tyranniquement de l'autorité du maître ; à supposer que cette proportion, purement hypothétique, fût malheureusement une cruelle réalité, qu'en pourraient raisonnablement conclure les vrais amis de l'humanité, si ce n'est que l'esclavage doit être immédiatement aboli, et non qu'il faille rendre une population tout entière solidairement responsable des abus, dont se rend coupable la vingtième partie des individus qui la composent ; et, dans tous les cas, quelle que soit la proportion d'après laquelle puissent être répartis les bons et les mauvais maîtres, qu'en conclure encore, si ce n'est qu'il faut purger la société coloniale des membres qui la déshonorent et qu'elle réprouve ; qu'il faut frapper des peines les plus sévères les criminels auteurs de tout abus *légalement constaté*, et non renfermer dans l'inique réseau d'une injuste et odieuse solidarité, et non frapper d'une réprobation systématique quiconque porte le titre de colon.

Et ces protestations que me dicte, ici, le sentiment de la dignité nationale si indignement outragée, sentiment dont je me glorifie de porter en moi le culte sacré, qu'on se garde bien d'y voir une manifestation en faveur de l'esclavage : Colon, je n'en suis pas moins, avant tout, partisan, non moins sincère de l'émancipation, que ceux-là qui, confondant dans une injuste réprobation et l'esclavage, si justement réprouvé par la morale et la religion, et les malheureux colons, si injustement chargés de tout l'odieux d'une institution, *dont ils ne sont pas les auteurs premiers,* s'efforcent d'écraser indistinctement, sous le poids d'une outrageante solidarité, et la Société coloniale tout entière et quelques rares malfaiteurs sortis de ses rangs.

Que dans ces protestations, on ne voie pas, dis-je, une manifestation en faveur de l'esclavage. Ce serait étrangement méconnaître les principes et

les convictions dont je me fais gloire d'avoir puisé
les élémens dans le bienfait d'une éducation chrétienne et libérale : *L'esclavage,* selon moi, *est une
institution en elle-même condamnable,* indépendamment même des abus, des vices, des crimes
qui, le plus souvent, en forment le hideux cortége.
Et, si les sentimens d'humanité, dont, je me plais
à le répéter, sont animés les colons français, les
maintiennent — la majeure partie d'entre eux du
moins — dans les limites d'une autorité vraiment
paternelle, cette autorité n'en est pas moins, aux
yeux de l'humanité et de la religion, la consécration d'un pouvoir usurpé, d'une possession
que ne saurait sanctionner la loi divine ; car, si
Dieu, en créant l'homme, a voulu que la nature
tout entière lui fût asservie : ce serait indignement
méconnaître, outrager et son infinie bonté et sa
suprême justice, que de prétendre qu'il ait aussi
voulu que l'homme pût asservir l'homme !...

Cette brochure n'est, je l'ai dit, que la reproduction d'un Mémoire communiqué, tant à M. le
directeur des colonies, avec des notes explicatives, qu'à MM. les président et membres du
conseil des délégués, auxquels j'ai eu l'honneur
d'adresser, en même tems, une lettre contenant

quelques propositions nouvelles, lettre que je reproduis aussi dans cette publication.

Qu'il me soit permis de prier M. le directeur des colonies de vouloir bien agréer, ici, l'expression, aussi vive que sincère de toute ma gratitude pour la lettre si bienveillante, par laquelle il a bien voulu m'accuser réception, et me remercier de ma communication. *Si la réserve qu'impose à M. le directeur des colonies,* la haute position qu'il occupe, ne lui a pas permis — chacun le comprendra — d'exprimer une opinion sur les propositions que j'ai émises, du moins les termes bienveillans de sa lettre, m'autorisent-ils à penser qu'il a rendu justice à la sincérité de mes convictions, à la pureté de mes intentions. Aussi, je le répète, qu'il me soit permis de lui en offrir, ici, l'expression de toute ma reconnaissance.

J'aurais été heureux de pouvoir offrir à MM. les représentans des colonies le même hommage de gratitude; mais ils n'ont pas jugé convenable de m'accuser même réception de ma communication; mes compatriotes jugeront si elle ne méritait d'être accueillie, que par ce dédaigneux silence de la part de nos représentans.

2 août 1847.

***

QUELQUES RÉFLEXIONS

SUR

L'ÉMANCIPATION DES ESCLAVES,

DANS NOS POSSESSIONS COLONIALES.

MÉMOIRE ÉCRIT EN 1842.

PREMIÈRE PARTIE.

DE L'ÉMANCIPATION.

ÉPIGRAPHES.

« L'esprit du Seigneur s'est reposé sur moi ; c'est pourquoi il m'a consacré par son onction ; il m'a envoyé pour prêcher l'Evangile aux pauvres ; pour guérir ceux qui ont le cœur brisé ;

» *Pour annoncer aux captifs leur délivrance* et aux aveugles le recouvrement de la vue ; *pour mettre en liberté ceux qui sont brisés sous leurs fers ;* pour publier l'année favorable du Seigneur, et le jour où il se vengera de ses ennemis. »

(Evang. selon S. Luc, ch. iv ; v. 18-19.)

« Dans les Etats modérés, il est très-important qu'il n'y ait point trop d'esclaves. La liberté politique y rend précieuse la liberté civile, et celui qui est privé de cette dernière, est encore privé de l'autre ; il voit une société heureuse, *dont il n'est pas même partie* ; il trouve la sûreté établie pour les autres *et non pour lui* ; il sent *que son maître a une âme qui peut s'agrandir, et que la sienne est contrainte à s'abaisser sans cesse,* rien *ne met plus près de la condition des bêtes* que de voir toujours des hommes libres et *de ne l'être pas.* De telles gens sont des ennemis naturels de la société, et leur nombre serait dangereux. »

(De Montesquieu, de l'Esprit des Lois, t. ii, liv. xv, ch. xii.)

« Dans aucun temps, dans aucun pays, le caprice et la violence n'ont rien fait de grand, de solide ni de durable. Je n'ai pas besoin d'invoquer le témoignage des siècles passés ; il est inutile de fouiller dans les annales des autres peuples ; portez seulement vos regards en arrière ; réfléchissez sur les événements dont vous avez été les témoins ; voyez ce qu'ont produit l'exagération et la haine, ce qui est résulté de nos prétentions ambitieuses et de *notre résistance*..... La perte de nos propriétés et la mort de nos frères sont le fruit amer de nos dissensions ; que les malheurs sous lesquels nous gémissons, que les désastres, plus affreux encore, qui sont à craindre pour nous, rappellent l'union, la confiance entre toutes les autorités.

» Dans la carrière où nous nous sommes imprudemment lancés, *nous avons un guide : Ce sont les décrets du corps constituant, sanctionnés par le roi ; soumettons-nous, de bonne foi, à l'autorité souveraine.* Depuis trop longtemps, les intérêts particuliers s'opposent au bien général. Qu'il n'y ait plus, désormais, *qu'un seul parti : celui du bonheur public*, qu'un seul moyen pour atteindre ce but : le renoncement aux passions qui nous divisent.

» Si le patriotisme, tant vanté, *n'obtient pas de nous quelque sacrifice* ; si le besoin de la paix n'éteint pas dans nos cœurs l'orgueil et la vengeance qui les agitent ; si la crainte, hélas ! trop bien fondée, qu'inspire la situation critique où nous sommes, ne nous ramène pas à la circonspection et à la sagesse, je le vois et le dis à regret : je n'ai plus qu'à pleurer sur le sort de ma patrie. »

(Dalmas, *Révolution de Saint-Domingue*, discours de M. Justal à l'assemblée coloniale.)

———

« La Normandie, par ses manufactures de coton ; la Bretagne et la Flandre, par leurs toiles ; la Gascogne et le Languedoc, par leurs vins et leurs farines ; les autres provinces, par les productions de leur sol et de leur industrie ; la capitale de l'empire, enfin, par cette foule d'ouvrages auxquels la mode donne un si grand prix, *étaient tous intéressés à l'existence de nos possessions coloniales.* »

(Dalmas, *Mémoire sur le rétablissement de Saint-Domingue.*)

PREMIÈRE PARTIE.

DE L'ÉMANCIPATION.

Proclamer l'abolition de l'esclavage dans nos possessions coloniales, ce serait accomplir l'un de ces actes de souveraine justice qui honorent également et les hommes qui en ont conçu la pensée, et ceux qui ont eu le courage de les exécuter, et les siècles qui les ont vus s'accomplir!

Oui, proclamer l'émancipation des esclaves, ce serait assurément consommer un grand acte de réparation...!

Et, s'il était permis à l'homme de comparer ses œuvres aux œuvres de Dieu lui-même, proclamer l'émancipation, partout où pèse la domination usurpée du maître, arracher à l'avilissante condition d'esclave tous les hommes quels qu'ils soient, quelles que soient et leur race et la couleur de leurs visages, ce serait, dirions-nous, consommer comme une nouvelle rédemption..... celle de l'homme par l'homme..... rédemption, aussi grande, aussi admirable, aussi sublime peut-être, *mais assurément plus étonnante* que la rédemption du genre humain par l'homme-Dieu...; car à la toute-puissance divine, rien n'est difficile.....

Mais, accomplir cette œuvre si grande, au préjudice des droits légitimement acquis; faire triompher le principe de la liberté, en foulant aux pieds les principes non moins sacrés qui protègent la propriété, ce serait placer la spoliation à côté de la réparation, et dégrader l'œuvre la plus sublime, par l'iniquité la plus révoltante.

Affranchir d'ailleurs les esclaves, et ne pas leur assurer de la manière la plus complète, toutes les ressources, tous les avantages, toutes les garanties, tous les droits que comporterait leur nouvel état social ;

Proclamer l'émancipation, et *reculer devant les mesures et les sacrifices* qui seuls, peuvent compléter cette œuvre *de réparation ;*

Affranchir la race africaine, et la livrer, sans guides et sans soutiens, à tous les dangers de sa nouvelle situation;

L'enlever aux soins paternels du maître, et l'abandonner à toutes les horreurs de la misère, à toutes les infirmités de la vieillesse;

Et ne pas l'arracher surtout à la dégradation morale que lui a imprimée l'esclavage....,

Oh! mille fois plutôt ne pas proclamer l'émancipation! Changer la constitution sociale et politique de nos possessions coloniales, et ne pas leur en reconstituer une plus belle, plus forte et plus prospère!

Détruire et ne rien édifier.....

Oh! mille fois plutôt laisser aux colonies leur régime primitif!

Mais, pourquoi supposerions-nous, un seul instant même, un état de choses qui ne saurait exister; pourquoi nous livrerions-nous à des appréhensions non moins dénuées de fondement qu'injurieuses pour la France?

Eh quoi! la France, cette nation si grande et si puissante, ne saurait changer la constitution sociale et politique de ses possessions coloniales, sans provoquer contre elles de funestes catastrophes?

La France serait assez faible, assez dénuée de ressources, pour ne pouvoir conserver ses colonies prospères et florissantes, après l'émancipation.....

Oh! non : pour que l'émancipation devînt un sujet de ruine pour les colonies, il faudrait que la France le voulût, il faudrait que cette ruine entrât dans les vues, dans les desseins du gouvernement;

Et assurément, je le répète, toutes ces suppositions ne sont pas moins injurieuses pour la nation française, que contraires à toutes les règles du bon sens et de la raison.

M'efforcer donc d'établir ici, par quelques réflexions, que le gouvernement du Roi ne veut pas faire de l'émancipation un sujet de ruine et de spoliation; qu'il *ne peut* même vouloir la perte des colonies, en y proclamant l'abolition de l'esclavage, ce ne sera pas entreprendre une tâche trop difficile, je crois pouvoir le dire, sans présomption, quelles que soient la faiblesse et l'insuffisance de mes moyens personnels.

Essayer d'ailleurs de prouver à ceux de mes compatriotes qui s'abandonnent encore à des pensées de résistance, que l'émancipation est aujourd'hui inévitable, et que toute opposition aux projets conçus par le gouvernement serait non-seulement infructueuse, *mais encore funeste aux colonies;* qu'au contraire l'émancipation proclamée avec des garanties d'ordre, de travail et d'indemnité, est la seule planche de salut qui, aujourd'hui, puisse nous être offerte; qu'en un mot, loin qu'il soit de nos intérêts de combattre les projets du gouvernement, nous devons au contraire les seconder et leur prêter notre concours!

Voici surtout le but que je me suis proposé; heureux mille fois heureux si mes faibles efforts parviennent à l'atteindre!

I.

Il est injuste et déraisonnable de prétendre que le gouvernement veuille préparer la ruine des colonies par l'émancipation. — Appels qu'il a faits aux colons. — Commission des intérêts coloniaux; Garantie qu'elle offre.

Et d'abord, pourquoi supposer qu'il entre dans les desseins de la France de faire de l'émancipation un instrument de ruine et de mort pour les colonies ?

Mais, les français d'outre-mer ne sont-ils donc pas, eux aussi, les enfans de la France; et, quand la tendresse et la sollicitude d'une mère ont-elles exclu quelques-uns de ses enfans? quand ont-elles distingué entre eux? Ses regards ne se reposent-ils pas sur tous avec une égale bienveillance, et ne leur offre-t-elle donc pas une égale protection ?

Accuser la France de vouloir préparer la ruine de ses enfans d'outre-mer, c'est donc lui lancer un sanglant outrage; et d'ailleurs, quels motifs pourraient, étouffant dans ses entrailles les sentimens de la maternité, lui inspirer une conduite aussi étrangement barbare?

Voudrait-on dire, par exemple, qu'en sacrifiant ses enfans des colonies elle crût offrir à ses enfans de la mère-patrie un holocauste qui leur fût agréable?

Voudrait-on prétendre que, par la ruine des uns, elle voulût ménager aux autres un sort plus prospère?

Odieuse accusation, étrange erreur!

En effet, les français de la mère-patrie ont mille fois fait preuve de la généreuse sympathie que leur inspirent leurs frères d'outre-mer; les intérêts des uns ne se rattachent-ils donc pas, d'ailleurs, ne se lient-ils pas d'une manière trop étroite aux intérêts des autres, pour que, nuire aux uns, ce ne soit pas aussi porter préjudice aux autres?

Que la France, en effet, abandonne ses possessions coloniales; qu'elle les livre au désordre; qu'elle annihile leur commerce, leur industrie, que deviendront à elle-même et son commerce, et son industrie, et sa puissance maritime?

Que les colonies perdues, à jamais ruinées, cessent d'offrir à la France des débouchés pour ses produits manufacturés, que deviendront en France tant d'établissemens dont les fabriques, dont les usines ne fonctionnent que pour alimenter les colonies?

Et tous ces produits coloniaux qui viennent approvisionner les marchés de la France, et tout ce commerce, en un mot, d'importation et d'exportation;

Et ces sommes immenses que versent au trésor tous ces droits qui pèsent d'une manière si onéreuse sur tous ces produits importés et exportés.

Toutes ces ressources, par quoi donc serait-il possible à la France d'y suppléer?

Peut-on croire, surtout, que la France consente jamais à faire le sacrifice des sommes considérables avancées aux colons, tant par le gouvernement que par les négocians français, et dont elle ne peut espérer le remboursement qu'autant que les colonies seront florissantes?

Et combien d'autres considérations, plus puissantes encore, et d'un ordre plus élevé peut-être, s'offrent à la pensée de quiconque veut réfléchir, et concourent à établir aux yeux de l'homme sérieux, que les intérêts de la métropole se lient d'une manière trop étroite à ceux des colonies, pour qu'elle ait pu concevoir la pensée d'en préparer la ruine par l'émancipation?

D'ailleurs, si toutes ces considérations ne suffisaient pas pour rassurer pleinement les colons, et les éclairer sur les vraies intentions du gouvernement, ils devraient puiser des gages de sécurité dans les faits qui s'accomplissent chaque jour.

En effet, s'il entrait dans les vues de la France de vouloir consommer la ruine des colonies par l'émancipation, pourquoi donc soumettre toutes les questions coloniales aux études les plus sérieuses et les plus approfondies?

Pourquoi cet appel fait aux colons eux-mêmes, pour qu'à ce grand examen ils apportent le concours de leurs lumières et de leur expérience?

Mais, celui qui trame des desseins odieux fournit-il donc les moyens de les déjouer?

Celui qui médite des projets de destruction et de mort, prépare-t-il les mesures qui les peuvent paralyser?

Que l'esprit de parti cesse donc de nous égarer, et nous n'hésiterons pas à reconnaître qu'il est souverainement injuste d'accuser la France, non seulement de préparer la ruine des colonies par l'émancipation, mais même de vouloir lancer les colons dans cette voie dangereuse, sans les entourer de toutes les mesures que commande la prudence, sans leur offrir des gages de sécurité pour la conservation tant de leurs personnes que de leurs propriétés.

Et, pour citer un seul exemple à l'appui de cette opinion, voyons ce qu'a fait, dès ses premiers pas dans la grande mission qui lui a été confiée, cette commission des intérêts coloniaux contre laquelle se sont élevées des réclamations si déplacées, des attaques si violentes, si acerbes, si outrageantes pour quelques-uns des membres qui la composent.

Par l'organe de leurs mandataires légaux, les colons avaient dit :

« Nous sommes prêts pour l'émancipation; la France » seule ne l'est pas. En effet, que le principe d'une juste » et préalable indemnité soit consacré, que des garanties » d'ordre, de travail et de sécurité nous soient offertes, » et non seulement toute résistance cessera de notre » part, mais encore, dès-lors, notre concours sera plei- » nement acquis au gouvernement. »

Eh bien! dès son début, la commission des intérêts coloniaux ne s'est-elle donc pas empressée, en proclamant *le principe de l'indemnité,* de laver la France de cette outrageante accusation de vouloir se montrer généreuse et libérale envers la race africaine aux dépens des Français d'outre-mer?

Avant les travaux de la commission des intérêts coloniaux, une inconcevable et étrange erreur avait semblé s'accréditer; erreur dont les conséquences eussent été bien funestes pour les colonies :

« La propriété de l'esclave, avait-on dit, ne saurait être
» assimilée aux autres propriétés que garantissent et pro-
» tègent les lois; aux colons dépossédés, la France *géné-*
» *reuse pourra offrir* une sorte de compensation, mais elle
» ne saurait proclamer que l'asservissement de l'homme
» par l'homme puisse être à ce point légitimé, qu'il donne
» droit à une indemnité. »

Étrange erreur, injustice criante! Car, bien qu'au sein
même des assemblées coloniales, pas un homme ne soit
aujourd'hui assez osé pour s'efforcer de justifier l'esclavage
en principe; bien que pas une voix ne puisse se faire
entendre pour proclamer le droit qu'aurait eu l'homme
d'asservir l'homme;

Car, bien que les colons eux-mêmes ne puissent se
dispenser de reconnaître que leurs droits de propriété,
fondés au moyen d'un trafic aussi honteux que coupable,
sont entachés dans leur source, il n'en est pas moins vrai,
cependant (*et personne ne saurait le contester*), que les
colons ne sont pas, eux, les auteurs de cette révoltante
iniquité; que ce trafic, si justement frappé aujourd'hui
d'anathême par l'Europe entière, *ce ne sont pas les colons
qui l'ont organisé;* que l'esclavage, en un mot, *ce ne sont
pas les habitans des colonies qui l'y ont fondé :*

Et si la France s'est elle-même souillée de cette tache
que quelques-uns voudraient imprimer au front des colons
eux seuls; si la France a elle-même autorisé, sanctionné,
protégé ce commerce aujourd'hui proscrit; si la France
a elle-même offert des primes d'encouragement aux auteurs
de la traite des noirs[1], proclamer que la France puisse,

---

[1] Instituées par l'arrêt du conseil de 1784, et supprimées par les
décrets des 11 août 1792, 27 juillet et 18 septembre 1793, les primes

aujourd'hui, sans une juste et préalable indemnité, dépouiller ceux qui lui ont livré leur or, en échange des noirs *qu'elle vendait;* proclamer qu'aujourd'hui, honteuse et repentante, la France puisse réparer ses torts au détriment *de ceux-là seuls qui n'ont fait que les partager,* de ceux auxquels elle avait, pour ainsi dire, imposé cette participation, ce serait assurément vouloir racheter une iniquité par une nouvelle iniquité.

Eh bien! si cette question de l'indemnité a reçu, en principe du moins, une solution aussi honorable pour la France qu'équitable envers les colons, c'est à la commission des intérêts coloniaux qu'est dû ce résultat si heureux; c'est à elle seule que nous devons en adresser tous les témoignages de notre gratitude; car, c'est elle qui s'est empressée de proclamer que l'indemnité, ce ne serait pas une insultante et mince aumône jetée aux colons, selon le bon plaisir de la France, mais l'acquittement de cette dette sacrée, qu'imposent et la loi et l'équité à la nation qui dépossède en faveur du propriétaire légitime dépossédé.

La France ne veut donc pas la ruine des colonies, et le cri de ralliement, la devise de ceux qu'elle a chargés de

---

d'encouragement ont été rétablies par la loi du 10 floréal, an X, qui a fait revivre l'esclavage et la traite, *conformément aux lois et réglemens existant, avant* 1789. Et, bien que supprimée, de nouveau, par le décret du 29 mars 1815, l'ordonnance royale du 8 janvier 1817, la loi du 18 avril 1818 et, surtout, la loi du 27 avril 1827, la traite n'en a pas moins continué à se faire, d'une manière ostensible, ouvertement, jusqu'en 1830, protégée qu'elle était par une coupable tolérance à laquelle les principes qui ont triomphé en 1830, et, surtout, les dispositions justement sévères de la loi du 4 mars 1831, ont seuls apporté un terme.

traiter les questions qui se rattachent à celle de l'émancipation, n'est donc pas un cri de mort, poussé contre les colonies.

Et, si la question de l'indemnité a reçu, en principe, une solution favorable aux justes prétentions des colons, quels motifs aurions-nous donc de penser que cette indemnité ne sera pas pleine et entière, établie sur des bases équitables, intégralement payée ?

Quels motifs de croire que cette indemnité, ainsi promise, n'est qu'un leurre offert à notre bonne foi dans le but de vaincre notre résistance ?

Ces soupçons ne seraient pas seulement odieusement injustes, ils seraient aussi souverainement déraisonnables. Et, si la France se montre ainsi désireuse de conserver les propriétés des colons et de leur offrir une juste et préalable indemnité, n'est-il pas rationnel de penser qu'elle les environnera eux-mêmes de toute sa puissante protection, et ne défendra pas moins leurs personnes que leurs fortunes.

Cessons donc, je ne saurais trop le répéter, d'envisager les desseins de la France avec des regards prévenus; efforçons-nous, au contraire, d'apporter un esprit impartial à l'examen de toutes les questions qui se rattachent à celle de l'émancipation; et, bientôt, nous nous empresserons de reconnaître : que le gouvernement du Roi ne veut pas faire de l'émancipation un instrument de spoliation et de mort; que la nation française ne peut vouloir livrer ses colonies à tous les maux qu'enfanteraient et la licence et le désordre : au pillage, à l'incendie, à tous les crimes, en un mot, que pourrait susciter une liberté mal comprise.

Ayons confiance en la France, et, surtout, en la sagesse du monarque qui nous gouverne, et, avec l'émancipation, ne s'appesantira pas sur les colonies une époque de malheur et de désolation; mais pour elles, bientôt brillera une ère non moins prospère, non moins florissante que celle de notre vieux régime colonial, aujourd'hui, à jamais usé.

Mais pour que les prévisions de la France ne soient pas trompées ; pour que tous ses efforts ne viennent pas se briser contre d'insurmontables obstacles ; pour, qu'au lieu des bienfaits qu'elle promet, l'émancipation ne porte pas des fruits bien amers, pénétrons-nous surtout de cette grande et importante vérité :

Qu'une résistance aveugle et opiniâtre de notre part, serait pour nous la source des plus grands malheurs, et que nous aurions nous-mêmes creusé cet abîme, dans lequel viendraient s'engloutir, et nos fortunes et nos personnes.

II.

De la résistance des colons. — Non seulement elle serait infructueuse, mais elle ne pourrait même que leur être funeste.

La résistance que les colons ont jusqu'ici opposée aux projets du gouvernement a pris sa source principalement dans les appréhensions que je viens de m'efforcer de combattre ; mais, chez quelques-uns d'entre eux, elle est, en outre, le fruit d'un raisonnement aussi erroné que déraisonnable.

« Le gouvernement, se disent-ils, effrayé de toutes les
» conséquences de l'émancipation, ne pouvant, surtout, se
» résoudre au sacrifice des sommes immenses qu'absorbe-
» raient et l'indemnité et le maintien de l'ordre et du tra-
» vail, reculera, lorsqu'il s'agira d'en venir à l'exécution de
» ses projets. »

« D'ailleurs, se disent-ils encore, fatiguée de notre opi-
» niâtre résistance, la France cèdera, enfin, vaincue dans
» cette lutte qu'elle n'aura pu soutenir. »

Erreurs, mais malheureusement erreurs dont les conséquences seraient désastreuses pour les colonies !

L'émancipation n'aura pas lieu, dites-vous, parce que la France reculera devant les sacrifices qu'il faudrait qu'elle s'imposât pour l'accomplir.

Mais, se bercer encore d'une telle chimère, n'est-ce donc pas fermer les yeux à la lumière et vouloir se soustraire à l'évidence; n'est-ce pas avoir des yeux pour ne pas voir, des oreilles pour ne pas entendre ?

En effet, que penser de la France qui, en principe, a déjà, pour ainsi dire, proclamé l'émancipation, et qui, pour quelques millions, lorsque, dans d'autres circonstances, elle s'en montre si follement prodigue, reculerait devant l'application du principe proclamé.

Que penser de la France qui, après avoir contracté l'engagement solennel de détruire l'esclavage dans ses possessions coloniales, se croirait déliée de ce serment sacré, parce qu'il lui faudrait aplanir quelques obstacles, s'imposer quelques sacrifices ?

Mais une telle conduite couvrirait la nation de honte et d'opprobre, aux regards du monde entier; car, aux regards du monde entier, elle se serait parjurée; car, aux regards du monde entier, elle n'aurait pas craint de proclamer que son or, que ses trésors lui sont plus chers que ses sermens et l'honneur de son nom.

Dire donc que la France refusera de s'imposer les sacrifices que l'émancipation nécessiterait; que, pour s'épargner ces sacrifices, elle consentira à laisser subsister l'esclavage dans ses possessions coloniales, ce serait la supposer bien peu jalouse de sa dignité; ce serait lui frapper au visage de la manière la plus outrageante.

Et, d'ailleurs, ne faut-il donc pas reconnaître, que pro-

clamer l'abolition de l'esclavage dans ses possessions
d'outre-mer, c'est là une impérieuse nécessité, imposée à
la nation française, comme conséquence forcée des principes qui font la base de sa propre constitution sociale et
politique, nécessité à laquelle elle ne saurait donc se
soustraire.

Quelle étrange inconséquence, en effet, ne serait-ce pas
que la **France**, terre de liberté, que la nation française,
dont tous les droits, toutes les institutions ne s'appuient
que sur le bras puissant de la liberté, consentît à ce que
l'esclavage continuât à subsister dans ses possessions coloniales !

Non seulement donc, le gouvernement du Roi veut sincèrement l'émancipation ; non seulement l'émancipation
est la conséquence forcée, inévitable des principes qui
forment la base de la constitution sociale et politique de la
France ; mais encore elle nous est imposée par le vœu de
la nation elle-même, et nous y sommes entraînés par la
force de l'opinion publique : que signifient, en effet, ces
cris de liberté et d'émancipation qui, de toutes parts, se
sont fait entendre ; que veulent ces manifestations si énergiques, ces protestations contre le droit qu'aurait l'homme
d'asservir l'homme !

Et, si, aujourd'hui, ces manifestations semblent s'être
assoupies, est-ce donc à l'indifférence qu'il faille l'attribuer ;
est-ce à dire pour cela que la sainte cause de l'émancipation
ait cessé d'éveiller les sympathies de la France ?

Assurément non, mais l'opinion publique, satisfaite des
mesures que prend le gouvernement, et rassurée par les
études sérieuses auxquelles il soumet la question, a dû
se taire et attendre.

Mais que le gouvernement, *avant d'avoir mûrement*

approfondi la question, vienne déclarer, à la face du pays, qu'aucun changement ne saurait être apporté à l'organisation sociale et politique des colonies ; qu'oubliant ses engagemens sacrés, il essaie de retirer à la commission des intérêts coloniaux, *avant qu'elle n'ait accompli sa glorieuse mission*, les pouvoirs qui lui ont été conférés[1]; que, loin de protester contre cette conduite, les chambres osent elles-mêmes proclamer que l'esclavage n'est pas une anomalie monstrueuse dans les possessions d'une nation libre; alors, nous apprendrons si la France est indifférente à la solution de la question de l'émancipation ; si, insatiable elle-même de liberté, elle veut, égoïste, conserver l'esclavage dans ses possessions coloniales.

Mais cessons de supposer une dissidence qui ne saurait exister, n'existe pas entre la nation et le gouvernement; et, pour l'honneur des uns et des autres, hâtons-nous de proclamer, que, si jamais question a réuni les suffrages de tous les Français et de ceux qui les gouvernent, c'est bien assurément celle de l'émancipation.

Reconnaissons-le donc, l'abolition de l'esclavage est aujourd'hui une inévitable nécessité, et ce ne sont point les sacrifices, quelque grands qu'ils puissent être, qui apporteraient obstacle à ce qu'elle fût proclamée dans les colonies françaises.

Serait-ce donc la résistance des colons? énoncer cette proposition, c'est la résoudre : que pourrait en effet la résistance des colons contre la puissance de volonté de la nation française et l'énergie des moyens que le gouvernement pourrait employer ?

---

[1] Ne pas oublier que ce *Mémoire* a été écrit en 1842.

Je crois donc avoir démontré que l'émancipation est inévitable; qu'elle nous est imposée, comme conséquence des principes constitutifs de notre gouvernement, et que la résistance des colons serait infructueuse; il me reste à établir que cette résistance, à supposer même qu'elle vînt à triompher, ne pourrait être que funeste aux colonies.

Les cris de liberté qui, depuis dix années, surtout, retentissent en France, ont fait écho par-delà les mers, et, quelle que soit la distance qui sépare la métropole de ses colonies, quelque grandes que soient les précautions que commande la prudence, les esclaves n'ignorent rien de ce qui se dit, de ce qui se fait en France, relativement à la solution de cette grande question d'émancipation qui les intéresse, d'une manière si souveraine. Tous les débats qui s'agitent, ils les connaissent; et cette lutte opiniâtre, engagée entre la nation française qui veut et demande l'abolition de l'esclavage, *et ceux des colons* qui désirent qu'elle soit maintenue, ils ne l'ignorent pas non plus; aussi, aux yeux des esclaves qui, dans leur profonde ignorance, ne peuvent soupçonner les difficultés qui hérissent la question; pour les esclaves, dont la faible intelligence, ne saurait embrasser tant et de si graves questions qui se rattachent à celle de l'émancipation, il n'existe d'obstacles que dans le mauvais vouloir de leurs maîtres :

« LE ROI DE FRANCE, disent-ils, veut que nous soyons libres, ce sont « *les blancs des colonies* qui s'y opposent. »

Et faut-il de grands efforts de raisonnement pour reconnaître combien sont graves et imminens les dangers de cette situation? surtout si ces hommes se voyaient à jamais trompés dans leur attente, et que cette émancipation, depuis si longtemps promise, ne vînt enfin combler leurs vœux si ardens!.....

Si cette liberté, objet de tous leurs rêves, cette liberté qui, il faut le dire avec franchise, se montre à leurs yeux sous des couleurs si fausses, mais dont ils ne sont pour cela, que plus avides, leur échappait, comme un vain fantôme, qu'ils n'auraient pu saisir; et ce joug de l'esclavage qui leur est si odieux, et qu'ils croient pouvoir bientôt secouer, s'ils se voyaient à jamais contraints de le souffrir..... Oh! n'en doutons pas, aussi impétueux sont leurs désirs, aussi terrible serait leur vengeance. Il est donc instant, ne cherchons pas à nous le dissimuler que l'émancipation vienne apprendre aux noirs, qu'ils ne sont pas abusés par de vaines et fallacieuses promesses. Il est instant que nous cessions d'irriter leurs désirs, par un espoir sans résultat.....

Et, pour nous arracher à cette dangereuse sécurité, dans laquelle nous semblons nous endormir, n'entendons-nous donc pas, d'ailleurs, les murmures, les sourdes rumeurs qui déjà trahissent l'impatience des noirs?

Cet état de choses n'est, d'ailleurs, que la conséquence de la position de nos possessions coloniales, placées en présence des colonies anglaises :

De là, aux regards de nos esclaves, leurs frères qui, rendus à la liberté, sont devenus les égaux de ceux qui, hier encore, étaient leurs maîtres, font briller le prisme chatouillant de l'indépendance, et tendent vers eux leurs bras libres des fers qui, naguère, les chargeaient encore.

De là, leur apparaît la liberté qui, comme un éblouissant soleil, fascinant de ses rayons trop ardens leurs regards encore trop faibles, ne leur laisse apercevoir, fallacieuse divinité! que les bienfaits qu'elle promet, que les droits qu'elle consacre, et leur voile les obligations et les devoirs qu'elle impose!

Oh! pour nos Antilles surtout, soumises, d'une manière plus immédiate, à l'action de cette irrésistible influence, que de malheurs sont à redouter.....

Cessons donc de nous abuser, et reconnaissons qu'entre cette alternative seule, colons, nous avons à choisir :

Ou l'émancipation, offerte par le gouvernement du Roi, avec indemnité préalable, sécurité, ordre et travail, ou l'émancipation conquise par la révolte, le meurtre, l'incendie, le pillage.....

Portons nos regards en arrière; rappelons-nous les désastres horribles qui ont, à jamais, enlevé à la France la plus belle, la plus florissante, la plus productive de ses colonies..... Mais, ne nous méprenons pas sur les causes véritables de la perte de Saint-Domingue : pour quiconque a étudié, avec calme et impartialité, les pages déchirantes de cette douloureuse histoire, ce n'est pas la révolte des nègres, ce ne sont pas ces bandes à peine armées, mal dirigées, indisciplinées, et que, dès le principe, il eût été si facile de faire rentrer dons l'ordre, qu'il faut le plus accuser de la perte de notre belle colonie..... Les auteurs premiers de cette catastrophe, ce sont les colons eux-mêmes..... Ce sont tous ces hommes ambitieux, vains et orgueilleux autant qu'ils étaient incapables, dont les passions tumultueuses et insensées avaient envahi toutes les assemblées de la colonie, couvrant, étouffant les quelques voix qui s'élevaient encore parmi eux pour leur faire entendre les conseils de la sagesse, de la prudence, et, surtout, de la modération et de l'union; ce sont toutes ces dissensions qui éclataient au sein des assemblées et se répandaient au dehors, portant partout l'anarchie, semant la haine et la vengeance; c'est surtout cet orgueil insensé qui, levant contre l'autorité royale elle-même l'étendard de la résistance et de l'insubordination, avait, dès le principe, offert aux esclaves les funestes exemples qu'ils n'ont que trop bien imités; c'est cet orgueil stupide qui, pendant que les révoltés, enhardis par l'impunité, répandant partout la terreur, le meurtre et l'incendie, menaçaient d'envahir la ville du Cap, faisait des assemblées coloniale et provinciale, alors réunies dans cette ville, une arène ouverte aux plus sottes passions, et dans laquelle, au lieu de décréter les moyens propres à réprimer la révolte, ces graves conseillers d'une société qui s'écroulait, dévorée par les préjugés, l'amour immodéré des priviléges, plus encore que par l'incendie et le pillage, regardaient comme le premier de leurs devoirs de régler un vain cérémonial, *de déterminer leur costume, et d'arrêter qu'un buffet*, défrayé par la nation, *servirait aux besoins des députés.*

Oh! à Dieu ne plaise que je puisse nous supposer capables de telles inepties; mais, prenons-y garde, ne nous laissons pas entamer par les dissidences, qu'en tout tems, soufflent l'orgueil et l'esprit de domination; et, comme le disait M. Justal aux colons de Saint-Domingue: « Que, désormais, » parmi nous, il n'y ait qu'un seul parti, celui du bien » public; nous avons un guide, ce sont les lois votées par » les chambres et sanctionnées par le Roi; ce sont les » ordonnances royales qui, elles aussi, commandent tout » notre respect, réclament notre concours le plus entier » et le plus absolu. » Et, puisque l'émancipation est inévitable, ne nous armons pas d'une impuissante et funeste résistance. Comme à Saint-Domingue, elle n'aurait d'autre résultat que d'offrir aux esclaves le funeste et contagieux exemple de l'insubordination et de la révolte.....

D'ailleurs, la prospérité commerciale et industrielle des colonies, ne se trouve-t-elle donc pas compromise de la manière la plus grave, *par cet état d'incertitude,* dans lequel elles se trouvent placées, relativement à la solution de la question qui nous occupe ?

Frappés de découragement, plongés dans le plus funeste abattement, les colons n'osent déchirer ce voile jeté sur leur sort futur; et loin de s'efforcer, en se montrant eux-mêmes confians en l'avenir, d'inspirer cette assurance à ceux qui pourraient traiter avec eux, ils s'empressent eux-mêmes de présager, je dirai plus, de proclamer leur ruine.

De là, cette défaveur qui pèse sur les propriétés colo-niales; de là, ce malaise et cette gêne auxquels les colonies sont en proie; cette fièvre de langueur qui les consume;... mal rongeur qui, croyons-le bien, ne prend pas seulement sa source dans les progrès d'une industrie rivale !...

Que les colons, au contraire, s'arment de courage et d'énergie; qu'ils abordent franchement la question de l'émancipation; que loin de s'efforcer de l'éloigner, ils en provoquent la solution; alors l'émancipation une fois pro-clamée, et les colons arrachés à cette sorte de léthargie qui, bientôt, serait devenue pour eux l'éternel sommeil de la mort, les propriétés coloniales reprendront leur valeur première, avec la confiance qui, bientôt aussi, renaîtra.

Sous ce rapport donc encore, il est à désirer, non seu-lement que l'émancipation ne soit plus ajournée, mais même qu'elle soit hâtée par tous les moyens possibles.

III.

Du Concours des Colons.

S'il est prouvé (*et je crois avoir accompli cette tâche*) qu'en proclamant l'émancipation, la France n'a pas le dessein de frapper de mort les colonies; que d'ailleurs l'émancipation est inévitable, et que toute résistance de la part des colons serait non seulement infructueuse, mais encore funeste tant à leurs personnes qu'à leur fortune, combien ne serait pas aveugle et déraisonnable cette résistance; combien ne serions-nous pas insensés, surtout, de ne pas accorder à la France le concours qu'elle nous demande?

Refuser ce concours, ce serait assurément nous déclarer les ennemis de nos propres intérêts; car, *ce n'est qu'avec le concours des colons et leur coopération que l'émancipation peut atteindre le but que se propose la France..... la prospérité des colonies.*

Sans ce concours, au contraire, sans la participation des colons, l'émancipation, loin de préparer les noirs à la civilisation, les précipiterait au dernier degré de la barbarie, et ce serait pour les colonies la destruction complète de tout espoir de prospérité.

Qui mieux que les colons, en effet, pourrait façonner à la civilisation le sauvage caractère du noir? Qui mieux que les colons pourrait amener ces natures brutes et ignorantes, ces intelligences *dégradées par l'esclavage,* à se plier aux exigences de la vie sociale, aux devoirs, aux obligations qu'elle impose?

Qui mieux qu'eux pourrait indiquer les mesures qu'il convient d'employer, pour obtenir le maintien de l'ordre et du travail, et faire éclore les premiers germes de prospérité de cette société nouvelle qui va se constituer?

Assurément, personne mieux que les colons ne saurait accomplir cette tâche : car, mieux que qui que ce soit, les colons connaissent le caractère du nègre, ses goûts, ses habitudes, ses penchans, ses vices, ses bonnes qualités :

A eux donc d'indiquer les moyens propres à réprimer

ses mauvais penchans, à exciter son émulation, à développer ses bonnes dispositions.

Destinés d'ailleurs à vivre parmi les noirs, essentiellement intéressés à leur inspirer l'amour du travail, les colons aussi sont souverainement intéressés à leur inspirer l'amour de la vertu, à leur enseigner les devoirs que la société commande, les droits, les prérogatives qu'elle concède.

Oh! que les habitans des colonies ne répudient pas cette tâche sublime; qu'ils se glorifient de cet apostolat saint, auquel le ciel les convie; et que, pleins de zèle et d'ardeur, ils se hâtent de mettre la main à l'œuvre.

En établissant que personne, mieux que les colons, ne saurait indiquer les mesures qu'il convient d'employer pour obtenir le maintien de l'ordre et du travail; que c'est là, d'ailleurs, une obligation à laquelle ils ne sauraient se soustraire et que leur imposent même leurs propres intérêts; ma pensée est qu'à eux surtout, il importe de chercher le mode d'émancipation le plus convenable.

Pour moi, retenu depuis cinq années loin de mon pays, et privé des documens indispensables à l'étude de cette si grave question; privé surtout de cette expérience de chaque jour, que ceux de mes compatriotes qui habitent les colonies, puisent dans les relations de la vie commune, et dans le contact des rapports immédiats et incessans, je n'entreprendrai pas d'accomplir une tâche trop au-dessus, d'ailleurs, de mes lumières et de mes connaissances, et à laquelle mes forces ne sauraient que défaillir.

Mais, au sein des conseils coloniaux, au rang des magistrats des colonies, parmi même les colons qui ne participent à aucunes fonctions publiques, il est des hommes, dont la haute capacité, la vaste érudition, les éclatantes lumières, commandent la confiance, la plus illimitée; pour eux, le moment est venu de faire un noble usage de ces dons si précieux du ciel.

A eux donc de porter le flambeau de la vérité au sein des assemblées, où s'agitent les graves questions de notre transformation sociale et politique; à eux d'approfondir ces questions, d'en préparer, d'en édifier la solution.

Qu'il me soit seulement permis de soumettre à leurs méditations quelques idées, que je les supplie de vouloir bien féconder et développer, s'ils y remarquent le plus léger germe du bien que je voudrais faire.

Et, si mes efforts ne peuvent même atteindre ce but, que mes compatriotes veuillent bien me pardonner ma témérité, en considération du sentiment qui l'aura inspirée.

DEUXIÈME PARTIE.

DU TRAVAIL.

ÉPIGRAPHES.

« C'est la volonté de Dieu que, par votre bonne vie, vous fermiez la bouche aux hommes ignorants et insensés ; *étant libres, non pour vous servir de votre liberté comme d'un voile qui couvre vos mauvaises actions, mais pour agir en serviteurs de Dieu.* Rendez à tous l'honneur qui leur est dû : aimez vos frères ; craignez Dieu ; honorez le roi. »   (1re *Épître de S. Pierre,* ch. ii, v. 15 à 17.)

<hr>

« Que celui qui dérobait ne dérobe plus, mais qu'il s'occupe, *en travaillant de ses mains,* à quelqu'ouvrage bon et utile, pour avoir de quoi donner à ceux qui sont dans l'indigence. »
                    (*S. Paul aux Eph.,* ch. iv, v. 28.)

<hr>

« Je vous exhorte, mes frères, de vous avancer de plus en plus dans cet amour (l'amour du prochain) ; de *vous étudier à vivre en repos ; de vous appliquer chacun à ce que vous avez à faire ; de travailler de vos propres mains,* ainsi que nous vous l'avons ordonné. »   (*S. Paul aux Thess.,* ch. iv, v. 10-11.)

<hr>

« Nous travaillons, avec beaucoup de peine, *de nos propres mains ;* on nous maudit et nous bénissons ; on nous persécute et nous le souffrons. »   (*S. Paul aux Cor.,* ch. iv, v. 12.)

<hr>

« Le premier pas vers la civilisation est le travail. »
(*Proclamation de Maurice Cointet, gouverneur-général de la Guyane,* 9 juin 1796.)

« Autant que le ciel est éloigné de la terre, autant le *véritable esprit d'égalité* l'est-il de l'esprit *d'égalité extrême*. Le premier ne consiste donc point à faire en sorte que tout le monde commande, ou que personne ne soit commandé ; mais à obéir et à commander à ses égaux. *Il ne cherche pas à n'avoir point de maîtres*, mais à n'avoir que ses égaux pour maîtres. Dans l'état de nature, les hommes naissent bien dans l'égalité, mais ils n'y sauraient rester : la société la leur fait perdre, *et ils ne deviennent égaux que par les lois.*

» La place naturelle de la vertu est auprès de la liberté, mais elle *ne se trouve pas plus auprès de la liberté extrême*, qu'auprès de la servitude. »   (*Esprit des Lois*, t. i, liv. viii, ch. iii.)

« S'il est écrit dans la loi de Moïse : Vous ne tiendrez point la bouche liée au bœuf qui foule les grains ; Dieu se met-il donc en peine de ce qui regarde les bœufs ?

» Et n'est-ce pas plutôt pour nous-mêmes qu'il a fait cette ordonnance ? Oui, sans doute, c'est pour nous que cela est écrit. En effet, *celui qui laboure, doit labourer avec espérance de participer aux fruits de la terre ;* et celui qui bat le grain, *doit le faire avec espérance d'y avoir part.* »

(S. *Paul*, 1re *Épître aux Cor.*, ch. ix, v. 9-10.)

« Il n'y a qu'une *société de perte ou de gain* qui puisse réconcilier ceux qui sont destinés à travailler avec ceux qui sont destinés à jouir. »   (*Esprit des Lois*, t. i, liv. xiii, ch. iii.)

La nature est juste envers les hommes : elle les récompense de leurs peines, elle les rend laborieux, *parce qu'à de plus grands travaux, elle attache de plus grandes récompenses ;* mais, si un *pouvoir arbitraire ôte les récompenses de la nature, on reprend le dégoût pour le travail*, et l'inaction paraît être le seul bien. »

(*Esprit des Lois*, t. i, liv. xiii, ch. ii.)

DEUXIÈME PARTIE.

DU TRAVAIL.

I.

Les noirs émancipés ne se livreront au travail que s'ils y sont
contraints par des lois expresses.

Les appréhensions, en apparence, les plus fondées, auxquelles se livrent les colons, sont relatives à la cessation
du travail, qu'ils considèrent comme une conséquence
inévitable de l'émancipation;

Ces appréhensions ne seraient malheureusement que trop justifiées, personne ne saurait le contester, si le travail *libre* ou volontaire devait être nécessairement substitué au travail *forcé*, et qu'avec l'émancipation fût concédé au noir, devenu libre, le droit de ne se livrer au travail, qu'autant que sa propre impulsion l'y porterait.

En effet, les colons l'ont souvent dit, et ils ne sauraient trop le répéter : ce serait une bien grave et bien funeste erreur, que de vouloir assimiler les émancipés aux paysans et aux ouvriers de la France.

Car, bien qu'à ces derniers aucune loi expresse ne fasse une obligation du travail, il ne leur est pas moins imposé, de la manière la plus impérieuse, par la force même des choses, par la rigueur du climat, par des relations de convenance, par les principes constitutifs de la société à laquelle ils appartiennent.

En effet, la nécessite de se créer des moyens d'existence, que le travail seul peut leur offrir, et d'en procurer surtout à la famille dont ils sont les chefs ; le besoin de se garantir de l'intempérie des saisons et d'y soustraire leurs femmes et leurs enfants, n'est-ce pas là une loi plus puissante encore que toutes celles que pourraient faire les hommes ; car cette loi, c'est celle de la nature, celle de l'instinct de la conservation..... C'est cette loi qui, de sa voix incessante et impérieuse, leur impose l'obligation de travailler.

En France, je le sais, à personne le droit de dire à l'homme des champs : « Depuis le lever, jusqu'au coucher
» du soleil, je t'ordonne de t'appesantir sur le soc de la
» charrue ; aujourd'hui, pendant les ardeurs du soleil d'été,
» tes bras fatigueront la terre, et demain, lorsque l'hiver
» l'aura couverte de ses frimas, exposé aux rigueurs du
» froid et de la pluie, tu la remueras encore. »

Non ! à personne le droit d'intimer cet ordre : Mais le
paysan sait, qu'en échange seulement de ses soins et de
ses labeurs, la terre lui fournira ce pain noir et grossier
qui, le plus souvent, compose seul toute sa nourriture,
et lui offre les moyens d'alimenter sa trop misérable
famille.

Aux colonies, au contraire, il ne sera pas nécessaire
que la main du noir émancipé, vienne féconder, par le
travail, un sol assez riche pour prodiguer, avec largesse,
même aux plus paresseux, les ressources les plus abon-
dantes; car, aux colonies, chacun le sait, dans les lieux
les plus sauvages, croissent, sans culture aucune, des
arbres et des plantes de toute espèce, dont les fruits abon-
dants suffiraient à la nourriture du noir émancipé.

Et, si à ces ressources, vous ajoutez celles que lui
offriraient les bords de la mer et les fleuves si poissonneux,
et celles que, la chasse lui présenterait aussi, alors vous
cesserez d'assimiler le noir émancipé aux paysans de la
France; et parce que ceux-ci se livrent au travail, sans
qu'ils y soint condamnés par des lois positives et expresses;
sans qu'ils y soient forcément conduits, vous n'en conclurez
plus que les noirs émancipés, eux aussi, devront s'y livrer,
lors même qu'aucune loi ne viendra les y contraindre.

Consultons, d'ailleurs, l'expérience. Elle n'a que trop
malheureusement confirmé ces vérités : En effet, sans
recourir aux tristes leçons du passé; sans interroger les
faits accomplis pendant la première émancipation et dont
les résultats, à jamais déplorables, n'ont pas été moins
funestes aux noirs eux-mêmes, qu'aux malheureux colons ;
sans demander aux possessions anglaises, de nous offrir les
exemples de la désastreuse expérience qu'elles font chaque
jour, portons seulement nos regards sur cette masse, bientôt,

innombrable, de noirs émancipés qui, depuis 1830, surtout, encombrent nos colonies.

Chaque année, les appels les plus pressans leur sont adressés par les propriétaires les plus aisés qui, en échange du travail de ces hommes, leur offrent des moyens d'existence assurés; une nourriture saine et abondante, double de celle qui est accordée à l'esclave et des gages assurément plus élevés aussi, que ceux qui, en France, sont payés au cultivateur le plus laborieux, à l'ouvrier le plus expérimenté..... Eh bien! pas un seul encore n'a répondu à ces appels.....

Demandons donc à ces hommes quel est leur genre d'industrie, et à l'aide de quelle profession, de quels travaux ils pourvoient à leur subsistance ?

Ils ne sauront répondre... mais que nos regards les suivent lorsqu'ils viennent de quitter le seuil de leurs misérables demeures, et, bientôt, nous les verrons parcourant les bords de la mer et des rivières, ou s'enfonçant au milieu des bois; et là, nous apprendrons s'il est nécessaire que ces êtres, qu'alors peut-être nous hésiterons à honorer du nom d'homme, courbent leur corps sous le poids de la chaleur du jour, pour se procurer les grossiers alimens, avec lesquels ils contentent leur appétit sauvage; alors nous apprendrons s'il est indispensable qu'ils se livrent au travail pour détacher quelques fruits aux branches suspendus, pour dévorer un poisson, un oiseau, à peine passés sur la flamme enfumée d'un feu de feuillages et de bois vert.

Parmi ces hommes, nous en verrons qui, dans toute la force de l'âge, riches de santé et de vigueur, n'ont pas honte de partager la faible ration de pauvres femmes esclaves, leurs concubines..... infortunées, que ces êtres dégradés ne craignent pas d'exposer, chaque jour, aux châtimens les plus sévères, en les excitant à suppléer, par le vol et la rapine, à l'insuffisance des alimens qu'elles reçoivent de la main du maître, et qui, assurément assez abondans pour une seule personne, cessent de l'être, partagés entre deux.

Et ceux-là qui, sans recourir à des moyens aussi vils, doivent leur existence aux produits de la chasse et de la pêche, ne croyez pas qu'ils s'en fassent une industrie propre à leur ménager des ressources pour le temps de la maladie, ou l'époque de la vieillesse; bien grande serait votre erreur.

C'est l'aiguillon de la faim qui, le pressant de sa pointe acérée, a pu seul arracher le noir de sa léthargie; son appétit satisfait, bientôt il retombera dans sa paresseuse torpeur, jusqu'à ce que de nouveaux besoins viennent l'en arracher encore.

C'est ainsi que, sans travail, sans fatigue et par une sorte de diversion apportée à sa nonchalante existence, le noir libéré suffit aux besoins de chaque jour, sans se préoccuper de ceux du lendemain.....

Et lorsque les maladies ou les infirmités de la vieillesse viennent le presser, à leur tour, si la charité chrétienne et les secours de la bienfaisance publique ne lui offraient leurs soulagemens, ses jours finiraient comme ceux du sauvage le plus barbare et le plus isolé : de son corps, étendu sur la dure, le plus souvent dans la fange, affaibli par la maladie, usé par des souffrances et des privations que n'auraient pas, un seul instant, adoucies les secours de l'art, se détacherait son âme, également privée des secours et des consolations de la morale et de la religion.

Bien hideuse est cette plaie qui, s'élargissant chaque

jour davantage, tend à infecter, de plus en plus, la société coloniale.

Bien triste, bien affligeant, assurément, est ce tableau, qui pourtant n'est qu'une faible image de la réalité.

Mais, que serait-ce donc si l'émancipation générale venait livrer à elles-mêmes toutes ces natures paresseuses et indolentes, *dégradées par la servitude,* ces hommes pour lesquels le travail ne semble pas être une obligation ; que serait-ce, si, à côté de l'émancipation, ne se plaçaient des réglemens sévères et impérieux prescrivant rigoureusement le travail et contraignant le noir, devenu libre, à se plier aux exigences de la société, à se courber sous le poids des devoirs qu'elle impose, pour avoir droit aux prérogatives qu'elle assure ?

Et les faits que je viens d'énoncer, je ne crains pas d'en affirmer la vérité sur l'honneur : Il y a cinq ans, lorsque je laissai la Guyane, déjà le mal que je signale était immense, et, loin qu'il ait diminué, ses progrès sont vraiment effrayans : qu'on évoque, je ne dirai pas le témoignage de mes compatriotes ; comme le mien, il pourrait paraît resuspect, mais celui de quiconque a visité les colonies, guidé par le noble désir d'étudier *sincèrement* les questions qui se rattachent à l'émancipation, et l'on apprendra qu'il est instant que, dès aujourd'hui même, les moyens les plus énergiques viennent paralyser les funestes effets de la paresse et de l'insouciance des émancipés.

A Dieu ne plaise, cependant, qu'il entre dans ma pensée de blesser aucune susceptibilité, de froisser qui que ce puisse être.

Il est, je le sais, de nobles exceptions que ces réflexions ne sauraient atteindre ; il est des noirs, doués de courage et d'énergie, qui, eux, ont compris que la liberté, ce n'est

pas l'affranchissement de toute obligation, de tous devoirs
envers la société; que la liberté, ce n'est pas le droit illimité de ne vivre que pour soi...

Aussi, bien loin que j'aie l'intention de vouloir blesser la
susceptibilité de ces hommes, à eux je dirai : Honneur, mille
fois honneur! sur eux je voudrais qu'il me fût possible de
fixer les regards de leurs frères; je voudrais que ceux-ci,
entraînés par la force de leurs exemples, songeassent à
imiter leurs vertus, pour partager la considération et l'estime dont ils se sont rendus dignes, et avoir part au bien-
être dont ils jouissent déjà.

Mais, si ces noirs, l'élite des émancipés, comme quelques
rares étoiles sous un ciel sombre, se détachent et brillent
au milieu de cette masse inerte, nonchalamment couchée
dans la plus oiseuse paresse, hideuse de tous les vices
qu'elle enfante; si ces quelques hommes constituent d'heu-
reuses et consolantes, mais de bien rares *exceptions*; mes
réflexions premières n'en doivent pas moins conserver leur
force; et la seule conséquence qu'on en puisse déduire,
c'est que *le travail libre, dans le sens que j'entends cette
expression*, serait l'inévitable écueil contre lequel viendrait
se briser la société coloniale tout entière ; c'est que le travail libre, ce serait l'absence de tout travail ; c'est qu'avec
le travail *libre et volontaire*, loin que l'émancipation ouvrît
aux noirs les voies de la civilisation, elle les précipiterait,
au contraire, au dernier degré de la barbarie.

II.

De la légalité du travail obligé.

Ici, cependant, se présente cette difficulté :

Contraindre au travail l'homme libre, ne serait-ce pas illégal [1]? — Mais, où donc serait l'illégalité ?

En effet, la condition première de tout état social c'est le travail, cette dette commune que doit payer à la grande famille chacun des membres qui la composent; proclamer donc que le noir esclave, *devenu libre,* n'aura d'autre règle de conduite que sa volonté; qu'il ne se livrera au travail qu'autant que son bon plaisir l'y portera, ne serait-ce pas vouloir constituer une société, dont les membres ne seraient assujétis les uns envers les autres à aucune obligation, à aucun devoir; car, si vous ne voulez que le propriétaire colon, auquel vous arracherez le travail du noir esclave, ne puisse vous contraindre à lui garantir la coopération du noir devenu libre, apparemment aussi que vous admettrez que le colon puisse, à son tour, refuser tout secours au noir émancipé; qu'il soit déchargé de tout devoir, de toute obligation envers ce dernier; et, quelle société serait-ce donc que celle, dont les membres ne seraient unis entre eux par aucun lien, par aucun devoir !...

Il ne serait pas légal, dites-vous, d'imposer à l'homme libre l'obligation de travailler; et pensez-vous donc qu'il soit plus légal, plus humain, plus conforme aux principes de la morale, de la justice et de la philantropie, de ne rendre les noirs à la liberté que pour les laisser croupir dans la

---

[1] Lorsqu'en 1842, ces réflexions ont été écrites, certains abolitionistes soutenaient, qu'en donnant la liberté aux noirs, le gouvernement n'avait pas le droit de leur imposer l'obligation du travail; et, bien que l'opinion de tous les hommes sensés qui se sont livrés à l'étude des questions qui se rattachent à l'émancipation ait fait justice de cet absurde système, il conserve encore quelques partisans, quoique le nombre en soit aujourd'hui considérablement réduit.

fange de tous les vices, qu'enfante l'oisiveté; que pour les livrer à toutes les horreurs de la misère, à tous les maux que produit la paresse, plutôt que de les contraindre à chercher dans des travaux proportionnés à leurs forces, le principe d'une position meilleure, d'un bien-être assuré?

Vous ne voulez pas que le noir devenu libre *soit contraint* à se courber sous le poids du travail; mais votre but, en demandant l'émancipation, ce n'est donc pas de faire profiter le noir émancipé de tous les droits, de tous les bienfaits que promet la civilisation; car ce n'est qu'en le contraignant à travailler que, l'arrachant à l'état sauvage, vous parviendrez à l'initier aux douceurs de la vie sociale; et cette vérité, vous ne sauriez la révoquer en doute, à moins que vous ne voulussiez prétendre que ce soit constituer *une société libre* que de laisser vingt mille individus se répandre, par exemple, dans les immenses forêts de la Guyane, sans aucun lien qui les unisse entre eux et dégagés de tous les devoirs qu'impose ordinairement la société.

Et, d'ailleurs, à supposer même que cette loi qui contraindrait le noir émancipé à se livrer au travail fût une loi arbitraire et exceptionnelle, vous ne pourriez encore la rejeter. Qui donc, en effet, à pu jamais se bercer de cette étrange chimère, *que le grand passage de l'esclavage à la liberté, de la condition de bête de somme à celle de l'homme libre*, pût s'opérer sans que les lois et réglemens au moyen desquels s'édifiera cette société nouvelle, fussent puisés en dehors des principes communs?

Et quel cerveau creux a donc pu se nourrir de cette étrange et stupide rêverie, *que le seul mot d'émancipation* eût assez de puissance et de magie pour transformer en des hommes raisonnables et civilisés, ces êtres étiolés par la servitude!...

Et, depuis quand, du reste, l'auteur d'un bienfait n'a eu
le droit d'en soumettre la jouissance à l'accomplissement
de telle ou telle condition? Quoi! le gouvernement du Roi
rachète la race africaine de l'esclavage, et il ne lui serait
pas permis, pour prix de ce grand acte de libération, de
dire au noir émancipé :

« *Tu seras contraint* de puiser dans le travail les res-
» sources d'une honnête aisance et d'y chercher des
» moyens de subsistance, *tant pour toi-même que pour la*
» *famille que je vais t'organiser;* » Contester au gouvernement ce droit, ce serait vouloir soutenir l'absurde.

Mais cette loi par laquelle, pour la conservation des
colonies et le bien-être des noirs eux-mêmes, le travail
obligé leur serait imposé, semblerait-elle donc plus dure,
plus impitoyable, plus illégale que celles qui, en France,
ont dit au citoyen d'une nation essentiellement libre : « Si
» tu n'as une profession avouée, des moyens d'existence
» connus, tu seras réputé vagabond, homme sans aveu, et
» la société à laquelle ta liberté ne saurait être que nuisible,
» aura le droit de te la ravir!... Tu seras emprisonné! »

Consultons les textes de lois eux-mêmes et nous verrons
que c'est au moment même où la France, après avoir brisé
le joug de ses maîtres, venait de conquérir sa liberté; que
c'est au fort de la révolution, que les représentans de la
république française, pour y maintenir l'ordre, la sécurité
et le travail; pour contraindre chacun de ses membres à
payer à la nation le tribut de ses sueurs et de ses labeurs,
imposaient ainsi des conditions à la jouissance de la liberté:

1° Décret du 19 juillet 1795, relatif à l'organisation d'une
police municipale et correctionnelle :

« Article 3. — Ceux qui, étant en état de travailler
n'auraient ni moyens de subsistance, ni métier, ni répon-
dans seront inscrits avec la note de gens sans aveu. »

2° Décret du 10 vendémiaire an iv (2 octobre 1795), sur la police intérieure des communes :

« Art. 1ᵉʳ. — Jusqu'à ce qu'il en ait été autrement » ordonné, nul individu ne pourra quitter le territoire de » son canton, et voyager sans être muni et porteur d'un » passeport signé par les officiers municipaux de la com- » mune ou administration municipale du canton. »

Les articles 6 et 7 qui portent la sanction pénale de l'article 1ᵉʳ, sont ainsi conçus :

« Art. 6. — Tout individu voyageant et trouvé hors de » son canton sans passeport, sera mis sur-le-champ en » état d'arrestation et détenu jusqu'à ce qu'il ait justifié » être inscrit sur le tableau de la commune de son » domicile. »

« Art. 7. — A défaut de justifier dans *deux décades* de » son inscription sur le tableau d'une commune, il sera » réputé vagabond et sans aveu, et traduit comme tel » devant les tribunaux compétens. »

Et loin que ces dispositions aient été abrogées, elles ont, au contraire, passé, plus sévères encore, dans notre législation pénale actuelle :

« Les vagabonds et gens sans aveu sont ceux qui n'ont » ni domicile certain ni moyens de subsistance, *et qui* » *n'exercent habituellement ni métier, ni profession.* » (Art. 270, Code pénal.) »

« Les vagabonds ou gens sans aveu qui auront été léga- » lement déclarés tels, *seront, pour ce seul fait,* punis de » trois à six mois d'emprisonnement. (Art. 271, Code P.) »

Mais toutes ces lois, en proscrivant le vagabondage, et en déclarant coupable d'un délit tout Français qui, n'ayant pas de moyens de subsistance, ne s'efforce d'en trouver dans l'exercice d'une profession, ne consacrent-elles donc pas le travail obligé, dont quelques-uns des abolitionistes voudrait qu'on affranchît les émancipés?

En France donc aussi (cette vérité ne saurait être con‑testée) des conditions sont justement imposées à la jouis‑sance de la liberté; en France donc aussi règne la loi du travail obligé.

Et l'esclave devenu libre qui, n'ayant apporté dans son nouvel état social aucun moyen de subsistance, *n'exerce‑rait habituellement ni métier, ni profession;* qui, le plus souvent, n'aurait d'autre domicile que l'arbre sous lequel, dans ses courses incertaines, il s'abriterait, ne serait pas, lui aussi, réputé vagabond et sans aveu; et la société à laquelle il appartiendra, n'aurait pas le droit de lui imposer le travail, *en échange des moyens de subsistance qu'elle lui offrira.*

Mais vouloir soutenir une pareille thèse, ce serait dérai‑sonner, de la manière la plus absurde; hâtons-nous donc de le reconnaître, il ne saurait être illégal de contraindre le noir émancipé à travailler et de le forcer à s'attacher à une exploitation, à se livrer à l'exercice d'une profession, aussi profitable à la société, dont il sera le membre, que propre à lui procurer à lui-même une condition meilleure; — le travail obligé, en un mot, ne saurait constituer une illégalité.

Organiser donc le travail et y contraindre les noirs deve‑nus libres, c'est la première mesure à prendre pour que l'émancipation porte les fruits que colons et émancipés, tous, nous devons en attendre.

Et c'est vers ce but essentiel, n'en doutons pas, que tendront tous les efforts, tous les travaux de la commission des intérêts coloniaux.

III.

Du travail avec association entre le colon-propriétaire et le noir
émancipé[1] — Organisation de l'association pour trente années,
divisées en six périodes de cinq années. — L'émancipé fait lui-
même choix de l'exploitation à laquelle il veut s'associer. — A
la fin de chaque période, il peut faire un nouveau choix. — Un
certain nombre d'émancipés est, à la fin de chaque période,
affranchi des entraves de l'association. — Concessions de terrains
et avances faites par le gouvernement.

Pour obtenir cet heureux résultat du travail, il y aurait
à choisir entre différens systèmes proposés, mais le plus
simple et le plus efficace, ne serait-ce pas *de transformer
l'esclavage en une association, entre l'esclave devenu libre
et le colon propriétaire;*

Intéresser le noir à la culture, en lui attribuant une part
dans les produits, en échange de ses labeurs ; fixer la proportion dans laquelle lui bénéficierait l'association ; déterminer la durée du travail de chaque jour ; indiquer les jours
et les heures de repos, ainsi que ceux que le noir associé
pourrait consacrer à la culture d'un champ que lui aban-
donnerait le propriétaire, et dont les produits lui appartiendraient entièrement.

Faire entrer dans les frais de gestion, que le propriétaire
devrait prélever, avant tout partage des bénéfices, l'entretien et la nourriture du noir associé, voilà quelles pourraient
être quelques-unes des bases de l'association ;

---

[1] Vouloir bien se reporter aux notes additionnelles qui sont placées
à la fin du *Mémoire.* (Lettre A.)

Quant à rechercher la proportion, d'après laquelle devraient se répartir les bénéfices entre le propriétaire et le noir associé, je n'entreprendrai pas cette tâche, dans la crainte d'émettre une opinion erronnée et de paraître vouloir favoriser les intérêts de l'un au détriment de ceux de l'autre : les documens qui me seraient nécessaires pour la solution de cette grave question me manquent ; et, d'ailleurs, loin de moi, je le répète, la prétention de vouloir offrir ici un système complet d'émancipation.

Aussi, me bornant à examiner l'association, plutôt en la forme qu'au fond, si je puis m'exprimer ainsi, je la considèrerai sous le point de vue légal, en recherchant par quels moyens il serait possible de la constituer, d'une manière aussi avantageuse aux colons qu'aux émancipés, *sans, cependant, porter atteinte aux prérogatives d'hommes libres, dont ces derniers viendront d'être investis :*

Il serait à désirer, je crois, dans l'intérêt de l'agriculture, que les noirs émancipés demeurassent attachés, en qualité d'associés, aux exploitations mêmes auxquelles ils appartiennent actuellement comme esclaves ;

Mais, contraindre leur volonté à cet égard, ce serait porter atteinte à la plus belle prérogative de l'homme libre : « travailler où bon lui semble ; faire lui-même choix de » l'exploitation, de l'établissement auxquels il loue son » travail ; laisser, si bon lui semble, *après l'expiration des* » *engagemens par lui contractés*, le chef d'atelier, le pro- » priétaire, sous les ordres duquel il ne lui convient plus » de rester ; abandonner, à son gré, la localité qui ne lui » offre pas des avantages assez marqués pour en chercher » de plus grands ailleurs. » Aussi, loin de moi la pensée qu'on ravisse à l'esclave devenu libre ces droits, dont l'ouvrier, en France, se montre si justement jaloux.

Loin donc de moi le désir qu'on mette obstacle à ce que le noir, qui, esclave, avait été obligé de supporter la domination de tel maître, aux exigences duquel il lui était impossible de satisfaire, puisse, devenu libre, aller offrir son travail à tel autre colon, de qui les manières, le caractère et les habitudes lui sembleraient plus accommodans. Mais, comme des changemens trop fréquens de résidence ne pourraient qu'entraîner de graves abus; que l'intérêt des propriétaires en souffrirait évidemment, et qu'infailliblement aussi, ces déplacemens trop fréquens auraient même pour résultat de compromettre et l'agriculture et le bon ordre; que le bien être des émancipés en éprouverait aussi de déplorables atteintes; que, d'ailleurs, *il faudrait renoncer à tous projets d'association;* si, *chaque année,* par exemple, les émancipés avaient le droit d'abandonner leur résidence première, l'exploitation à laquelle ils se seraient d'abord attachés, pour transporter leurs pénates ailleurs, il serait à désirer qu'on pût trouver un moyen propre à tout concilier, et qui, tout en laissant au noir émancipé le choix du propriétaire à l'exploitation duquel il voudrait associer ses travaux, pût cependant prévenir les inconvéniens qui viennent d'être signalés :

Par exemple, *ne pourrait-il pas être statué, qu'après la promulgation de la loi portant abolition de l'esclavage, un délai raisonnable serait accordé, pendant lequel les émancipés feraient choix et du propriétaire et de l'exploitation auxquels ils voudraient s'associer ?*

Mais il ne faudrait pas que, sous le prétexte de faire ce choix, les noirs eussent le droit d'abandonner, à leur gré, *avant l'expiration du délai accordé,* les ateliers desquels ils dépendent comme esclaves, et de déserter la culture pour se livrer à des courses vagabondes; il n'est pas un esclave qui ne sache parfaitement à quel colon il se hâterait d'aller s'offrir, si son maître, désirant le vendre, le laissait libre de choisir lui-même son nouveau maître; c'est ainsi que, sans se déplacer, le noir émancipé serait bientôt fixé sur le choix du propriétaire auquel il voudrait s'associer.

Et, afin qu'aucun émancipé ne pût échapper à cette loi commune du travail avec association, il serait, avant la promulgation de la loi, portant abolition de l'esclavage, dressé, dans chaque quartier ou canton, par les maires ou commissaires commandans, ou même par des commissaires spéciaux, des tableaux comprenant les noms, l'âge, les états ou professions de tous les noirs de l'un et de l'autre sexe.

Après la promulgation de la loi qui proclamera l'émancipation et aussitôt l'expiration du délai accordé aux émancipés pour faire le choix dont il vient d'être parlé, *l'état d'association serait constitué pour un certain nombre d'années, trente ans par exemple, divisés en périodes de cinq années;* alors un second recensement destiné à contrôler le premier, offrirait un moyen certain de s'assurer si quelques individus ne s'y étaient pas soustraits, ou si, après avoir été recensés, ils n'auraient pas trouvé le moyen d'échapper aux conséquences du recensement.

Ce second dénombrement aurait encore, et principalement un autre but : consacrer le choix que chaque émancipé aurait fait du propriétaire auquel il voudrait s'associer et du quartier dans lequel il désirerait fixer sa résidence.

Il serait à désirer que tous les déplacemens s'opérassent avec ordre, dans le plus bref délai, et pendant la saison la moins favorable aux travaux de l'agriculture.

Enfin, tous les déplacemens effectués, un dernier recensement viendrait constater que les émancipés ont tous rallié leur nouveau domicile d'élection, *et former comme un contrat* entre le propriétaire et le noir émancipé associé.

Cependant ce contrat ne serait parfait qu'autant que, dans un délai déterminé, à partir du choix fait par l'émancipé, le propriétaire de l'exploitation à laquelle il voudrait s'associer n'aurait pas déclaré refuser de l'accepter pour son associé.

Tout émancipé refusé par deux propriétaires serait employé aux travaux de l'administration, et à ses frais, jusqu'à ce qu'il eût trouvé un propriétaire qui consentît à l'associer à son exploitation.

C'est ainsi que le choix que l'émancipé aurait fait serait consacré *pour la première période d'association, cinq années ;* cette première période expirée, les émancipés *seraient libres de faire un nouveau choix* et de s'attacher à de nouvelles exploitations, ce qui serait constaté de la même manière, ainsi de suite, de cinq en cinq années, jusqu'à l'expiration des trente années d'association [1].

Ce mode d'association concilierait tous les droits, tant ceux de l'agriculture que ceux des noirs eux-mêmes, dont le libre arbitre aurait été ainsi pleinement respecté.

Mais comme il serait souverainement injuste que ceux des émancipés qui, *pendant la durée d'une période d'association,* auraient prouvé par la régularité de leur conduite, leur ordre, leur économie et leur zèle au travail, que, sans danger pour eux-mêmes et la société, ils sont dignes d'être

---

[1] Prière de se reporter : 1° à ma lettre adressée à M. de Lasteyrie ; 2° à ma lettre, adressée à MM. les délégués des colonies, énonçant quelques modifications ou additions aux propositions que contient ce chapitre, ainsi que l'examen des objections principales auxquelles peut donner lieu le mode d'émancipation proposé.

affranchis de l'association, y fussent de nouveau astreints,
il faudrait, *qu'à la fin de chaque période,* on dégageât des
entraves de l'association ceux des émancipés qui se seraient
ainsi montrés dignes de cette faveur ;

Ce serait là, d'ailleurs, un puissant stimulant, offert à
leur émulation; mais les faibles économies des émancipés, ainsi affranchis de l'association, ne suffiraient pas
pour qu'ils pussent se procurer les moyens de se livrer à
une entreprise quelconque ; aussi, serait-il à désirer que
le gouvernement vînt à leur aide, non-seulement en leur
concédant des terrains pour asseoir leurs établissemens ;
mais, en outre, en leur faisant l'avance des outils et instrumens indispensables.

Ces avances pourraient être remboursées au moyen du
prélèvement qui, chaque année, *à partir de l'expiration de
la dixième,* serait fait d'une portion déterminée, du produit net de l'établissement ainsi formé.

Ces encouragemens, offerts aux émancipés affranchis
de l'association forcée, recèlent cependant un écueil qu'il
faut ici signaler : c'est qu'ils tendraient à favoriser la *petite
culture* au détriment des fortes exploitations, ce qui, bientôt, aurait entraîné la ruine des colonies, dont la prospérité
ne saurait se soutenir que par le maintien de la grande
culture; elle seule, en effet, peut offrir au commerce les
alimens qui lui sont indispensables.

Pour obvier à ce danger, il serait à désirer que,
par des avantages offerts aux petits propriétaires, le gouvernement pût les amener *à réunir volontairement* leurs
ressources et à former des associations ayant pour but
d'exploiter des [établissemens d'une certaine importance.

Il est surtout à désirer, dans tous les cas, que les concessions de terrains soient faites, de manière à former

des agglomérations d'habitans et à éviter que les émancipés ne se dispersent sur une surface trop étendue,
ce qui permettrait difficilement de les observer et de leur
prêter les secours dont ils pourraient avoir besoin.

Le travail avec association suppose évidemment l'émancipation simultanée et immédiate, mode d'émancipation
qui, sans contredit, entraînerait des inconvéniens et des
dangers moins graves que ceux auxquels donnerait lieu
l'*émancipation partielle.*

Il est d'ailleurs évident que le *noir associé* apporterait
plus de zèle et de soins aux travaux de l'agriculture, que ne
le ferait l'homme à gages, le simple ouvrier journalier.

Non-seulement, comme nous l'enseignent et le grand
apôtre, ce saint interprète de l'éternelle justice, et le célèbre auteur de l'esprit des lois, il est souverainement juste
que celui qui cultive la terre, aide à récolter et à ramasser
les fruits, soit appelé au partage de ces fruits, résultats
heureux de ses soins, de ses labeurs, de ses fatigues ; mais
encore le maître de la terre y trouve lui-même son compte ;
car l'espérance de ce partage devient le gage du zèle, du
dévoûment, des efforts continus du travailleur, et, ce qui
est mieux encore, celui de la bonne harmonie, que font
naître entre le maître et le travailleur cette communauté
d'intérêts, cette participation réservée au travail, dans le
partage des produits qui lui sont dus. De cette bonne harmonie naissent aussi la confiance et l'estime qui relèvent le
cultivateur à ses propres yeux ; il ne se regarde plus comme
un vil mercenaire qui, vendant ses sueurs, reste indifférent au résultat de ses travaux, et n'a d'autre désir que de
voir arriver la fin du jour qui, avec son salaire, lui ramène
aussi le repos ; non moins stimulé par l'aiguillon de l'amour
propre satisfait et le sentiment de sa dignité d'homme, ainsi

relevée, que par la certitude qu'*aux plus grands travaux la nature attache de plus grandes récompenses*, il s'efforce d'accroître, par un travail plus actif et plus soutenu, la part qui lui est assurée dans les revenus communs. Qui donc pourrait douter de tous les heureux résultats que doit produire cette manière de récompenser le travailleur, tout en le moralisant et l'anoblissant à ses propres yeux.

Le mode d'émancipation qui vient d'être proposé, n'exclut pas d'ailleurs le droit à l'indemnité; elle devra, au contraire, être acquise aux colons dépossédés, non pas du jour de *la cessation de l'association*, mais bien de celui de la promulgation de la loi portant abolition de l'esclavage, avec association [1].

Je ne saurais rechercher ici le chiffre auquel devra s'élever cette indemnité, ni le mode de paiement qu'il conviendra d'adopter.

Pour arriver à la solution de ces questions, il m'eût fallu des chiffres que des documens puisés à des sources certaines, auxquelles je n'ai pu recourir, pouvaient seuls me fournir. Peut-être m'eût-il été possible, en faisant appel aux souvenirs que m'ont laissés deux années de l'exercice de la profession d'avocat-avoué à la Guyane, de fixer, ici, la valeur moyenne de chaque tête d'esclave, sans distinction de sexe ni d'âge; mais ne voulant rien hasarder, je préfère m'abstenir de toute appréciation plutôt que d'indiquer une valeur erronée [2].

---

[1] Voir encore les nouvelles propositions *relatives à l'indemnité* émises dans ma lettre à MM. les délégués des colonies.

[2] Des documens qu'il m'a été possible de consulter, depuis que ce *Mémoire* a été écrit, documens qui, d'ailleurs, se trouvent parfaitement conformes à mes souvenirs, me permettent de porter à quinze cents francs la valeur moyenne de chaque esclave.

Que mes compatriotes se reposent avec confiance et sur le zèle et l'honnêteté des hommes que le roi a spécialement chargés de la solution de ces questions ; ils répondront dignement à cette confiance.

IV.

Des mesures propres tant à contraindre les émancipés à se livrer au travail, qu'à proscrire le vagabondage. — Des peines. — Plus de châtimens corporels. — De l'autorité du chef d'atelier. — De celle d'un juge spécial. — Ses attributions. — Egalité des émancipés et des colons devant la loi.

Si l'association du colon propriétaire avec le noir émancipé est consacrée par le gouvernement, il est indispensable que des *mesures sévères* soient adoptées pour assurer au propriétaire le travail du noir associé. — Si, avant le terme de l'association, le noir émancipé veut abandonner l'exploitation à laquelle il s'est attaché ; si , sans même déserter entièrement le travail, le noir associé vient à s'endormir dans l'oisiveté et la paresse ; si, au lieu de se livrer avec ardeur aux travaux de l'exploitation, il veut consumer un temps précieux dans les courses vagabondes qui offrent tant de charmes au caractère du nègre , quels moyens de coercition seront offerts aux propriétaires pour réprimer ces abus ?

En France, une action civile, en dommages-intérêts, serait ouverte à l'associé, aux droits duquel la conduite du co-associé porterait ainsi préjudice ; mais ouvrir cette voie au colon propriétaire contre le noir, son associé, qui, au mépris des engagemens contractés, déserterait ou négligerait les travaux de l'exploitation, ce serait lui offrir une garantie vraiment illusoire.

En effet, l'action civile en dommages-intérêts suppose
nécessairement un défendeur, offrant des garanties de solvabilité, *et dont les biens puissent être le gage* de celui qui
le poursuit; sans cette condition, une action en dommages-
intérêts constituerait un acte de déraison et de folie; eh
bien! jusqu'à ce que le travail, l'ordre, l'économie, la civilisation, en un mot, aient concouru à créer au pauvre noir,
à peine arraché à l'esclavage, une petite fortune, quelles
garanties de solvabilité pourrait-il offrir? Évidemment
aucune.

Évidemment donc aussi, et il n'est pas un homme raisonnable qui puisse prétendre le contraire, ce ne sera pas
dans la loi civile, dans les réparations civiles et pécuniaires
qu'il faudra puiser les moyens de répressions qui devront
frapper les infractions du noir associé aux engagemens
qu'il aura contractés; mais la loi pénale pourra seule offrir
la sanction de ses engagemens.

Peut-être même ne sera-t-il pas possible d'atteindre le
but proposé, si, en abolissant l'esclavage, *on ne laisse aux
colons une partie de cette autorité et de ces pouvoirs, dont
le maître est aujourd'hui investi.*

Sans doute, les peines les plus sévères ne pourront être
infligées que par les magistrats, organes de la loi; mais les
peines légères et proportionnées aux contraventions d'une
mince importance, à ces infractions journalières, et qui,
dans les premiers temps surtout, seront les conséquences,
pour ainsi dire, inévitables de la transformation sociale
qui viendra de s'opérer; faudra-t il donc soumettre le propriétaire à recourir toujours à l'autorité du magistrat pour
en faire l'application?

Assurément l'émancipation ne serait qu'une amère déception, si le noir n'échappait à la domination du maître,

que pour retomber sous la verge de fer d'un chef d'atelier et d'exploitation, investi d'une puissance répressive illimitée; car alors, les mots seuls et non les choses auraient été changés; mais, d'un autre côté aussi, *il ne serait pas moins fâcheux que toute espèce d'autorité fût enlevée au colon propriétaire, chef d'exploitation;* car son bras, ainsi affaibli, ne serait pas même assez fort pour maintenir, sur sa propriété, parmi les noirs ses associés, le bon ordre et le travail; et, alors, entre la volonté du chef et celle des travailleurs, s'élèveraient des conflits incessans; du côté de la force physique et brutale du plus grand nombre, serait la puissance; et, avant que le magistrat n'ait eu le temps d'interposer son autorité, bien souvent déjà auraient éclaté des désordres, non moins déplorables pour les noirs eux-mêmes, que pour les colons.

Il paraît donc indispensable que le chef d'exploitation participe en quelque sorte à l'autorité du magistrat, et que, lui aussi, il ait l'investiture de la puissance répressive, restreinte dans des limites, que les passions ne sauraient reculer, que l'arbitraire ne pourrait franchir; qu'investi de cette puissance, le colon qui en voudrait abuser, en soit le premier atteint; qu'il en puisse user avec fermeté pour le maintien de l'ordre et du travail; mais, si, dans ses mains, elle tendait à devenir injuste et tyrannique, qu'elle se retourne et le frappe le premier.....

Mais, l'émancipation accomplie, quelles sortes de peines, quelles espèces de châtimens pourraient atteindre l'homme libre et le contraindre au travail?

Quant aux châtimens corporels, est-il donc besoin de dire, qu'avec l'esclavage ils seront à jamais proscrits?.... Déjà, sous le régime actuel des colonies, *un grand nombre de leurs habitans* ont compris que les châtimens corporels sont repoussés par nos principes, en désaccord avec nos mœurs ; que, frappés d'anathême par l'humanité, ils devront se réléguer dans quelques coins barbares du globe, où la raison n'aura pas fait briller son flambeau, et que, de ses rayons sacrés, le christianisme n'aura pas éclairés.

Déjà plusieurs colons ont essayé de substituer à ce mode de répression des peines moins odieuses et plus efficaces peut-être ; il n'en est donc pas un d'entre eux qui puisse se livrer à la pensée, qu'après l'émancipation le fouet et les autres châtimens de cette nature ne disparaissent entièrement de nos codes et de nos réglemens coloniaux.

Il serait même à désirer que, dès à présent, et, avant l'abolition de l'esclavage, ils en fussent à jamais retranchés. Tandis que l'Angleterre, ce prétendu foyer de la philantropie moderne, ose, au dix-neuvième siècle, infliger à ses soldats et matelots un genre de châtiment non moins avilissant que barbare, ayons la gloire d'avoir les premiers payé un noble tribut à l'humanité, et offert un grand exemple à l'univers, en ravissant *nos noirs encore esclaves* à ces traitemens dégradans, que subissent, chaque jour, les membres de la nation la plus orgueilleuse du monde [1] :

---

[1] Peut-être n'est-il pas inutile de consigner ici un document qui serait fort curieux, s'il n'inspirait un sentiment d'horreur, et que nous offre la statistique de la *philanthropie anglaise*. « STATISTIQUE DU FOUET
» DANS LA MARINE ANGLAISE : il résulte d'un rapport, publié par la
» chambre des communes, sur la proposition de M. Hume, que le
» nombre des punitions corporelles, infligées à bord des navires de la
» marine royale, en Angleterre, s'est élevé, en 1846, à 1077 flagella-
» tions qui ont distribué 32,866 coups de fouet ; il en avait été appliqué
» 33,511, en 1845, et 42,352, en 1844. » (Jour. la *Presse*, 8 août 1847.)
Abolissons la peine du fouet en faveur de nos esclaves, et peut-être cet exemple profitera-t-il aux marins et soldats anglais.

que l'abolition des châtimens corporels précède, dans nos colonies, l'abolition de l'esclavage, et fonde comme une ère transitoire entre le règne de la servitude et celui de la liberté ; et, pour que les noirs puissent comprendre cette liberté, dont le grand et beau jour va, bientôt, luire pour eux, commençons par leur apprendre qu'ils sont des hommes et non des bêtes de somme, que châtient le fouet et le bâton.

Ainsi, après l'émancipation surtout, point de châtiments corporels.

Mais c'est en étudiant les goûts et le caractère du noir, en imitant, d'ailleurs en ceci, les colons dont je viens de signaler les honorables essais, que nous parviendrons à remplacer, d'une manière efficace, ce genre de répression.

Le noir émancipé, on n'en peut douter, apportera dans son nouvel état social, le caractère, les goûts et les habitudes que lui a faits l'esclavage, et qui ne s'effaceront que bien lentement.

Se livrer à des courses nocturnes, armé d'une torche enflammée d'une main, et de son sabre de l'autre ; franchir ainsi les distances les plus grandes, soit pour aller se livrer au plaisir de la danse, soit pour visiter une concubine, le plus souvent choisie sur une habitation très-éloignée ; voici, par exemple, de ces habitudes pour ainsi dire incrustées à l'âme du noir esclave, et tellement inhérentes à sa nature sauvage, qu'après l'abolition de l'esclavage, et pendant de longues années encore, elles résisteront malheureusement à tous les efforts de la civilisation, à toute l'influence de la morale et de la religion.

Eh bien ! en attendant que la raison, la morale et la religion aient inspiré au noir émancipé l'amour de la vertu et de l'ordre, mettons à profit ses habitudes mauvaises elles-mêmes pour le contraindre, en cherchant dans le travail les ressources d'une existence honorable , à payer à la société qui va l'admettre dans son sein le juste tribut de ses labeurs.

C'est ainsi qu'au premier rang des peines à infliger au noir émancipé, pourrait être placée *l'incarcération pendant la nuit.*

J'en appelle aux colons qui, déjà, ont essayé ce mode de répression, et je ne doute pas qu'ils ne s'empressent de proclamer les heureux résultats qu'ils en ont obtenus.

Au chapitre des peines devraient aussi figurer :

1° La détention à la salle de discipline de l'exploitation, pendant un ou plusieurs jours, avec obligation d'y travailler.

2° *L'emprisonnement* pendant un ou plusieurs jours, un ou plusieurs mois ;

3° La condamnation, soit à une ou plusieurs semaines, soit à un ou plusieurs mois, *de travaux publics,* selon la gravité des circonstances.

Je crois avoir démontré qu'il est indispensable que l'autorité des chefs d'exploitation participe, en quelque sorte, de la puissance actuelle du maître ; qu'ils soient eux-mêmes juges de certaines contraventions, et puissent appliquer certaines peines.

Ne pourrait-on pas, par exemple, abandonner à cette sorte de juridiction, les fautes qui seraient de nature à être punies, *soit de l'incarcération nocturne,* pendant un laps de temps qui pourrait varier de une à trente nuits, par exemple ; soit de un à vingt jours de détention à la salle de discipline ?

Quant aux autres peines, elles ne seraient appliquées que par un *magistrat spécial,* chargé, dans chacun des quartiers, de régler les rapports des propriétaires, chefs d'exploitations ou d'ateliers, avec les noirs, leurs associés, et de contraindre ces derniers à exécuter les engagemens par eux contractés.

Il serait trop long de rechercher ici toutes les contraventions de nature à être punies, soit de l'incarcération nocturne, soit de la détention à la salle de discipline, soit même de l'emprisonnement proprement dit.

Quant à la condamnation à une ou plusieurs semaines, ou à un ou plusieurs mois *de travaux publics*, elle serait la sanction de plusieurs mesures indispensables, pour assurer, d'une manière plus spéciale, le maintien du bon ordre et du travail; ces mesures tendraient, en proscrivant le vagabondage, à contraindre les noirs à ne pas abandonner, pendant la durée de l'association, l'exploitation à laquelle ils se seraient attachés.

Si, en France, dans un état actuellement libre, au sein d'une société depuis longtemps constituée et parvenue au plus haut degré de sa force et de sa grandeur, les lois qui proscrivent le vagabondage, constituent une grande et belle institution, combien plus grande, plus efficace, plus indispensable encore serait-elle au sein d'une société naissante, et qui ne saurait grandir, prospérer et acquérir une constitution forte et robuste qu'avec le secours de tous ses membres !

J'ai cité plus haut les décrets du 19 juillet 1791, du 10 vendémiaire an IV (2 octobre 1795) ainsi que les articles 270 et 271 du Code pénal. Ce code, promulgué à la Guyane française, en 1829, contient aussi, dans ses articles 269 à 283, les dispositions relatives à la répression du vagabondage et de la mendicité; il en est ainsi pour les autres colonies, et la loi du 22-29 juin 1835, portant application aux colonies de la loi du 28 avril 1832, modicative du Code d'instruction criminel et du Code pénal, n'a apporté aucune atténuation aux dispositions dont il s'agit. Loin de là, elle n'a fait qu'ajouter à leur sévérité.

Modifiés selon les temps, les lieux et les circonstances, ces divers textes de lois pourraient être rendus applicables d'une manière spéciale aux émancipés, afin de les contraindre à ne pas abandonner leur résidence d'élection pour vivre de la manière que le font actuellement les esclaves en état de maronage, sans domicile connu, sans profession, sans gîte.

Ne pourrait-il pas, par exemple, être ainsi statué :

« 1° Tout émancipé *qui ne justifierait être attaché à une* » *exploitation ou entreprise* dirigée par des habitans pou- » vant rendre bon témoignage de sa conduite *et répondre* » *de ses moyens de subsistance,* ou qui, n'ayant pas été » agréé par les propriétaires, aux exploitations desquels il » aurait voulu s'associer, *ne se serait pas mis à la dispo-* » *sition de l'administration, pour être employé par elle,* » sera, pour ce fait, réputé homme sans aveu, arrêté » comme tel, et détenu à la geôle *jusqu'à ce qu'il soit* » *réclamé* par un entrepreneur ou un habitant qui veuille » l'attacher à son atelier ou à son exploitation.

« Si, après *vingt jours* de détention préventive, il n'était » réclamé par personne, prévenu du délit de vagabondage » et condamné comme vagabond, il serait attaché, pour » un mois au moins et six au plus, *aux travaux publics* » *de la colonie* [1], et employé à l'entretien des routes, rues,

----

[1] Si, en France, l'emprisonnement est, pour certains individus, une peine vraiment illusoire, combien, à plus forte raison, le serait-elle pour la plupart des émancipés, dans les premiers temps surtout

» places, ports; si, après l'expiration de sa peine, il ne se
» trouvait aucun propriétaire qui voulût l'associer à son
» exploitation, il serait employé par le gouvernement, *qui*
» *lui paierait un salaire.*

» 2° Nul émancipé *ne pourra quitter le territoire du*
» *quartier* où sera située l'exploitation à laquelle il sera
» attaché, *sans un permis*, délivré par le maire ou com-
» mandant du quartier, revêtu de sa signature et sur lequel
» il aura apposé son sceau.

» Tout individu trouvé *hors de son quartier* sans être
» muni du permis, dont il vient d'être parlé, sera, *pour ce*
» *seul fait*, réputé vagabond et sans aveu, sur-le-champ
» mis en état d'arrestation, *traduit devant le magistrat*
» *spécial du quartier dans lequel il aura été trouvé*, et
» condamné à un mois, au-moins, et six mois, au-plus, de
» travaux publics.

» 3° Aucun associé à une exploitation quelconque *ne*
» *pourra s'en éloigner sans l'autorisation* du propriétaire
» ou chef d'exploitation.

» Tout individu qui, *sans cette autorisation, aura déserté*
» *l'exploitation, sans cependant être sorti du territoire du*
» *quartier* dans lequel sera située cette exploitation, sera
» traduit devant le juge spécial du quartier, et condamné
» par lui à une semaine au moins et quatre au plus de
» travaux publics.

» Dans ces deux derniers cas l'associé serait, après l'expi-

---

de l'émancipation. J'ai donc pensé qu'il serait plus efficace d'y substituer la condamnation aux travaux publics. Si, d'ailleurs, il répu-
gnait de se servir de ces mots, *travaux publics*, bien que j'aie
expliqué le sens que je leur attribue, on pourrait les remplacer par
ceux d'*ateliers de discipline.*

» ration de sa peine, remis entre les mains du propriétaire
» son associé, *qui ne pourrait lui infliger même une simple*
» *peine de discipline, à raison du fait pour lequel il vien-*
» *drait déjà d'être condamné.* »

Il est bien entendu que toutes ces peines seraient appliquées sans préjudice de celles auxquelles pourraient donner
lieu les crimes ou délits, commis pendant l'état de vagabondage ; et que, dans tous les cas, elles seraient doublées,
s'il y avait récidive.

Quant aux mots *travaux publics,* il convient aussi de
faire remarquer qu'ils ne sont pas pris ici dans le sens *des*
travaux forcés, auxquels sont condamnés les criminels,
aux termes du code pénal; on ne saurait même porter trop
d'attention à ce que les émancipés, condamnés en vertu des
dispositions qui précèdent, n'eussent aucun rapport avec
ceux qui, reconnus coupables ou simplement prévenus de
crimes ou délits, seraient ou détenus à la geôle, ou employés
aux *travaux forcés.*

La connaissance des contraventions qui viennent d'être
indiquées appartiendrait, ainsi que je l'ai dit, à des magistrats spéciaux, établis dans chaque quartier.

Leur mission pourrait encore s'étendre à d'autres
matières.

Le noir associé qui, au lieu de consacrer tous ses
momens aux travaux de l'exploitation, l'aurait désertée,
serait soumis aux peines qui ont été proposées ; mais,
n'est-il pas évident que la privation de tout ou partie de sa
part proportionnelle dans les bénéfices de l'exploitation,
devrait être aussi la conséquence de la rupture de ses
engagemens ?

En effet, ce n'est qu'en échange de son travail qu'il a
droit à une part dans les produits ; donc, son travail cessant.

ses droits aussi doivent cesser, et, dans le réglement qui, soit à la fin de chaque année; soit à l'expiration de chaque période d'association, devrait être fait entre le propriétaire et les noirs ses associés, il serait de toute justice que le noir ne bénéficiât des produits qu'à raison du temps qu'il aurait consacré à l'exploitation; et, pour arriver à ce résultat, il serait indispensable que les jours, les semaines et les mois que chaque associé aurait perdus, fussent comptés.

Eh bien! pour que le propriétaire puisse arriver à ce réglement avec des pièces établissant, d'une manière authentique, la sincérité de ses réclamations, que le magistrat spécial reçoive la mission de constater, soit par mois, soit par trimestre, le temps que chaque associé n'aura pas consacré à l'exploitation, et qu'il en délivre au propriétaire une attestation revêtue de sa signature et du sceau de la justice.

Je n'ai pas rangé cette privation de la part proportionnelle des produits, au rang des moyens de coercition que j'ai proposés pour contraindre les émancipés au travail, parce que, dans les premiers temps de l'émancipation surtout, les noirs préféreraient bien certainement faire l'abandon de leurs droits dans les bénéfices de l'association, et s'affranchir, à ce prix, des entraves qu'elle leur exposerait.

Plus les nouveaux émancipés s'éloigneront du temps de l'esclavage, plus le désir d'acquérir et le sentiment de la propriété se feront sentir et se développeront en eux. Alors seulement, ils attacheront du prix à la conservation de leurs droits dans l'association et comprendront qu'il est indispensable, qu'en échange du partage auquel le chef d'exploitation devra les admettre, ils lui accordent leur concours. Mais, jusqu'à ce que le sentiment de la propriété, et le désir de se créer un bien-être, leur aient inspiré l'amour du travail, il est évident que les moyens de répression, puisés dans la loi pénale, seront seuls efficaces; eh bien! que la plupart de ces mesures semblent, de prime abord, empreintes d'une excessive sévérité, les partisans, même les plus prononcés de la liberté illimitée du noir émancipé, ne sauront s'empêcher de reconnaître, s'ils veulent mûrement peser les conséquences graves que l'émancipation doit entraîner, que ces mesures *ou d'autres analogues* [1], sont cependant indispensables pour, en maintenant le bon ordre et le travail, empêcher que colons et émancipés, tous ne soient poussés vers un abîme inévitable.

Mais, comme aux yeux de la loi, l'égalité la plus complète doit exister entre les noirs arrachés à l'esclavage et ceux qui auront été leurs maîtres, il est de toute justice que les droits et les prérogatives que l'émancipation leur aura

---

[1] On pourrait, par exemple, faire utilement revivre quelques-unes des dispositions des arrêtés et réglemens ci-après, de l'assemblée coloniale de la Guyane, du commissaire civil de la Convention nationale, Jeannet, revenu plus tard à la Guyane, en qualité d'agent particulier du Directoire, et enfin du gouverneur-général, Maurice Cointet; — 7 octobre 1794 (16 vendemiaire an III), — 7 février 1795 (19 pluviôse an III), — 13 août 1795 (1er fructidor an III), — 19 décembre 1795 (28 frimaire an IV), — 8 juin 1796 (1er messidor an IV), (arrêtés et réglemens recueillis et publiés par M. Aubert-Armand, ancien juge-royal à la Guyane, conseiller à la Cour royale de la Martinique.) J'ignorais l'existence de ce recueil lorsqu'en 1842 j'ai écrit ce Mémoire. (Voir aussi le décret de la Convention nationale du 25 mai 1795 (6 prairial an III).

Mais la mesure qui, sans contredit, serait la plus efficace, nous est offerte par les articles 16 et 17 de la loi du 12 nivose an 6, (1er janvier 1798) concernant l'organisation constitutionnelle des colonies.

conférés, soient, aussi bien que ceux des colons, placés sous
la sauve-garde des lois; et, si un magistrat spécial doit
recevoir la mission de protéger les droits du propriétaire,
chef d'exploitation ou d'atelier contre l'insouciance et la
paresse du noir son associé, que sa mission soit aussi de
défendre ce dernier contre les tracasseries et les exigences
du propriétaire, et de réprimer l'abus qu'il voudrait faire
de l'autorité que lui aurait laissée la loi; en un mot, que le
magistrat spécial soit appelé à connaître, tant des griefs du
noir associé contre le propriétaire que de ceux de ce dernier contre le noir son associé ; *qu'il soit le gardien aussi
impartial que fidèle des intérêts des uns et des autres;* que
la prévention ou les préjugés ne viennent donc jamais,
usurpant la place de la raison ou du bon droit, faire peser
la balance du juge, soit en faveur du colon propriétaire,
soit en celle du noir émancipé.

Egaux devant la loi, qu'ils puissent, avec une égale confiance, se placer sous son égide protectrice, et, pour que
l'un, pas plus que l'autre, n'ait la prétention de rencontrer
dans le juge *un protecteur spécial,* que la plus rigoureuse
et la plus inexorable impartialité dicte les sentences du juge :
organe de la loi, qu'aucune circonstance ne lui paraisse
jamais assez puissante pour la lui faire violer.

La magistrature actuelle de nos colonies, offre d'ailleurs
au juge spécial de nobles exemples d'impartialité [1]; *qu'il y
puise la force et le courage* qui lui sont nécessaires pour
assurer, toujours, le triomphe de la loi, *en dépit des préjugés
et des mauvaises passions.*

---

[1] Se reporter à la note B placée à la suite de ce *Mémoire.*

Il serait à désirer que la comparution devant le juge spécial, les débats qui y auraient lieu, ainsi que les sentences,
fussent exempts de tous frais quelconques, et dégagés de
toutes formalités de procédure.

TROISIÈME PARTIE.

TUTELLE DES ÉMANCIPÉS.

ÉPIGRAPHES.

« Vous aimerez le Seigneur votre Dieu de tout votre cœur, de toute votre âme, de tout votre esprit, — c'est là le plus grand et le premier commandement ; — et voici le second qui est semblable à celui-là : *Vous aimerez votre prochain comme vous même.* — Toute la loi et les prophètes sont renfermés dans ces deux commandemens. »

(Évang. selon S. Matth., ch. xxii, v. 37 à 40.)

« Mes petits enfants, je vous fais un commandement nouveau qui
» est *que vous vous aimiez les uns les autres,* et que vous vous
» *entr'aimiez comme je vous ai aimés.* »

(Évang. selon S. Jean, ch. xiii, v. 33-34.)

« Nous devons, nous qui sommes plus forts, *supporter les faiblesses des infirmes,* et ne pas chercher notre propre satisfaction. — Que chacun de vous tâche de satisfaire son prochain, dans ce qui est bon et qui peut l'édifier, — puisque Jésus-Christ n'a pas cherché à se satisfaire lui-même, mais qu'il dit à son Père dans l'Écriture : Les injures qu'on vous à faites sont retombées sur moi. Car tout ce qui est écrit a été écrit pour notre instruction, afin que nous concevions une espérance ferme, par la patience et par la consolation, que les Écritures nous donnent. — Que le Dieu de patience et de consolation vous fasse la grâce d'être *toujours unis de sentiment et d'affection les uns avec les autres, selon l'esprit de Jésus-Christ,*

— afin que vous puissiez, d'un même cœur et d'une même bouche, glorifier Dieu, le père de Notre-Seigneur Jésus-Christ. — C'est pourquoi, *unissez-vous les uns avec les autres pour vous soutenir mutuellement*, comme Jésus-Christ vous a unis avec lui, pour la gloire de Dieu.... — Pour moi, mes frères, je suis persuadé que vous êtes pleins de charité; que vous étes remplis de toutes sortes de connaissances, et qu'ainsi vous pouvez vous instruire les uns les autres. » (*S. Paul aux Rom.*, ch. xv, v. 4 à 7-14.)

« Je vous prie encore, mes frères, reprenez ceux qui sont déréglés; consolez ceux qui ont l'esprit abattu; *supportez les faibles;* soyez patiens envers tous. — Prenez garde que nul ne rende à un autre le mal pour le mal, mais cherchez toujours à faire du bien, et à vos frères et à tout le monde. »

(*S. Paul*, 1re *Épître aux Thes.*, ch. v, v. 14-15.)

« Ordonnez aux riches de ce monde de n'être point orgueilleux, de ne point mettre leur confiance dans des richesses incertaines et périssables; mais dans le Dieu vivant qui nous fournit, avec abondance, tout ce qui est nécessaire à la vie. — *D'étre charitables et bienfaisans; de se rendre riches en bonnes œuvres;* de donner l'aumône de bon cœur; de faire part de leurs biens. »

(*S. Paul*, 1re *Épître à Tim.*, ch. vi, v. 17-18.)

« Mes frères, ne *faites point acception de personnes*, vous qu avez la foi de la gloire de Notre-Seigneur Jésus-Christ. — Car s'il entre dans votre assemblée un homme qui ait un anneau d'or et un habit magnifique, et qu'il y entre aussi quelque pauvre avec un mauvais habit, — et qu'arrêtant votre vue sur celui qui est magnifiquement vêtu, vous lui disiez, en lui présentant une place honorable : Asseyez-vous ici; et que vous disiez au pauvre : Tenez-vous là debout, ou asseyez-vous à mes pieds. — N'est-ce pas là faire différence, en vous même, entre l'un et l'autre, et suivre des pensées injustes dans le jugement que vous en faites? — Ecoutez, mes chers frères, Dieu n'a-t-il pas choisi ceux qui étaient pauvres dans ce monde, pour être riches dans la foi, et héritiers du royaume qu'il a promis à ceux qui l'aiment?..... Si vous accomplissez la loi royale en suivant ce précepte de l'Écriture : — *Vous aimerez votre prochain comme vous-mêmes*, vous faites bien ; — mais, si vous avez égard à la condition des personnes, vous commettez un péché, et vous êtes condamnés par la loi, comme étant ses violateurs. »

(*Épître de S. Jacques*, ch. ii, v. 4 à 5 — 8 et 9.)

« Vous avez appris qu'il a été dit aux anciens : Vous ne commettrez point d'adultère. — Mais moi je vous dis que quiconque aura regardé une femme avec un mauvais désir pour elle, a déjà commis l'adultère avec elle dans son cœur. »

(*S. Matthieu*, ch. v, v. 27-28.)

« Les Pharisiens demandèrent à Jésus, pour le tenter : Est-il permis à un homme de renvoyer sa femme? — Mais il leur répondit : Que vous a ordonné Moïse? — Ils lui répondirent : Moïse a permis de renvoyer sa femme, en lui donnant un écrit par lequel on déclare qu'on la répudie. — Jésus leur dit : C'est à cause de la dûreté de votre cœur qu'il vous a fait cette ordonnance. — Mais, dès le commencement du monde, Dieu ne forma qu'un homme et une femme. — C'est pourquoi il est dit : L'homme quittera son père et sa mère, *et il s'attachera à sa femme;* — et ils ne seront plus tous deux qu'une seule chair. Ainsi ils ne sont plus deux, mais une seule chair. — *Que l'homme donc ne sépare pas ce que Dieu a joint.* — Ses disciples l'interrogèrent encore sur le même sujet, — et il leur dit : Quiconque renvoie sa femme et en épouse une autre, commet un adultère à l'égard de celle qu'il a renvoyée ; — et, si une femme quitte son mari et en épouse un autre, elle commet un adultère. »

(*S. Marc*, ch. x, v. 4 à 12.)

« Quels sont les biens du mariage? Ces biens, dit le Catéchisme du Concile de Trente, après saint Augustin, sont *la fidélité, les enfants et le sacrement,* biens qui font que l'union des personnes mariées, laquelle, hors le mariage, serait criminelle, devient permise, honnête, sainte et pleine de bénédictions.

(*Confér. Ecclés. de Paris*, t. ii, liv. 6, confér. 4ʳᵉ.)

———

« Cette société (le mariage) *contribue au bien de l'Etat et à la tranquillité publique.*

(*Confér. d'Angers sur le mariage*, t. i, 4ʳᵉ question.)

———

« Parmi les contrats civils il n'y en a point *qui soit plus digne de l'application des princes que le mariage, parce qu'il n'y en a point qui soit plus important pour la conservation des états.* »

(*Confér. Ecclés. de Paris*, t. ii, liv. 1ᵉʳ, confér. 2ᶜ.)

———

« Le mariage doit son institution à la nature, sa perfection à la loi, sa sainteté à la religion qui l'a élevé à la dignité de sacrement..... Ce contrat qui est la source des familles a, dans tous les temps, fixé l'attention des législateurs, d'une manière particulière..... d'un autre côté aussi, tous les peuples ont fait intervenir la religion dans la solennité du mariage, et demandé la bénédiction du ciel sur un acte qui doit avoir une si grande influence sur le sort des époux..... La religion catholique a sanctifié le mariage en l'élevant à la dignité de sacrement. »

(Toullier, *Droit civil français*, t. i, liv. 4, tit. 5)

———

« Fuyez la fornication : quelqu'autre péché que l'homme commette, il est hors du corps ; mais, celui qui commet une fornication pèche contre son propre corps. — Ne savez-vous pas que votre corps est le temple du Saint-Esprit qui réside en vous et qui vous a été donné de Dieu, et que vous n'êtes plus à vous-mêmes? — Car vous avez été achetés d'un grand prix. Glorifiez donc, et portez Dieu dans votre corps. »

(S. Paul, 1ʳᵉ *Epît. aux Corinth.*, ch. vi, v. 18 à 20.)

« Toutes les nations se sont également accordées à attacher du mépris à l'incontinence des femmes : c'est que la nature a parlé à toutes les nations, elle a établi la défense, elle a établi l'attaque ; et, ayant mis des deux côtés des désirs, elle a placé dans l'un la témérité, et dans l'autre la honte. Elle a donné aux individus, pour se conserver, de longs espaces de temps, et ne leur a donné pour se perpétuer que des momens. *Il n'est donc pas vrai que l'incontinence suive les lois de la nature. Elle les viole, au contraire.* C'est la modestie et la retenue qui suivent ces lois. D'ailleurs, il est de la nature des êtres intelligens de sentir leurs imperfections. La nature a donc mis en nous la pudeur, c'est-à-dire la honte de nos imperfections. *Quand donc la puissance physique de certains climats viole la loi naturelle des deux sexes et celles des êtres intelligens, c'est au législateur à faire des lois civiles qui forcent la nature du climat et rétablissent les lois primitives.* »

(De Montesquieu, *de l'Esprit des Lois*, t. II, liv. 16, ch. XII.)

« Nos lois anciennes avaient déployé une extrême sévérité dans la répression des attentats aux mœurs, etc., etc..... Le législateur, *dominé d'abord par la pensée de réformer les mœurs*, entraîné ensuite avec plus de force dans la même voie, par les idées religieuses, confondait dans ses incriminations, avec les faits de violence et de corruption, tous les actes de libertinage, toutes les immoralités, toutes les actions honteuses que la morale réprouve, *et qui avilissent et dégradent l'homme*, mais que la société se voit forcée de ne pas punir, *tant qu'ils ne dégénèrent pas en scandale public.* C'est ainsi que la loi avait prévu, en leur assignant des degrés divers de criminalité, la fornication, le strupe, le rapt de séduction, etc, etc..... La simple fornication *échappait seule* à la loi pénale : *fornicatio simplex de jure civili non est prohibita.* Mais on ne comprenait sous ce mot qu'un commerce volontaire avec des filles ou veuves *majeures* qui consentaient à se prostituer, ou pour mieux dire, avec des filles publiques, etc., etc..... *il n'en était pas ainsi, dès que la fornication était accompagnée de circonstances qui en aggravaient le caractère,*

elle prenait alors le nom de strupe, ou rapt de séduction, etc., etc...
Le strupe supposait *une séduction exercée*, soit par des promesses,
soit par des présens, sur une femme (fille ou veuve) *d'une réputa-*
tion jusque-là intacte. (Stupri flagitium punitur cum quis, sinè vi,
vel virginem vel viduam honestè viventem stupraverit.) La peine
de ce délit était dans la loi romaine la confiscation de la moitié des
biens, si le coupable était d'une condition honnête, et une peine
afflictive avec la rélégation, s'il était d'une condition inférieure. Le
droit canonique voulait qu'il fût condamné à épouser la fille séduite,
ou, en cas de refus, à la doter, etc., etc..... »

(Chauveau Adolphe, et Faustin Elie, *Théorie du Code pénal*,
t. vi, ch. xlix, pages 103 à 106.)

« Il n'est pas nécessaire pour le rapt de séduction que la personne
séduite ait été violée ; mais, quand le séducteur en a abusé, *après*
l'avoir sollicitée et subornée, à l'insu de ses parens, il n'y a plus
à douter qu'il n'y ait véritablement rapt de séduction ; aussi l'ordonnance de Blois et la loi unique de Justinien ne semblent pas
mettre de *différence entre ces deux crimse*. »

(*Confér. Ecclés. de Paris sur le Mariage*, t. ii, liv. 5, page 6.)

« Il est sans difficulté que les pères et mères, les tuteurs, etc.,
etc., sont en droit de poursuivre et d'intenter l'action du rapt de
séduction contre celui qui a enlevé leur fillo ou leur pupille. »

(*Mêmes Conférences*, page 8.)

TROISIÈME PARTIE.

TUTELLE DES ÉMANCIPÉS.

I.

Du patronage ou de la tutelle des émancipés. — Du tuteur et des tuteurs-adjoints. — De leurs fonctions. — Du conseil des émancipés, de ses attributions.

Institué par l'ordonnance du 1er janvier 1840, déjà le patronage des esclaves existe aux colonies.

Ici je ne puis me défendre du besoin de déclarer hautement, que, loin de partager l'opinion d'un grand nombre de mes compatriotes, qui, dans l'objet de cette ordonnance, ont vu une mesure désastreuse et funeste, un attentat des plus flagrans au droit de propriété, j'ai applaudi et j'applaudis encore, de toute la force de ma conviction, à cette admirable institution.

Et, si, au lieu de se livrer à des appréhensions irréfléchies, les colons avaient, un seul instant, médité les conséquences *du protectorat*, ils eussent, eux aussi, infailliblement reconnu que, loin de porter atteinte à nos droits; que loin de semer le désordre et l'insubordination dans nos ateliers, et de nous exposer nous-mêmes à d'injustes tracasseries, à d'odieuses accusations, le patronage, bien compris et exercé avec *prudence, modération et impartialité, ne pouvait, au contraire, qu'affermir davantage l'autorité du maître*, et surtout nous arracher à cette solidarité, si injuste, que quelques-uns de ses ennemis s'efforcent de faire peser sur la société coloniale tout entière, en la rendant responsable des fautes et des abus d'un petit nombre de ses membres; et, alors, loin de réunir tous leurs efforts pour briser, sous leurs pieds, ce miroir, dans lequel devaient se refléter et la pureté de leurs intentions et la paternelle sollicitude dont ils environnent ceux qui sont encore leurs esclaves, les colons s'en fussent emparés avec reconnaissance pour manifester au grand jour la conduite de chacun, et prouver que si, dans quelques mains, la puissance du maître a pu, quelquefois et bien rarement, devenir injuste et tyrannique, le plus souvent au contraire, et dans les mains du plus grand nombre, cette puissance n'est autre que celle que le chef de famille exerce sur chacun de ses membres, qu'il environne d'une égale protection et ne relève de ses fautes qu'avec douceur, modération et bienveillance.

C'est en agissant ainsi qu'ils eussent à jamais repoussé

cette odieuse solidarité, que nous ne saurions accepter ; car, en nous empressant d'ouvrir nos ateliers et de livrer nos habitations aux investigations de la justice, nous eussions appris à ceux qui, sans nous connaître, ne craignent pas de nous lancer les accusations les plus flétrissantes, que nous aussi, nous avons nos salles d'asile pour les enfans et nos hôpitaux dans lesquels les malades et les vieillards sont l'objet des soins les plus assidus.

Cette conduite franche et sincère nous eût à jamais lavés de ces odieux soupçons de révoltante cruauté, que quelques personnes voudraient faire peser sur quiconque porte le nom de colon, est propriétaire d'esclaves, parce que, de nos rangs, sont sortis quelques criminels ; car elle eût prouvé à nos accusateurs que les salles de discipline établies sur nos habitations ne sont pas, ainsi qu'on l'a prétendu, des lieux de tortures, inventés par notre barbarie ; et que loin de vouloir cacher aux yeux de la justice les cruels abus qui ont été signalés, les premiers, nous déclarons infâmes leurs auteurs, et appelons contre eux toute la rigueur des lois.

C'est donc, non-seulement au mépris de nos propres intérêts, mais j'oserai même le dire, au détriment de notre honneur, que quelques-uns d'entre nous, oubliant le respect dû à la loi et à ses ministres, ont opposé la résistance la plus acharnée à l'exécution de cette ordonnance, dont l'objet et le but, si pleins de sagesse, nous offrent pour l'avenir les gages de la plus complète sécurité.

Mais, c'est alors surtout que l'émancipation, en brisant les liens qui attachent l'esclave au maître, l'aura aussi enlevé à ses soins et à sa paternelle sollicitude, pour le lancer, faible enfant, dans une vie nouvelle, que le patronage deviendra une indispensable institution ; c'est alors surtout, qu'il faudra nécessairement que le noir, arraché à l'esclavage, soit placé sous l'égide protectrice d'un protectorat spécial, et que, pendant de longues années encore, quels que soient et son âge et la force de sa constitution physique, il soit considéré comme un mineur au premier âge de l'enfance ; car, à peine, viendra-t-il de naître à la vie civile.....

Et si, chez tous les peuples, sous toutes les législations la loi a voulu que des tuteurs fussent chargés de diriger les pas , encore chancelans, du mineur privé de l'appui de ceux auxquels la nature avait confié ce soin; si aux prodigues elle donne des conseils judiciaires, si les interdits sont aussi par elle placés sous la sauve-garde d'un protecteur spécial. Oh! combien seront dignes aussi de sa sollicitude ces hommes, d'abord si impitoyablement arrachés à leur patrie, et qui, depuis si longtemps courbés sous le poids intolérable de la servitude, ont le droit d'exiger que la réparation qui leur est promise ne soit pas une cruelle et amère déception, et que les fers, dont la civilisation va les charger, ne s'appesantissent pas sur eux plus lourds que ceux auxquels l'esclavage les avait condamnés !

Mais sur quelles bases organiser le patronage, ou pour mieux m'exprimer, la tutelle des nouveaux émancipés ?

Elles sont déjà posées, moyennant quelques modifications, au titre X du Code civil.

En effet, de même qu'au mineur, le code civil donne, d'abord, un tuteur investi de certains pouvoirs, dont le libre exercice lui est conféré, et un conseil de famille duquel, dans de certaines circonstances déterminées, le tuteur doit prendre l'avis; de même aussi, la personne et les biens du noir, rendu à la liberté, devraient être, pendant un temps déterminé, celui de la durée de l'association, par exemple, administrés par un tuteur chargé de contracter en son nom, de surveiller sa personne et ses intérêts, etc., etc.....

A ce tuteur, *qui résiderait au chef-lieu de chacune des colonies*, pourraient être donnés autant de *tuteurs-adjoints qu'il y a de quartiers ou cantons différens*, et qui (chacun dans l'étendue de son canton) administreraient *sous la surveillance et la direction du tuteur*, auquel, à des époques fixes, ils rendraient compte de leur administration.

Mais pour que le *tuteur* pût, par lui-même, s'assurer de l'état de ses administrés, étudier leurs besoins, y pourvoir et suivre leurs progrès dans la voie de la civilisation, il semblerait indispensable qu'à lui aussi fût conféré le droit d'inspection, dont l'ordonnance du 1er janvier 1840 a investi les membres du parquet, chargés d'exercer le patronage des esclaves.

Enfin, il ne semblerait pas moins essentiel *qu'un conseil spécial*, composé d'hommes éclairés et impartiaux, *mais surtout sincèrement dévoués*, reçût la mission de *contrôler les actes du tuteur*, et de s'assurer des soins, du zèle et de la fidélité qu'il apporterait à l'accomplissement de ses devoirs.

A cet effet, le tuteur, *à la fin de chaque trimestre, présenterait au conseil* un aperçu de ses travaux, lui ferait connaître les actes, tant de sa propre administration que de celle des tuteurs-adjoints, et solliciterait les mesures qui lui sembleraient les plus propres à hâter les progrès des émancipés dans la voie de la civilisation; à améliorer leur situation morale et matérielle; à hâter, surtout, le moment où, affranchis des liens, tant de la tutelle que de l'association, ils pourront jouir de la plénitude de leurs droits civils et politiques.

Au conseil serait confié le droit d'arrêter, chaque année, le situation de l'émancipé associé avec le chef d'exploitation, auquel il se serait attaché.

A ce conseil pourrait aussi être conféré la délicate mission de désigner, sur la proposition et le rapport du tuteur, dans l'année qui précèderait la fin de chaque période d'association, ceux des émancipés qui, par leur conduite, auraient mérité d'être affranchis des entraves de l'association et de la tutelle.

Pour que les affranchissemens de la tutelle et de l'association pussent plus sûrement atteindre le but proposé, exciter l'émulation des nouveaux émancipés, et encourager leur zèle à bien faire, il ne faudrait pas qu'ils fussent trop multipliés, car, prodiguée sans dicernement, cette faveur ne serait plus considérée par les émancipés comme un appât offert à leur émulation ; ils ne s'efforceraient plus de rivaliser dans l'accomplissement de leurs devoirs, et, loin produire les avantages qu'il est permis d'en espérer, ces affranchissemens ne pourraient être qu'une suite de désordres et de graves inconvéniens.

Il paraît donc nécessaire de déterminer à l'avance le nombre de travailleurs qui, à la fin de chaque période d'association, devraient être affranchis de la tutelle et de l'association.

Ce pourrait être, par exemple, dans une proportion de cinq à dix sur cent, *par exploitation.*

Mais la plus noble tâche du conseil des émancipés, celle vers laquelle les efforts de tous ses membres devraient tendre avec le plus de zèle et d'ardeur, ce devrait être d'étudier et de favoriser toutes les mesures qui sembleraient propres *à concilier tous les intérêts des colons avec ceux des émancipés, ceux de la prospérité agricole et industrielle du pays, avec ceux de la liberté et de l'indépendance.*

Il serait à désirer que les hommes désignés pour composer le conseil fussent pris, moitié parmi les colons propriétaires, *hommes de couleur et blancs*, moitié dans les rangs des fonctionnaires publics, tant de l'ordre administratif que de l'ordre judiciaire. Les colons y seraient appelés par les suffrages de leurs concitoyens, d'après un mode d'éligibilité spécialement établi ; la nomination des autres membres appartiendrait au gouvernement.

Les fonctions *de tuteur et de membre du conseil des émancipés seraient remplies gratuitement*. La satisfaction et l'honneur de participer à une œuvre de philanthropie et de dévoûment étant les seules récompenses auxquelles l'homme vraiment animé de l'amour de ses semblables puisse aspirer. Qu'elles seraient, en effet, grandes, belles, honorables ces fonctions de représentans de la liberté se substituant franchement, pacifiquement, sans choc ni froissemens dangereux, avec calme, avec sécurité pour tous, au régime de l'esclavage, depuis si longtemps usé, infécond, condamné ! Mais aussi, de la part des élus, que de dévoûment, de zèle et d'abnégation, elles nécessiteraient ! Aussi, ai-je la conviction que, loin de les répudier, les colons, cœurs nobles et généreux, apporteraient à les ambitionner cette louable rivalité que leur inspire toujours tout ce qui est noble et beau.

II.

Du mariage des émancipés. — De la moralisation d'une certaine partie de la classe des femmes de couleur.

Tous les efforts que feraient les colons, les membres du conseil spécial des émancipés et le gouvernement lui-même, pour initier les noirs à la civilisation, seraient infructueux si, avant toute chose, le mariage, cette grande et haute institution, commandée par Dieu lui-même, base première de tout état social, ne venait imposer aux émancipés, avec les devoirs de l'époux envers l'épouse, du père envers le fils, l'obligation de chercher dans le travail les moyens d'accomplir ces impérieux et pourtant si agréables devoirs.

Oui, *organiser la famille en favorisant le mariage*, ce sera le plus puissant levier, dont les véritables amis des noirs pourront faire usage, pour arracher de cette sorte de somnolence idiote et paresseuse, dans laquelle l'a plongée l'avilissante condition d'esclave, la masse inerte et insouciante des nouveaux émancipés; mais comment porter les noirs à se lier entre eux par les nœuds indissolubles et sacrés du mariage, si, *dès aujourd'hui,* le gouvernement ne s'empresse d'employer tous les moyens qui peuvent être en son pouvoir, afin de purger la société coloniale de cet épouvantable débordement de mœurs qui, pour ainsi dire, sans honte et sans déshonneur pour elles, tant l'usage et les préjugés coloniaux semblent avoir consacré cette infamie, voue au libertinage le plus effréné la plupart des pauvres filles de couleur.

Et, comment guérir cette plaie hideuse, si des principes de vertu et de morale ne sont promptement semés à la place de ces élémens de vice et de débauche?

Et, pour qu'à mes paroles on ne puisse attacher un sens offensant pour la classe des personnes de couleur tout entière, je m'empresse de reconnaître que, dans toutes nos colonies, elle se divise en deux parties bien distinctes.

La première se compose de familles honorables se perpétuant, depuis des siècles, par le mariage, et dont les bonnes mœurs, les habitudes vertueuses, ne diffèrent en rien de celles des familles blanches; familles dans lesquelles la mère prudente et vertueuse ne néglige aucun moyen d'arracher sa fille à la contagion des mauvais exemples.

La seconde, au contraire, offre le spectacle le plus affligeant, du libertinage le plus éhonté, de la dépravation la plus repoussante.

Dans cette seconde partie de la classe de couleur, où, pour mieux m'exprimer et d'une manière plus conforme à la vérité, des filles de couleur, la mère qui doit l'existence au concubinage, ce commerce criminel, réprouvé en Europe, et condamné par la morale et la religion, la transmet, de la même manière, à sa fille qui, à son tour, devient mère, sans que la morale, la religion et la loi lui en aient conféré le droit; c'est ainsi que se succèdent les générations, liées entre elles par une chaîne impure.

Il n'est pas un colon qui ne veuille convenir, s'il est de bonne foi, de toute la laideur de cette plaie qui infecte la société coloniale; il n'est pas un Européen qui, à son arrivée aux colonies, et avant que ses regards et ses pensées ne se soient malheureusement que trop familiarisés avec ce dégoûtant spectacle, et que, le plus souvent, il n'en soit lui-même devenu *l'un des principaux acteurs*, n'en ait été profondément affligé, et n'ait éprouvé, tout d'abord, comme un sentiment de répulsion pour cette *partie de la société coloniale*, dans laquelle les bonnes mœurs sont ainsi outragées... Je dirai plus : le vice et l'immoralité, pour ainsi dire préconisés, exaltés... Entendez, en effet, ces femmes, se glorifiant publiquement de leurs honteux accouplemens, se faire appeler par tous du nom de ceux de qui elles sont les concubines; et, selon qu'elles se seront livrées à des hommes, plus ou moins haut placés sur les degrés de l'échelle sociale, accabler de mépris et de dédains celles d'entre elles dont les succès n'auront pas été aussi heureux.

Parmi ces femmes, il se trouve des mères, indignes de ce nom, qui, exploitant au profit de leur cupidité, la beauté de leurs filles et la mettant pour ainsi diré à prix, les livrent au plus offrant et dernier enchérisseur.

Heureusement ces actes infâmes sont rares ; mais, pour qu'ils le deviennent plus encore, et que la société coloniale en soit même à jamais purgée, il est indispensable que la loi, s'armant de toute sa sévérité, ne manque jamais de flétrir et la mère coupable et l'homme indélicat, immoral qui, abusant de la faiblesse et de l'inexpérience de l'âge, ne craignent pas de se souiller d'une telle infamie ; que son rang, sa fortune et sa position sociale ne puissent jamais ravir l'auteur de cet acte honteux à la trop juste peine qu'il aura encourue.

Certes, il n'entre pas dans mes intentions de mettre en doute le zèle, dont les magistrats coloniaux sont animés contre de tels désordres ; je reconnais leurs généreux efforts, je rends hommage à l'empressement qu'ils apportent à frapper les actes criminels, *desquels la loi commande la répression ; mais, que l'action de la loi elle-même, soit plus étendue et puisse atteindre même le simple concubinage,* toutes les fois que les jeunes filles de couleur qui auront été entraînées dans ce commerce immoral, *n'auront pas atteint leur majorité ;* que, surtout, après avoir, sous la toge, flétri les actes criminels que réprime la loi, le magistrat, rentré dans la vie privée, se garde bien de compromettre sa dignité, et d'offrir, lui, gardien de la morale publique, ces scandaleux exemples du concubinage, marchant le front haut, se produisant ostensiblement, ou, ce qui est pis encore, se couvrant, pour ainsi dire, du reflet de l'autorité prétorienne.

Et, si ces scandaleux exemples sont rares, il faut le reconnaître, ils n'ont cependant que trop souvent encore, surtout à une époque qui n'est pas fort éloignée, fait peser sur la société coloniale, leur contagieuse influence.

A supposer, d'ailleurs, que les jeunes filles, appartenant à une certaine partie de la classe de couleur, fussent naturellement portées, par l'ardeur du tempéramment, l'action du climat, l'influence des préjugés et le vice d'une éducation religieuse incomplète, pour ainsi dire, nulle, à se livrer au désordre, sans y être entraînées par la séduction ou le mauvais exemple; à supposer que, loin de subir la séduction, elles l'exerçassent, — ce qui, en général, n'est pas, — eh bien! que leurs désordres n'en soient pas moins réprimés; que, pour les arracher à ces déréglemens, conséquences funestes des préjugés coloniaux, unissant leur fatale influence à celle du climat, le législateur, comme l'enseigne le célèbre auteur de l'*Esprit des Lois*, prenne des mesures qui, imprimant la honte au front *de quiconque* viole et outrage la continence publique, forcent la nature du climat et les préjugés, rétablissent les lois primitives et sacrées de la morale. Pour réformer, sous ce rapport, les mœurs coloniales, — et ce dans l'intérêt de la société coloniale elle-même, — que la loi n'hésite pas à frapper, je le répète, même le simple concubinage, non-seulement lorsque les jeunes filles de couleur qui auront été entraînées dans ce commerce illégitime, ou, s'y seront librement, volontairement livrées, n'auront pas atteint leur majorité, mais encore *toutes les fois*, — et quel que soit l'âge des coupables, — que le concubinage aura dégénéré *en scandale public*.

Le libertinage ainsi frappé d'anathème, le concubinage ainsi flétri, bientôt, vous relèverez à ses propres yeux la fille de couleur, en lui inspirant le sentiment de sa dignité, et vous forcerez à la respecter ceux qui, égarés eux-mêmes par la force du préjugé, ne croient pas, peut-être, se rendre aussi coupables qu'ils le sont réellement.

Mais, combien seraient insuffisantes les lois humaines, pour accomplir cette tâche si difficile de moralisation, si elles ne cherchaient de puissans auxiliaires dans les principes sacrés du christianisme ; et si, en même temps que le glaive des lois humaines, s'appésantissant sur le corrupteur, viendrait lui infliger le juste châtiment dû à son crime, l'amour et le respect de leurs devoirs n'étaient, avec les préceptes de la loi divine, inspirés, dès l'âge le plus tendre, aux jeunes filles de couleur.

Pour former leur cœur à la pratique de toutes les vertus, et leur apprendre à se préserver des séductions qui tenteraient de les entraîner dans le vice, le gouvernement *ne saurait fonder trop d'établissemens,* dans lesquels seraient *gratuitement* enseignés aux jeunes filles de couleur, et les principes d'une religion bien entendue, *et d'honnêtes et lucratives professions,* propres, en les arrachant aux dangers de l'oisiveté, à leur créer des moyens honorables d'existence.

Il n'est pas de sacrifices devant lesquels le gouvernement doive reculer ; il n'est pas de tentatives, point d'essais qui puissent lui paraître trop onéreux pour arriver à l'accomplissement de cette œuvre sublime ; car, c'est alors seulement, qu'ennoblies à leurs propres yeux, que, fières des principes qu'elles auront reçus, de l'instruction qui leur aura été donnée, de l'éducation morale et religieuse, dont leurs âmes auront été ornées, que les jeunes filles de couleur s'arracheront à cette existence honteuse et dépravée à laquelle, les flétrissant, dès leur berceau, les préjugés coloniaux semblent les avoir à jamais condamnées.

C'est alors que, recherchées par des hommes honorables, elles contracteront de légitimes unions, et que la classe de couleur *tout entière* fera briller, aux regards du monde, étonné d'une si admirable révolution, ces vertus chrétiennes et domestiques qui, aujourd'hui, ne sont le partage que de l'une de ses parties.

Exemple précieux, que les nouveaux émancipés ne pourront s'empêcher d'imiter, en marchant, eux aussi, avec zèle et courage, dans la voie de la civilisation et, surtout, à l'abri des principes, si puissamment civilisateurs, de la morale et de la religion de Jésus-Christ.

III

Des procédés de bienveillance et de charité qui devront régner entre les colons et les nouveaux émancipés. — De l'extinction du préjugé de la couleur.

Mais pour que cette société nouvelle, que va fonder l'émancipation ne se traîne languissante, infectée, dès sa naissance, d'un principe destructeur, il est essentiel surtout, nous ne saurions trop nous en convaincre, qu'avec l'abolition de l'esclavage, *ne soient pas à jamais rompus ces liens de bienfaisance et de gratitude qui aujourd'hui attachent le maître à l'esclave, lient l'esclave au maître : rendu à la liberté,* que le noir *n'oublie pas les soins et les attentions* dont, aujourd'hui, il est l'objet ; libre, qu'il s'efforce *de rendre les bienfaits dont le maître avait comblé l'esclave ;* et, pour que, de leur côté, les colons conservent le droit de commander à l'homme libre le respect, la déférence, les égards et la soumission que professe aujourd'hui l'esclave, *qu'eux aussi ne se croient pas déliés de toute obligation envers l'esclave devenu libre ;* et parce que les colons auront perdu les droits de maître ; parce qu'ils auront cessé de compter le noir au nombre *des choses* composant leurs fortunes , qu'ils ne pensent pas être affranchis des devoirs que l'humanité et surtout la charité chrétienne imposent.

Que malade , infirme , devenu vieux , le noir émancipé ne réclame pas en vain les secours que la main du maître prodigue, aujourd'hui , au noir esclave !

Et si, trop souvent, on n'a pas craint de lancer à tout habitant des colonies le sanglant outrage de prêter à ses actes de bienfaisance et d'humanité, le seul motif de l'intérêt du maître ; si, trop souvent, on a indignement méconnu les vrais sentimens qui animent sa paternelle sollicitude, et élevé contre lui cette odieuse et calomnieuse accusation : « D'être dur et impitoyable pour l'esclave devenu vieux » et impotent, et de ne réserver ses soins, de ne prodiguer » ses largesses qu'à celui sur la force duquel il peut encore » fonder quelque espoir. » .... Oh ! qu'il se réjouisse...

Le temps, bientôt, va venir de confondre ses calomniateurs et de forcer ses ennemis à rendre hommage à la générosité de ses sentimens , à la pureté de ses intentions.

Oui, parmi ceux-là mêmes qui se seront montrés les plus opposés à l'émancipation, qui, les derniers, auront soutenu l'étendard de la résistance, il n'est pas un seul colon , qui, l'émancipation une fois proclamée , n'obéisse aux impulsions de sa générosité et reste sourd à la voix de l'humanité ; pas un seul qui ne se croie encore obligé de répandre sur les douleurs du noir devenu libre, le baume que la main du maître verse sur les souffrances du noir son esclave, pas un seul qui puisse se croire affranchi de cette mission sublime , imposée par Dieu lui-même , au riche de soulager le pauvre, au fort de relever et de soutenir le faible; car rien, pas même l'émancipation, dût-elle froisser les intérêts des colonies, ne saurait chez les colons tarir la source des nobles élans du cœur!

Mais ce serait en vain que, pour enflammer le zèle et le courage des nouveaux affranchis, les colons leur prodigueraient les secours de la bienfaisance et de la charité, si, en même temps, ils ne s'efforçaient de leur inspirer, avec le sentiment de leur dignité d'homme, ce noble orgueil qui nous porte, pour conquérir l'estime de nos concitoyens, à rivaliser dans la pratique des devoirs que nous impose la société.

Et, soyons-en bien convaincus, nous ne parviendrons à faire germer ces nobles sentimens dans le cœur des nouveaux affranchis, qu'autant que, foulant aux pieds l'indigne et absurde préjugé de la couleur, nous environnerons d'estime et de considération, ceux d'entre eux qui, par leur conduite et leur éducation, se seront faits nos égaux; qu'autant que, rendant hommage à leurs vertus privées et publiques, nous ne dédaignerons pas de les prendre pour ainsi dire par la main et de leur assigner les places honorables qu'eux aussi sont appelés à occuper dans les rangs de la société coloniale.

C'est en apprenant ainsi aux émancipés que l'amour du travail, la régularité de la conduite, les qualités du cœur et de l'esprit donnent à tous les hommes, quels que soient leur rang, leur fortune, leurs professions, le hasard de leur naissance et la couleur de leur peau, des droits à l'estime et à la considération de leurs concitoyens, que nous leur inspirerons le désir de bien faire et nous nous serons à nous-mêmes acquis des droits à la reconnaissance publique, en préparant ainsi la prospérité du pays; car, c'est alors seulement que la nouvelle société coloniale ne formera, pour ainsi dire, qu'une seule et même famille; c'est alors seulement que tous les membres de cette grande famille, se rendant estime pour estime, rivaliseront de zèle et de courage, animés d'une pensée commune, celle du bien général, que cette société deviendra vraiment prospère; c'est alors seulement que les colonies pourront espérer de voir, de nouveau briller, leurs beaux jours, depuis si longtemps passés.

Et, pour rendre, dès aujourd'hui, justice à mes compatriotes, je dois ici reconnaître que, dans toutes nos colonies et à la Guyane surtout, le préjugé de la couleur s'en va, déclinant chaque jour, et qu'il y a tout lieu d'espérer, qu'avant de longues années, il aura complètement disparu...

IV.

De l'admission des vieillards et des malades dans des hospices et des hôpitaux, établis aux frais du gouvernement. — De la fondation d'une corporation religieuse, composée de jeunes filles de couleur, et destinée au service des hospices. — Des enfans.

En terminant ces réflexions, qu'il me soit permis d'appeler, d'une manière toute spéciale, la sollicitude du gouvernement sur ceux des nouveaux émancipés, que leur âge et leurs infirmités rendront incapables de se livrer au travail; et si, je me suis efforcé d'établir que le gouvernement du Roi, en arrachant la race africaine au joug de la servitude, est en droit, pour prix de ce bienfait, de lui imposer la condition du travail obligé; si, pour contraindre le noir valide à chercher des moyens de subsistance dans l'exercice d'une profession; si, pour assurer à la société coloniale le produit des fatigues et des sueurs des nouveaux affranchis, j'ai exprimé le désir que des mesures sévères vinssent sanctionner cette organisation du travail obligé. Oh! que ma faible voix ne soit pas moins pressante en faveur de ceux, dont les cheveux auront blanchi sous les ardeurs du soleil, et dont les membres se seront affaiblis sous le poids des travaux les plus pénibles.

Ce ne sera certainement pas assez que les secours de la bienfaisance et de la charité viennent offrir quelques soulagemens à ces infortunés; ce ne sera pas assez que les colons propriétaires rivalisent de zèle dans l'accomplissement de ce pieux devoir : leurs aumônes et leurs soins seraient insuffisans, *si des établissemens nombreux, destinés à recueillir les malades et les vieillards indigens, n'étaient fondés sur différens points* de nos possessions coloniales, et si, pour proscrire l'oisiveté et le vagabondage, les lois et les décrets émanés de nos différentes législatures, nous ont offert quelques-unes de leurs rigoureuses mesures, ne soyons pas moins empressés à leur emprunter les dispositions, si pleines de bienveillance et d'humanité, qu'ils consacrent aussi.

Le décret du 24 vendémiaire an II (15 octobre 1793), contenant des mesures pour l'extinction de la mendicité, nous offre, dans plusieurs de ses parties, des dispositions, dont l'application, sans qu'aucun changement y soit même apporté, pourrait facilement avoir lieu en faveur des pauvres émancipés, vieillards ou infirmes.

Après s'être occupé, dans les premiers articles du titre premier, des travaux destinés aux indigens valides, le législateur s'exprime ainsi en l'article 10 :

« Il sera ouvert, dans les lieux, dont la population ou les
» localités le comporteront, des travaux sédentaires pour
» ceux des indigens *qui ne peuvent se livrer à des travaux*

» *pénibles*, ou qui pourraient en manquer, dans quelques
» circonstances. »

Il serait indispensable que des travaux semblables fussent
ouverts aux colonies où, au nombre des diverses infirmités
qui affligent la race africaine, il en est qui, ne leur affectant
que certaines parties du corps (*les jambes et les pieds, par
exemple*), sans qu'ils en éprouvent de vives douleurs, et ne
les obligeant pas à rester couchés, leur permettent de se
livrer à différentes occupations peu fatigantes.

Ce sont ces malades-là qui, aujourd'hui, sur certaines
habitations, composent ce que l'on nomme le petit hôpital.

Le titre cinq du décret précité, intitulé du *Domicile de
secours*, porte :

« Art. 15. — Tout soldat qui aura combattu un temps
» quelconque pour la liberté, avec des certificats hono-
» rables, jouira de suite du droit de domicile de secours,
» dans le lieu où il voudra se fixer. »

« Art. 16. — *Tout vieillard, âgé de soixante-dix ans,
» sans avoir acquis de domicile, ou reconnu infirme avant
» cette époque*, recevra les secours de stricte nécessité dans
» l'hospice le plus voisin. »

« Art. 17. — Celui qui, dans l'intervalle du délai pres-
» crit pour acquérir le domicile de secours, se trouvera,
» par quelques infirmités, suite de son travail, hors d'état
» de gagner sa vie, sera reçu, *à tout âge*, à l'hôpital le plus
» voisin. »

« Art. 18. — Tout malade domicilié, de droit ou non, qui
» sera sans ressource, sera secouru à son domicile de
» fait, ou dans l'hospice le plus voisin. »

Les dispositions que consacrent ces quatre articles, font
tant d'honneur aux législateurs qui en ont conçu la pensée ;
elles témoignent, d'une manière si admirable, de leur solli-

citude pour ceux qui, soit par leurs services rendus à la patrie, soit par leur âge ou leurs infirmités, avaient mérité d'être secourus par l'état, que je me suis plu à les citer, sans en rien retrancher.

Ces élans si généreux qui animaient (en cette circonstance du moins) les législateurs de 1793, passeront, je n'en doute pas, dans les desseins, déjà si remplis d'humanité, des hommes honorables que la confiance du roi a appelés à élaborer la vaste et grande question de l'émancipation ; et, après les avoir modifiées, de manière à les rendre plus bienveillantes encore, s'il est possible, ils rendront applicables aux nouveaux émancipés les dispositions qui viennent d'être citées.

Ne pourraient-elles pas, par exemple, être modifiées à peu près en ces termes :

« 1° *Tout émancipé indigent*, âgé de SOIXANTE ANS[1], *ou* *devenu infirme, avant cet âge, et incapable à cause de ses* *infirmités où de son grand âge, de se livrer à aucun genre* *de travail, recevra gratuitement, dans un hospice, tous* *les secours que nécessitera sa position.*

» 2° *Sur chaque habitation*, seront créés, *sous la sur-* *veillance du tuteur* qui en aura l'inspection, *des hôpi-* » *taux*, consacrés aux émancipés, associés à l'exploitation, et dans lesquels ils recevront tous les soins et les » secours dont ils auront besoin.

» Si les maladies dont ils seront affectés prennent un

---

[1] L'article 16, titre 5 du décret du 15 octobre 1793, précité, fixait à *soixante dix* ans, l'âge auquel étaient dus les secours accordés par l'état ; diverses considérations m'ont déterminé à proposer que, dès l'âge de *soixante ans*, les émancipés pussent prétendre aux secours que je réclame en leur faveur.

» caractère chronique, ou semblent devoir être incurables,
» ils seront transférés *dans un hospice.*

» Les hôpitaux des habitations seront divisés en deux
» parties : *La première* consacrée aux malades, trop grave-
» ment affectés pour qu'ils puissent se livrer à aucun genre
» de travail ; *la seconde,* destinée à recevoir ceux qui, moins
» souffrans, pourront être occupés à de légers travaux.

» 3º A chaque quartier ou canton *seront attachés des*
» *médecins, chargés de visiter les hôpitaux de chaque exploi-*
» *tation*, située sur le territoire du canton, et de prodiguer
» aux malades tous les soins de l'art. »

Il semblerait équitable, que tous les frais, auxquels donneraient lieu et l'établissement et l'entretien de ces hospices
et hôpitaux, *ainsi que les appointemens et le salaire des mé-*
decins et des gens de service qui y seraient employés, res-
tassent à la charge du gouvernement, et ne pussent, en
aucune façon, peser sur les colonies.

Aux hôpitaux particuliers des habitations seraient attachées des femmes appartenant à l'exploitation, en qualité
d'infirmières, ainsi que cela se pratique aujourd'hui.

Aux hospices pourraient être appelées *des filles de cou-*
leur, chargées de prodiguer aux malades et aux vieillards
tous les soins dont ils auraient besoin.

Si j'ai cru accomplir un devoir, en m'efforçant de
stigmatiser la conduite immorale d'une partie de la classe
des femmes de couleur, c'est aussi un devoir pour moi de
proclamer ici les excellentes qualités du cœur qui les distinguent en général, et, le plus souvent, celles mêmes qui
sont livrées au libertinage le plus effréné. Nulle part vous
ne rencontrerez plus de dévouement, plus de zèle, plus
d'attention dans les soins que doit attendre un malade :
d'elles-mêmes ces pauvres filles vont au-devant des occa-

sions, avides de prodiguer, *avec le désintéressement le plus admirable*, à celui qui souffre, les soulagemens que son état nécessite : *Aussi*, ne peut-on douter de toute l'ardeur, dont elles seraient animées dans l'accomplissement de la mission qui leur serait confiée ; si, surtout, des principes religieux venaient s'unir aux sentimens d'humanité, dont elles sont naturellement douées.

J'ai parlé d'établissemens dans lesquels, avec des préceptes de morale et de religion, *seraient enseignées aux jeunes filles de couleur d'honnêtes et lucratives professions.* Eh bien ! au sortir de ces établissemens, celles qui voudraient se consacrer au service des hospices, auraient un sort assuré : nourries et vêtues aux frais du gouvernement, *elles formeraient une sorte de corporation religieuse*, et, sans être liées cependant par aucun vœu, seraient placées sous la direction des Sœurs de Charité, attachées au service des colonies.

Elles agiraient sous leurs ordres, les suppléeraient au besoin, et pourraient contribuer à diminuer le nombre des sœurs européennes, si souvent victimes, dans ces climats lointains, de leur zèle et de leur charité.

L'humanité et la morale gagneraient également à la création de cette institution.

Il serait encore à désirer que, pour ménager aux vieillards et aux malades des secours plus abondans, sans trop grever le trésor, *une caisse de prévoyance fût fondée*, dans laquelle seraient, chaque année, versées de légères retenues, faites, soit sur le salaire des émancipés, soit sur leur part des produits de l'association, si ce mode de travail est adopté.

Cette caisse, *exclusivement consacrée aux émancipés*, serait administrée par le tuteur, sous la surveillance du conseil.

Quant aux enfans qui, aujourd'hui, sont, *de la part du maître, l'objet d'une sollicitude vraiment paternelle*, ils seront bien dignes aussi, qu'après l'émancipation, le gouvernement les environne d'une protection illimitée *et les confie à une administration toute spéciale* [1].

Elle aurait pour mission de les recueillir, aussitôt qu'ils seraient en âge de se passer des soins de leurs mères, de diriger leurs jeunes années, de les élever *dans les habitudes les plus laborieuses*, et selon les principes de l'Évangile ; de leur faire enseigner d'utiles professions, et de ne les rendre à la société, qu'après en avoir fait des citoyens honnêtes, utiles et, surtout, profondément chrétiens qui l'honorent et la servent par la régularité de leur onduite et tous les actes de leur vie publique et privée.

Loin de moi la pensée d'avoir, dans ces réflexions, résolu

----

[1] Il est une société, dont l'action éminemment philanthropique, *souverainement civilisatrice*, tend à accomplir, en Europe, une régénération sociale, d'autant plus stable qu'elle sera édifiée sur les bases indestructibles de l'Evangile de Jésus-Christ... Est-il besoin de la nommer?... A ces caractères tracés en deux mots, qui n'a reconnu la société de Saint-Vincent-de-Paul, société à laquelle se font gloire d'appartenir les esprits les plus élevés, les plus hautes intelligences et qui, dans tous les rangs de la société, fait, chaque jour, de nombreux prosélytes qui s'empressent de venir grossir sa glorieuse et sainte cohorte. Eh bien ! que les habitans des colonies se hâtent, eux aussi, de la fonder parmi eux ; qu'ils s'empressent surtout d'organiser en faveur des jeunes affranchis, *l'œuvre des apprentis*, et, bientôt, il recueilleront les fruits précieux de cette œuvre sublime.

une seule des nombreuses et si graves questions qui se rattachent à celle de l'émancipation.

Mon intention n'a été, je le répète, que d'en soumettre quelques points aux méditations des personnes auxquelles leur expérience et leurs lumières permettent d'en préparer la solution.

Mon but, d'ailleurs, sera complètement atteint, si, déterminé par mon faible exemple, chacun de mes compatriotes veut bien consacrer quelques instans à l'examen de ces questions ; et lors même que par chacune de mes paroles je n'aurais fait qu'émettre une opinion erronée, une proposition inadmissible ; je m'en réjouirais encore, si, pour les combattre, d'autres plus heureux que moi, en présentaient qui fussent favorables à la cause commune et des colons propriétaires et des noirs esclaves ou émancipés.

Dans le cours de ces réflexions, j'ai, plusieurs fois, déclaré qu'il n'entrait dans mes intentions de vouloir blesser aucune susceptibilité ; j'ajouterai, en terminant, que si, quelquefois, le blâme est sorti de ma plume, ç'a toujours été contre les choses elles-mêmes et non contre les personnes ; en m'efforçant de flétrir des désordres aussi honteux que coupables, qu'ils aient pour auteurs des colons ou des émancipés, la classe des blancs ou celle des gens de couleur, je n'ai voulu faire aucune application personnelle, aucune allusion ; j'ai considéré les choses elles-mêmes, sous leur point de vue général, et abstraction faite des faits particuliers qui, groupés, concourent à former les usages, les abus, les préjugés contre lesquels je me suis élevé. Ces usages, ces abus, ces préjugés ne sont pas, je le sais, l'œuvre de la génération actuelle ; venue après eux, elle n'a fait que subir leur triste et fâcheuse influence, dont les effets tendent, du reste, chaque jour à s'affaiblir ; mais qui, consacrés, pour ainsi dire, par le temps, ne s'effaceront que trop lentement, si des mesures efficaces ne viennent hâter cette *régénération* si désirable.

Du reste, tout ce que j'ai avancé je le maintiens, parce que je suis toujours resté dans le vrai; et qu'en outre de la connaissance personnelle que j'ai des choses qui ont fait l'objet de ces réflexions, dans chacune de leurs divisions, je me suis aussi appuyé sur des renseignemens certains, émanés de personnes qui, par les diverses positions qu'elles occupent aux colonies, ont pu, avec connaissance de cause, répondre aux questions que je leur ai adressées; d'ailleurs, depuis cinq années seulement que j'ai laissé les colonies, il ne s'y est pas opéré des changemens tels, que ce qui était vrai alors, ne le soit pas encore aujourd'hui...

Quant aux mesures que j'ai proposées, qu'elles aient pour but, soit de maintenir l'ordre et le travail, soit d'assurer aux noirs les droits et les prérogatives que leur promet l'affranchissement de la servitude, elles pourront, je crois, recevoir leur application quel que soit le mode d'émancipation qui puisse être adopté.

NOTES ADDITIONNELLES.

A.

(Du travail avec association entre le colon propriétaire et le noir émancipé.
— § 3, deuxième partie du *Mémoire* de 1842, page 43.)

Au moment même ou ce recueil allait être livré à l'impression ,
et depuis que, dans l'avant-propos, j'ai signalé avec enthousiasme à l'attention de tous les colons ces belles et nobles paroles
de l'honorable président du conseil colonial de la Guadeloupe :
« Partisans d'une émancipation intelligente et féconde, etc.,
etc., » j'apprends , avec bonheur, que cette assemblée ,
digne d'un tel chef, a fait franchement, résolument dans la
voie nouvelle qu'il lui avait tracée , un pas immense, décisif :
Le conseil a voté une adresse spéciale au roi pour demander à
Sa Majesté *l'abolition immédiate de l'esclavage et l'organisation
du travail libre avec association.* Voici les deux articles principaux de cette adresse :

7

« Déjà une commission a été nommée par le conseil, elle a
» pour mission de préparer un plan qui, dans la vue de la
» transformation sociale des colonies, aurait pour objet le main-
» tien du travail, et pour base *le principe de l'association*,
» principe d'une application, peut-être impossible en Europe,
» mais qui peut se réaliser dans des pays où se trouvent déjà
» tout formés des groupes de familles et de sociétés.

» Si les vœux du conseil sont écoutés, Votre Majesté daignera
» consulter le travail qu'il aura préparé, comme l'un des élé-
» mens de la loi qui règlera les conditions de l'émancipation,
» *en fixant l'indemnité, dont votre gouvernement a, maintes*
» *fois, proclamé la justice.* »

Que les conseils des autres colonies se hâtent donc, si, déjà,
ils n'ont pris eux aussi cette généreuse initiative, de suivre
l'exemple que leur donne le conseil colonial de la Guadeloupe,
et, bientôt, une ère nouvelle de prospérité et de bien-être sera
ouverte aux colonies.

Qu'il me soit permis de céder au besoin que j'éprouve d'exprimer, en deux mots, le premier sentiment que m'a fait ressentir la lecture de l'adresse au Roi, votée par le conseil colonial
de la Guadeloupe : Admiration et reconnaissance..... Oui admiration et reconnaissance..... Tel est le concert unanime qui,
aux honorables membres du conseil colonial de la Guadeloupe,
doit porter les élans sympathiques de tous nos cœurs, nous
colons, et nous aussi, partisans sincères et dévoués de la cause
de l'émancipation.

Honneur donc, mille fois honneur et admiration à ces hommes,
non moins généreux qu'intelligens et éclairés, qui savent si
dignement comprendre la mission, si grande et si délicate que
leur ont faite les circonstances. Honneur, admiration, reconnaissance à ces hommes courageux qui, par une énergique détermination, dominant les difficultés qui, de toutes parts, ne

semblaient leur présenter que d'infranchissables barrières , que
d'inévitables écueils, nous ont montré, à nous tous colons, qu'à
la suite de leurs pas et nous ralliant à leur drapeau, nous
pouvons nous aussi entrer et marcher, d'un pas ferme et résolu,
dans la voie nouvelle que nous avait tracée leur digne chef.
Honneur, admiration, reconnaissance à ces hommes qui, en
sauvant les colonies des dangers de leur situation actuelle,
veulent, en même tems, assurer à ceux qui, esclaves, partagent
leurs travaux, les bienfaits de l'association, en les appelant eux
aussi à partager, désormais, tous les fruits de ces champs que
leurs bras asservis ont, si longtems, remués ; que leurs sueurs
ont, depuis si longtems, fécondés !

Mais lorsque le premier pas de cette illustre assemblée , dans
la voie de l'émancipation, est de consacrer le principe de l'association, comment se fait-il que le conseil des délégués auquel,
dès le mois de juin 1846, j'ai eu l'honneur d'adresser un
projet conforme à la décision que vient de prendre le conseil
colonial de la Guadeloupe, n'ait cru devoir répondre que par le
plus dédaigneux silence à cette manifestation qui, si elle ne lui
semblait digne d'une approbation complète, méritait au moins
qu'on prît la peine d'accuser simplement réception du Mémoire
communiqué ; comment se fait-il, à supposer que mes propositions fussent inadmissibles, qu'elles n'eussent pas même le sens
commun, que le conseil des délégués, cette sentinelle avancée
des intérêts coloniaux, n'ait pas au moins cru devoir accorder
à mon titre de colon, le plus simple témoignage de bienveillance,
que commandent les bienséances... Que non-seulement il n'ait pas
cru devoir au moins rendre justice aux bonnes intentions dont
mon travail devait lui offrir la preuve; mais encore qu'il n'ait
pas même répondu à une seconde lettre par laquelle, plusieurs
mois après mon premier envoi (*Lettres et Mémoire* adressés
à M. le président du conseil des délégués, sous le couvert de

M. le ministre de la marine et des colonies), je croyais devoir exprimer combien j'étais péniblement affecté du dédain, avec lequel ma communication avait été accueillie.

Comment expliquer surtout ce silence du conseil des délégués, lorsque M. le directeur des colonies n'a pas cru, lui, déroger, en m'accusant réception de mon Mémoire, d'une manière non moins flatteuse que bienveillante. Mais, appelés à juger mes faibles efforts et surtout mes intentions, mes compatriotes jugeront aussi entre nos représentans et moi.

———

B.

(La magistrature actuelle de nos colonies offre d'ailleurs au juge spécial de nobles exemples d'impartialité, page 63 du Mémoire de 1842.)

Emettre cette opinion, c'est dire que je suis loin de partager ces odieux soupçons de partialité, dont, depuis quelques années, on ne cesse de lancer à la magistrature coloniale le sanglant outrage.

Non-seulement j'ai eu l'honneur de vivre au milieu des magistrats coloniaux, mais encore de prendre, pendant quelques mois, place dans leurs rangs, en qualité de juge-auditeur par intérim, attaché au parquet du tribunal de première instance de la Guyane. De plus, depuis mon retour en France, resté fidèle aux souvenirs qui me retracent la bienveillance et l'estime dont ils m'avaient honoré, je me suis fait une loi, dictée par le sentiment de la reconnaissance, de m'intéresser toujours à leurs travaux et de suivre, autant qu'il m'a été possible, tous leurs pas, tant dans l'exercice des fonctions judiciaires proprement dites, que dans l'accomplissement des nouveaux devoirs, que leur a créés l'ordonnance du 5 janvier 1840, sur le patronage des esclaves. Eh bien ! — et qu'il me soit permis de lui offrir ici ce faible hommage de respect et d'estime, — toujours, la magistrature coloniale, et, depuis surtout que, par l'ordonnance du 5 août 1841, elle a été en partie rangée dans les attributions du garde-des-sceaux, — s'est montrée digne de la sublimité de sa mission : jamais elle n'a cessé de tenir, d'une main ferme et impartiale, la balance de la justice.

Aussi n'est-ce pas sans éprouver un sentiment de pénible émotion, que, dans ces derniers tems, et surtout pendant la session qui vient de finir, j'ai entendu toutes les accusations, tous les indignes soupçons, dont elle n'a cessé d'être si injustement l'objet. Dans le cours de la discussion de la loi qui vient de créer une nouvelle organisation de la cour criminelle aux colonies, — loi sur laquelle je me réserve d'émettre mon opinion dans l'une des notes de ce recueil, — dans le cours, dis-je, de cette discussion, on est allé *jusqu'à formuler en une proposition d'exclusion*, ces soupçons outrageans, dont surtout certains membres de la magistrature coloniale ont été plus particulièrement frappés : On a émis et développé plusieurs articles additionnels ayant pour objet « de fermer l'entrée de la magis-
» trature coloniale, non-seulement à tout individu né aux
» colonies, mais encore à celui qui y aurait contracté mariage
» avec une créole, ou y aurait acquis des propriétés foncières. »

Etrange manière, en vérité, de se poser en champions de la liberté et des principes qu'elle consacre, que de vouloir indistinctement, systématiquement, frapper d'une tyrannique répulsion toute une catégorie d'individus ! Etrange manière de comprendre et d'interpréter ces dispositions fondamentales et protectrices de notre charte constitutionnelle : « Les Français sont égaux de-
» vant la loi, quels que soient d'ailleurs leurs titres et leurs
» rangs. Ils contribuent indistinctement dans la proportion de

» leur fortune, aux charges de l'état : *ils sont tous également*
» *admissibles aux emplois civils et militaires.* »

Et n'est-ce donc pas assez que, par une injuste et fâcheuse exception à un autre principe, non moins sacré que consacre l'acte fondamental de notre constitution, celui de l'inamovibilité des juges, les magistrats coloniaux, nommés eux aussi par le Roi investis de la confiance royale, se voient rejetés en dehors de la loi commune ! N'est-ce pas assez que leurs sentences, œuvre de la conscience du magistrat, les puissent livrer à tous les dangers du caprice et de l'arbitraire ! N'est-ce pas assez, que par cette injuste et funeste exclusion, les colonies se voient privées de la première, de la plus certaine garantie d'une bonne et impartiale administration de la justice. Et si, portant dans leurs cœurs l'amour de la justice, les magistrats coloniaux n'ont cessé de puiser dans le sentiment du devoir et d'offrir à leurs justiciables de nobles compensations qui suppléent à cette garantie si injustement refusée, faut-il donc les en récompenser, en consacrant par une loi de proscription les odieux soupçons de partialité, dont on les a si outrageusement flétris ; faut-il, après leur avoir refusé les sages et équitables garanties de l'inamovibilité, venir ajouter encore à cet inconstitutionnel système d'injustes exceptions qui, déjà, ne pèse que d'une manière trop lourde, sur la société coloniale tout entière, et déclarer tout individu né aux colonies ou qui y aurait contracté mariage avec une créole, ou aurait acquis des propriétés immobilières, *indistinctement indigne* d'y contribuer à l'administration de la justice.

Mais ne voit-on donc pas où nous mènerait un pareil système ? Mais en a-t-on bien pesé toutes les conséquences ?

Vous voulez exclure les colons (car c'est à ce titre que s'attache l'exclusion), vous voulez exclure les colons de la magistrature coloniale; mais alors créez donc des emplois auxquels il puissent prétendre, sans éveiller votre étrange susceptibilité.

Vous leur fermez l'entrée de l'ordre judiciaire ; mais en échange de cette carrière que vous leur enlevez, ouvrez-leur donc un nouveau champ dans lequel, sans s'exposer à vos attaques, ils puissent eux aussi, exerçant les nobles facultés dont, aussi bien que vous, le ciel les a doués, offrir à la patrie le concours de leurs lumières et de leurs services.

Vous ne voulez pas que les fonctions sublimes de la magistrature leur soient confiées, vous les en déclarez tous indistinctement indignes ; mais étouffez donc dans leurs cœurs cette voix puissante de la Providence qui désigne à l'homme l'état dans lequel il est appelé à offrir à la société le tribut de son intelligence et de ses travaux.

Vous ne voulez pas que le colon qui, par cette voix puissante, irrésistible de la vocation, voix de Dieu lui-même, se sent appelé à la magistrature, puisse y prétendre aux colonies, mais ne voyez-vous donc pas que c'est là non-seulement décréter une loi de tyrannique répulsion, mais encore porter un arrêt de bannissement !... *Que c'est exclure, chasser un citoyen de son pays.* Car à quoi le condamnez-vous ? Quelle est l'alternative que lui laisse votre tyrannique philanthropie ? Où il devra, étouffant en lui cette voix de Dieu, foulant aux pieds cet ordre de la Providence, se condamner à l'exercice d'une profession à laquelle il ne se sentira pas appelé, ou il lui faudra s'expatrier, fuir son pays et sa famille, abandonner tous ses intérêts pour aller solliciter ailleurs l'entrée des fonctions que vous le déclarez indigne d'exercer dans sa patrie. Et, c'est au nom de l'humanité, c'est en vous posant comme les apôtres de la philanthropie, c'est en invoquant les principes sacrés de la liberté, que dis-je, c'est au nom de la religion elle-même, que vous ne craignez pas de provoquer, de solliciter une loi dont les conséquences seraient telles ! Oh ! n'en doutez pas, la liberté, la philanthropie, la morale et la religion réprouvent cette interprétation étrange et coupable, que, dans cette circonstance, vous faites de leurs principes sacrés. Mais voyez encore quelles seraient les autres conséquences de votre proposition.

Vous ne voulez pas que le magistrat qui aura contracté mariage avec une créole puisse continuer à siéger dans les rangs de l'ordre judiciaire des colonies. C'est-à-dire que *vous condamnez au célibat* tout Européen qui accepte des fonctions dans la magistrature coloniale; c'est-à-dire, que vous apportez des entraves à la loi sainte du mariage : que vous créez, que vous ajoutez une prohibition nouvelle, prohibition injuste, immorale... Oui profondément, essentiellement immorale, — je vais le prouver — aux prohibitions justes et morales, que consacre la loi. Voyez en effet quelle alternative vous ouvrez au magistrat européen arrivant aux colonies : ou l'exclusion s'il y contracte un mariage avec une créole, ou le célibat; et, dans ce dernier cas, ou *vous le condamnez à la continence forcée*, et cela dans quels climats, en présence de quelles mœurs!... Vous lui imposez, au milieu du monde, au sein de la société , l'austérité d'un vœu de chasteté, *ou vous l'obligerez à recourir aux unions illégitimes*. — Aussi combien sont sages et dignes d'être méditées et comprises les nobles paroles, par lesquelles M. le baron Dupin a repoussé votre inqualifiable proposition, paroles que je suis d'autant plus heureux d'avoir à citer ici, que — et j'en demande pardon à l'honorable président du conseil des délégués, — je n'ai pas souvent l'honneur de partager les opinions par lui émises, sur les questions coloniales.

« Vous interdiriez les unions légitimes, et vous fermeriez les
» yeux sur les autres... Mais les autres, mais *les alliances*
» *infâmes* n'ouvriraient-elles donc pas leurs âmes à plus de pas-
» sions injustes, et ne feraient-elles pas, sous tous les rapports,
» de plus mauvais juges ! »

Oui ce seraient là les conséquences certaines, nécessaires,

inévitables de l'admission de votre proposition. Oh ! si vous ne les redoutez pas, c'est que vous ne connaissez point, c'est que vous ne pouvez soupçonner toutes les exigeances, toutes les obsessions scandaleuses , auxquelles seraient condamnés les magistrats coloniaux *forcément engagés par vous* dans les liens des alliances illégitimes ; c'est que vous n'avez pas été les témoins de cette influence funeste, de cet empire passionné, violent , tyrannique que tend à s'arroger la concubine *à laquelle les préjugés ont enlevé toute retenue, toute réserve ;* c'est que , — et pardonnez-moi, en passant, cet avis, — avant de vouloir tout régenter aux colonies, il faudrait les mieux connaître, en mieux étudier les mœurs, les usages, les coutumes.

Et à considérer la question, sous un autre point de vue, qui n'eût pas dû, cependant, vous échapper, vous qui — j'aime à le penser — voulez, avant tout, réformer les mœurs d'une certaine partie de la société coloniale, *moraliser et l'esclave et l'affranchi...* Comment se fait-il qu'au lieu *de vouloir condamner les magistrats coloniaux aux alliances illégitimes,* vous n'acceptiez pas, comme autant de bienfaits de la Providence , tous les mariages, que contractent, aux colonies, les jeunes magistrats européens qui y sont appelés ! Comment se fait-il que, loin de vouloir les exclure de l'ordre judiciaire des colonies, vous ne vous empressiez, au contraire, d'applaudir à la noble détermination qui vient les soustraire à ces dangers, auxquels leur dignité et leur moralité ne sont que trop exposées, dans ces contrées, où l'opinion publique n'est pas, comme en France, un frein puissant, opposé au scandale des alliances illégitimes.

Pour moi qui désire non moins ardemment que vous , que toutes les classes, que tous les membres de la société coloniale, quelle que soit leur condition, trouvent dans les sentences des juges coloniaux, une égale, une impartiale application de ce principe sacré : tous les hommes sont égaux devant la loi ; pour moi qui me crois, non moins que vous, ami véritable, sincère, dévoué de l'humanité, je ne crains pas de le proclamer hautement, ici : je regarderais comme une loi, non moins funeste sous plus d'un rapport, que souverainement injuste, arbitraire, inconstitutionnelle, immorale, celle qui viendrait consacrer cette proposition qui tend à exclure indistinctement de la magistrature coloniale, non-seulement tout colon par droit de naissance, mais encore celui qui le serait devenu par suite d'un mariage contracté avec une créole, ou par l'acquisition de propriétés foncières aux colonies.

Mais j'ajouterai : si, par exception, il arrivait que l'un d'eux vînt à méconnaître ses devoirs, eh bien ! que celui-là porte la juste peine de son indignité. Mais ne décernez pas à l'avance, indistinctement, systématiquement un stigmate infamant à toute une catégorie d'individus qui, non moins que vous, se piquent d'avoir la conscience du juste et de l'injuste, et portent dans le cœur, le noble sentiment de l'honneur et du devoir.

Que, du reste, les magistrats coloniaux se rassurent; car, soyons-en certains, toujours la haute sagesse des chambres et de MM. les ministres de la justice et de la marine, saura, comme à la dernière session, les défendre contre les attaques injustes, auxquelles ils sont en butte; toujours aussi elle saurait faire bonne justice de cette étrange proposition *d'une exclusion systématique,* si ses auteurs étaient tentés de la reproduire.

QUELQUES RÉFLEXIONS

SUR

L'ÉMANCIPATION DES ESCLAVES

DANS NOS POSSESSIONS COLONIALES.

MÉMOIRE ÉCRIT EN MARS 1842.

TABLE.

PREMIÈRE PARTIE. — DE L'ÉMANCIPATION.

NOTES ADDITIONNELLES.

SUPPLÉMENT

AU

MÉMOIRE DE 1842.

LETTRE

ADRESSÉE

A M. J. DE LASTEYRIE.

ÉPIGRAPHES.

« Nous considérons comme *nécessaire* et *urgent de développer*
» *largement*, à l'égard de la *condition morale* et matérielle des
» esclaves, le système d'améliorations que nous avons adopté, depuis
» plusieurs années, etc., etc...

» Il est temps aussi de faire quelque chose *pour encourager les*
» *mariages entre esclaves.* L'union religieuse des personnes non
» libres a été soumise par l'ancienne législation à des règles qui ne
» suffisent pas pour atteindre ce but. *Constituer la famille,* au
» sein de l'esclavage, est assurément une œuvre difficile et délicate,
» et cependant personne ne conteste *que ce ne soit là l'une des*
» *bases essentielles* de la transformation sociale qu'il s'agit de pré-
» parer. Nous le comprenons ainsi, *et c'est une des améliorations*
» *que nous chercherons, avec le plus de sollicitude, à réaliser.* »

(*Exposé des motifs de la loi du 18 juillet 1845. Chambre des
pairs, 14 mai 1844.* Moniteur du 15.)

« Il y a diverses manières d'introduire insensiblement de nou-
» veaux citoyens dans la république. Les lois peuvent favoriser le
» pécule et mettre les esclaves en état d'acheter leur liberté. *Elles*
» *peuvent donner un terme à la servitude,* comme *celles de Moïse*

» *qui avait borné à six ans* celles des esclaves hébreux. Il est
» facile d'affranchir, *toutes les années, un certain nombre d'es-*
» *claves*, parmi ceux qui, par leur âge, leur santé, leur industrie,
» auront le moyen de vivre. On peut même guérir le mal dans sa
» racine, etc., etc...

    « Lorsqu'il y a beaucoup d'affranchis, il faut que les lois civiles
» fixent *ce qu'ils doivent à leurs patrons*, ou que le contrat d'af-
» franchissement fixe ces devoirs pour elles, etc., etc... »

    (De Montesquieu, *de l'Esprit des Lois*, t. ii, liv. xv, ch. xvii.)

    « Il n'y a *qu'une société de perte ou de gain* qui puisse récon-
» cilier ceux qui sont destinés à travailler avec ceux qui sont des-
» tinés à jouir. »

    (*De l'Esprit des Lois*, t. i, liv. xiii, ch. iii.)

LETTRE

ADRESSÉE

A M. J. DE LASTEYRIE.

A M. Jules de Lasteyrie, rapporteur de la commission chargée d'examiner le projet de loi sur le régime législatif des esclaves (20 mai 1845).

MONSIEUR,

Pardonnerez-vous à un homme obscur et justement ignoré, d'oublier, un instant, le rôle silencieux qui seul conviendrait à sa modeste position, et de venir vous prier de vouloir bien lui permettre de soumettre à vos méditations quelques réflexions sur la vaste question humanitaire, dont la solution va ouvrir une ère nouvelle de liberté et de bien-être moral et matériel à la population esclave de nos colonies, ou créer un abîme, dans lequel viendront s'engloutir et cette population elle-même et la société coloniale tout entière.

Et, avant tout, veuillez me permettre, monsieur, de céder au besoin que j'éprouve de vous faire connaître, que mes plus vives sympathies lient mes pensées et mes vœux aux pensées et aux vœux de ces hommes courageux qui, les premiers, ont prononcé ce mot d'émancipation qui a fait vibrer, dans tous les cœurs généreux, un sympathique écho.

Colon de la Guyane, où j'ai toutes mes affections de famille et tous mes intérêts de fortune..... Mais, fier aussi des principes, que j'ai eu le bonheur de puiser dans le bienfait d'une éducation chrétienne et libérale, et lié, par la conséquence de ces principes, à la sainte cause de l'émancipation, autant que, par mes affections et mes intérêts, je le suis à celle de la conservation des colonies, je suis, vous le voyez, monsieur, autant que qui que ce soit, intéressé, engagé dans ce grand débat : j'y suis lié, et par le cœur, et par mes intérêts de fortune qui, pour être médiocres, n'en méritent pas moins, et tous mes soins, et toute ma sollicitude.

Mon opinion peut donc se résumer en deux mots : » *concilier les principes sacrés de la liberté avec les droits* » *acquis.* » Et, si je ne puis me ranger sous la bannière de ceux qui, autrefois disaient : « Périssent les colonies, » plutôt qu'un principe, » jamais, non plus, je ne saurais me placer sous celle de ceux-là qui, aujourd'hui, oseraient dire : « Périssent les principes, mais conservons nos pri- » viléges, nos droits coloniaux. »

Oui, s'il est une devise, à laquelle doivent se rallier tous
les hommes de bonne volonté, qui ne se laissent aveugler,
ni par la passion, ni par l'intérêt personnel, c'est, selon
moi, celle-ci :

« Conservons nos colonies florissantes et prospères ;
» mais, aussi, *soyons, restons fidèles aux vrais principes.* »

Ce que je désire donc, avec autant d'ardeur que de sincérité, c'est que l'émancipation s'accomplisse..... mais
avec tous les ménagemens, toutes les mesures, toutes les
garanties d'ordre, de travail, de sécurité qui puissent assurer et la conservation des personnes et des propriétés des
colons, et le bien-être moral et matériel des émancipés.

Aussi, animé de ces pensées et pénétré de la conviction,
que la résistance des colons, — d'un certain nombre d'entre
eux du moins, — à toute pensée d'émancipation, était,
non-seulement souverainement déraisonnable, mais pouvait même entraîner les conséquences les plus funestes ;
persuadé que nos intérêts, bien compris, exigeaient que
l'émancipation se fît *avec notre participation ;* et entraîné,
tant par le désir de me rendre utile à mon pays, que par
le besoin d'offrir à la sainte cause de l'émancipation le
modeste et bien faible tribut de mon concours le plus
dévoué, je m'étais, dès l'année 1842, occupé d'un travail
sur l'émancipation.

Mon intention était de le publier, dès lors ; mais, obscur
et ignoré, alors comme aujourd'hui, j'avais besoin de me
placer sous le patronage d'un nom qui pût recommander
mon œuvre, et lui prêter le reflet d'une autorité qui manquait à ma parole.

J'adressai donc mon manuscrit à l'un de mes compatriotes
et parent, homme, non moins recommandable par ses qualités personnelles, que par la haute position qu'il occupe

dans les rangs de la société coloniale, et je le priai de vouloir bien me prêter l'autorité de son nom, en me permettant de lui dédier mon travail.

Mu par un sentiment de bienveillance, auquel je me plais à rendre justice, il me conseilla de ne pas faire cette publication, ou, du moins de la réserver pour des temps plus opportuns.

Veuillez me permettre, monsieur, de vous faire connaître, en vous rapportant textuellement, ici, les termes mêmes de l'une de ses lettres, l'opinion qu'il avait conçue de mon travail.

Le 15 août 1842.

« Absent, pendant tout le mois dernier, et les commen-
» cemens de celui-ci, j'ai trouvé chez moi, hier, à mon
» arrivée, les différentes lettres, que vous m'avez écrites,
» et auxquelles je m'empresse de répondre.

» D'abord, je vous dirai, mon cher Henri, que vous avez
» mal saisi ma pensée, dans le conseil, que je vous ai
» donné de renvoyer à des tems plus opportuns la publi-
» cation de votre travail sur l'émancipation : certes, je n'ai
» jamais prétendu que vous n'ayez pas eu en vue l'intérêt
» des colons, lorsque vous avez écrit votre Mémoire sur
» l'émancipation; je dirai même plus : c'est que je crois,
» *que vous le comprenez mieux qu'ils ne le font eux-*
» *mêmes : Vous jugez plus sainement la situation, qu'ils ne*
» *le font; et, voyant que l'émancipation doit infailliblement*
» *avoir lieu, vous proposez pour le faire, des moyens qui,*
» *s'ils étaient adoptés et fidèlement exécutés,* GARANTI-
RAIENT *l'avenir des propriétés coloniales.*

« Eh bien ! mon ami, c'est là justemen le tort que vous

» vous créez, aux yeux des habitans des colonies, et que
» j'ai voulu vous éviter, en vous donnant le conseil de ne
» pas faire imprimer votre travail; vous allez me com-
» prendre facilement.

» Imaginez-vous bien que, jusqu'à ce moment, les habi-
» tans des colonies ne sont pas convaincus que l'émanci-
» pation puisse jamais être prononcée. Ils voient les
» funestes résultats que cet acte a produits dans les
» colonies anglaises; ils connaissent les embarras finan-
» ciers, dans lesquels se trouve notre gouvernement, et
» ils espèrent, que ces causes réunies finiront par faire
» abandonner ces idées d'émancipation qui ne sont pas
» populaires, en France, comme elles l'étaient en Angle-
» terre, et qui, — on peut le dire, — se concentrent dans
» un très-petit cercle de philosophes humanitaires.

» Or, avec ces espérances, les colons soutiennent, et
» avec quelque raison, *que l'organisation du travail*
» *libre est impossible;* c'est là leur principal moyen de
» défense.... Eh bien! *c'est précisément ce moyen de défense*
» *que vous renversez dans votre travail, puisqu'il tend, en*
» *grande partie, à indiquer les moyens d'organiser le tra-*
» *vail, après l'émancipation...*

» Vous voyez donc bien *que vous vous mettez en opposi-*
» *tion avec l'opinion coloniale*, et, qu'en publiant ce mé-
» moire, vous vous créez inutilement des difficultés qu'il
» est bien que vous évitiez, etc., etc. »

Me conformant à ces conseils bienveillans, je me déter-
minai à remettre à des tems plus opportuns la publication
de mon Mémoire.

Cependant, lorsqu'au mois de mai 1844, le gouvernement du roi eut présenté à la chambre des pairs le projet
qui se trouve aujourd'hui soumis aux délibérations de la

chambre des députés, je crus devoir, de nouveau, soumettre mon travail à monsieur le duc de Broglie , en lui demandant ses conseils sur l'opportunité de sa publication.

Et j'éprouve, ici, un sentiment de satisfaction, bien légitime, à pouvoir revendiquer encore en faveur de mon mémoire, le témoignage d'un homme, aussi haut placé, surtout d'un juge aussi éclairé, bien que lui aussi n'ait pas cru devoir m'engager à le publier.

Voici, monsieur, ce que m'écrivait M. le duc de Broglie, en me renvoyant mon manuscrit qu'il avait eu, pendant plusieurs mois, à sa disposition.

« Puisque vous voulez bien me demander mon avis sur
» l'opportunité de cette publication, je dois vous dire, que,
» suivant moi, *un trop petit nombre de personnes s'inté-*
» *resse,* aujourd'hui, aux questions que vous avez traitées,
» pour que la publicité donnée à votre travail ait les
» résultats *que vous auriez droit d'attendre des études et*
» *des recherches persévérantes, auxquelles vous vous êtes*
» *livré.* »

Assurément, monsieur, loin de moi d'avoir de mon travail une opinion aussi favorable que celle qui est émise dans les deux lettres que je viens de transcrire; cependant je crois que, développé et complété par des hommes plus expérimentés, et, surtout plus éclairés que moi, il pourrait recevoir, dans plusieurs de ses parties, une utile application.

J'en trouve la preuve dans la loi même qui est soumise aux délibérations des chambres; car, bien que notre point de départ ne soit pas le même, je vois dans la loi plusieurs dispositions qui ont du rapport avec celles que je propose, la base de mon système *est l'émancipation simultanée, avec indemnité préalable et une association de* 30 *années , divisées en plusieurs périodes ,* tandis, au contraire, que le projet présenté par le gouvernement du Roi repousse ce mode d'émancipation; je dirai même plus : *il ajourne indéfiniment* l'émancipation ; et, pardonnez-moi, monsieur, d'émettre cette opinion, l'adoption de ce projet aurait pour résultat, *le maintien* de l'esclavage, pendant un grand nombre d'années, du moins, plutôt que la cessation de cette condition actuelle des noirs de nos colonies.

Cependant, comme, tout en adoptant le système de l'émancipation immédiate et simultanée, en ce sens que la loi eût, tout *d'abord*, *proclamé l'abolition de l'esclavage,* d'une manière générale, *je n'en reconnais pas moins, que l'initiation des émancipés à la jouissance et, surtout, à l'exercice des droits que consacre la liberté, doit être lente et progressive,* plusieurs des mesures, que je propose, peuvent s'adapter au système adopté par le gouvernement du Roi. Il en est même, si je ne me trompe, qui pourraient constituer des améliorations très-praticables, soit que l'esclavage ne s'éteigne que progressivement par le rachat forcé, soit que l'ère de la liberté vienne à briller instantanément. Qu'il me soit permis d'ajouter que mon système a, sur le projet de loi qui vous est soumis, l'avantage de fixer positivement, non-seulement le terme de l'esclavage, mais encore l'époque à laquelle tous les émancipés seront appelés à la pleine et entière jouissance, à l'exercice absolu des droits que consacre la liberté; tandis que, d'après le projet, on ne peut prévoir quand s'accomplira la grande transformation sociale que les esclaves attendent avec une si vive et si juste impatience. Sera-ce dans dix, dans vingt, dans trente ans, dans un demi-siècle, ou peut-être même dans un siècle.....

Dans le projet de loi, rien ne peut aider à la solution de cette question. Les choses peuvent-elles donc rester ainsi ?...

Quoi qu'il en soit, j'avais conçu la pensée d'un second travail, destiné à mettre en harmonie quelques-unes des dispositions adoptées par la chambre des pairs, avec les propositions que présente mon Mémoire; car, la loi me paraissant assez importante pour être longuement méditée, je ne m'attendais pas à ce que la discussion s'ouvrît, pendant cette session, à la chambre des députés; mais, si le tems ne me permet pas de me livrer à ce second travail, puis-je au moins espérer que vous voudrez bien me permettre de vous soumettre, ici, quelques considérations.

Qu'il me soit, tout d'abord, permis d'obéir *au besoin que j'éprouve de rendre un sincère hommage, aux louables intentions qui animent et le gouvernement et ceux qui ont appuyé le projet de loi qu'il a présenté.* Car, si, sur plusieurs points, je ne puis adopter complètement les propositions du projet, je me fais honneur de n'être pas de ces gens qui, exclusifs en tout, incriminent les intentions de quiconque ne partage pas leur manière d'envisager une question : *Le gouvernement du Roi, veut sincèrement, et la prospérité des colonies et l'amélioration de la condition des noirs,* je le proclame, ici, avec un sentiment profond de gratitude; mais permettez-moi d'ajouter qu'il a été, je crois, poussé, entraîné dans une fausse voie; et, je me hâte de le dire, ce sont les colons eux-mêmes, ou, plutôt, tous ceux qui se posent comme les organes officiels ou trop souvent officieux de leurs sentimens vrais ou supposés qui l'y ont entraîné. Le gouvernement s'est laissé influencer par la manifestation exagérée de leurs appréhensions plus exagérées encore; il a voulu leur prouver que leurs craintes n'étaient pas fondées, que leurs accusations étaient injustes, et, subissant leur influence, en même temps qu'il ne voulait pas, cependant, sacrifier les vrais principes, il s'est laissé entraîner dans la voie la plus dangereuse qu'il pût prendre, *celle des demi-mesures*. De là, est sorti ce système bâtard, que consacre le projet, et qui ne satisfait ni les principes, ni les intérêts des colons, ni l'attente des noirs; projet auquel on ne saurait assigner un titre, tant il confond et bouleverse tous les principes.

Est-ce en effet une loi d'émancipation?

Non, assurément, non.

Est-ce une loi qui ait pour but de conserver, maintenir, consacrer l'esclavage? Certainement ce ne peut être là, la pensée du gouvernement. Eh bien! il fallait donc adopter, sans crainte, une allure plus marquée, plus tranchée; ne pas déserter assurément les précautions, que commande la prudence; mais se maintenir, pourtant, sur une ligne, tracée d'une main ferme, et, surtout, éviter la confusion des principes.

Et, voyez, en effet, monsieur, quelles anomalies, laisse subsister la loi, que vous allez voter: l'esclave pourra posséder légalement, légitimement, dites-vous, des meubles, même des immeubles, *et lui il ne se possède pas lui-même, il ne s'appartient pas à lui-même.*

Vous faites vivre en sa faveur les dispositions du 3me livre du Code civil, en lui attribuant toutes les manières d'acquérir que consacrent nos lois civiles; et, si vous ouvrez ce Code, vous y trouvez que cet être, *inqualifiable* aux termes de votre projet, *continue à être rangé dans la catégorie des choses*, et ne saurait, avec raison, et, sans une anomalie choquante, revendiquer les prérogatives, que consacre le 1er livre du Code civil; car, qu'importe que, dans votre loi, vous écriviez, à la place du mot *esclave*, ceux *de personne non libre!..* Mais, sont-ce donc les mots qui constituent l'essence des êtres et des choses!...

Avant d'appeler le noir à la liberté, vous voulez, dites-vous, le réhabiliter, à ses propres yeux, lui révéler le sentiment de sa dignité d'homme... Eh bien! pour atteindre ce but si grand, si noble, quels moyens adoptez-vous!... Cet esclave, *meuble*, ou *immeuble par destination*, selon qu'il sera ou non attaché à tel ou tel genre d'exploitation, seront-ce donc, les mots *personne non libre*, substitués à celui d'esclave, qui l'empêcheront de rester, si bien rangé dans la catégorie des choses, que, frappé, aujourd'hui, de saisie exécution ou gagerie (et à la Guyane, même de saisie immobilière, en sa qualité d'immeuble par destination, s'il est attaché à une exploitation rurale), il sera, demain, exposé en vente, publiquement, entre des animaux immondes; — placé dans un état de nudité presque complète, exposé aux regards, aux critiques de ceux, qui, avant de porter une enchère, auront intérêt *à s'assurer, si cette personne non libre, est ou non atteinte de vices rédhibitoires*, qui, la rendant impropre aux usages auxquels la destine son futur maître, peuvent ou non devenir une cause d'infirmer la vente....

Et vous voulez, dites-vous, moraliser l'esclave, lui inspirer le sentiment de sa dignité d'homme... Mais, en vérité, ne voyez-vous donc pas les contradictions flagrantes qui s'élèvent entre vos intentions, si louables, et vos actes si étranges.

Vous voulez, dites-vous, moraliser l'esclave, avant de l'appeler au bienfait de la liberté... Est-ce donc encore pour atteindre ce noble but, que vous le laissez soumis au fouet du commandeur... Et l'humanité ne vous ordonnait-elle donc pas, avant tout, de réformer, tout d'abord, sur ce point, le régime disciplinaire, actuellement en vigueur;.. d'arracher, au moins, les esclaves à ces châtimens dégradans,

si vous ne vous sentiez pas, de suite, le courage d'en faire
des hommes libres.

Mais poursuivons : Les bases fondamentales du projet,
présenté par le gouvernement sont les dispositions qui ont
pour objet le pécule légal et le rachat forcé.

Eh bien ! là, surtout, que d'inconvéniens et d'inconsé-
quences qui vous entraînent bien loin du but que vous vous
êtes proposé ! Certes, loin de moi la pensée de vouloir me
ranger parmi ceux qui vous disent : « que conférer au noir
» le pouvoir de se racheter, c'est violer les droits du pro-
» priétaire, du maître. » Non, considérée, au point de vue
légal, sous le rapport du droit et des principes, la loi, selon
moi, ne porte aucune atteinte aux prérogatives du maître ;
et, si un reproche pouvait lui être adressé, ce ne serait
pas de dire à l'esclave : « au moyen d'un pécule, amassé
» à force de soins et d'économie, tu auras le droit de
» racheter ta liberté ; » mais ce serait *plutôt d'imposer* à
cet être, *né libre et que nos lois ont fait esclave,* l'obligation
de *payer, de ses deniers,* la liberté, *que nous lui rendons ;*
tandis qu'à la nation seule qui a institué la traite et l'esclavage, incombe le fardeau du rachat.

Dès ici donc, injustice criante injustice, déguisée sous
l'apparence d'un bienfait, d'une réparation.

Mais, surtout, que de conséquences funestes, que de
dangers et pour le maître et pour l'esclave, dans la mise
en pratique de ces deux mesures du pécule légal et du
rachat forcé ; mesures auxquelles, sous le rapport des principes, je ne reproche, je le répète, que d'imposer à l'esclave
l'obligation de payer la liberté qui lui est restituée !

De tous ces inconvéniens, le plus grave, selon moi, c'est
de briser tous les liens de bienfaisance et de gratitude qui
attachent le maître à l'esclave, unissent l'esclave au maître ;

c'est de faire se dresser contre l'intérêt du maître, l'intérêt de l'esclave ; de les mettre en opposition, en rivalité l'un envers l'autre.

Eh bien! à cette dangereuse scission des intérêts du maître et de ceux de l'esclave, ne serait-il donc pas possible de substituer un autre mode de former le pécule, destiné à devenir le prix du rachat; mode qui, tout en conduisant, même d'une manière plus certaine, l'esclave à une condition meilleure, ne séparât pas ses intérêts de ceux de son maître, chef de l'exploitation.

Ce mode, *ce serait l'association.* Veuillez donc peser, dans votre sagesse, Monsieur, les propositions, que contient la 2ᵐᵉ partie du *Mémoire* que j'ai l'honneur de vous adresser, sous le couvert de M. le Ministre de la Marine.

Ne pourrait-il pas être statué, par exemple : *qu'à dater de l'année* 1850, l'esclavage cessera, dans toutes nos colonies, et, qu'à partir de cette même époque, (les colons préalablement et dûment indemnisés) lui sera subsistuée l'association du noir émancipé avec le colon, chef d'exploitation. Si ces trente années d'association, que je propose, paraissaient d'une durée trop longue, qu'elle ne soit établie que pour vingt-cinq, même vingt années. D'ailleurs, il ne faut pas perdre de vue *que le tems de l'association serait divisé en périodes, que je propose de fixer à cinq années chacune ;* mais, dont la durée pourrait être doublée, si l'on craignait que des changemens trop fréquens d'exploitation nuisissent aux travaux de l'agriculture.

Il ne faut pas encore perdre de vue que ce mode d'association laisse à l'émancipé, non-seulement, au commencement de la 1ʳᵉ partie de l'association, mais encore de chacune de celles qui suivraient, le libre choix de l'exploitation à laquelle il faudrait s'associer.

Cependant, il y a tout lieu de penser que l'émancipé qui, pendant une première période d'association de cinq années, y aurait trouvé le bien être et n'aurait eu qu'à se louer de ses rapports avec le chef de l'exploitation, à laquelle, il se serait attaché, ne voudrait pas quitter cette situation certaine, pour tenter, ailleurs, des avantages incertains. Aussi, *ai-je la plus intime conviction*, que, si le gouvernement du Roi et les colons *voulaient unir leurs efforts pour féconder cette proposition d'association*, que je soumets à l'examen de tous les hommes de bonne volonté, ai-je, dis-je, la conviction que la population esclave de toutes nos colonies, *émancipée en l'année* 1850, par exemple, *se serait, avant trente ans, progressivement transformée, non-seulement en de bons et paisibles travailleurs*, mais encore en des hommes appréciant leur nouvelle condition sociale, assez sainement, *pour pouvoir être tous affranchis des entraves de l'association forcée et de la tutelle.*

Je dois ajouter que, par ce mot chef d'exploitation, j'entends désigner un propriétaire sérieux, et non pas le malheureux possesseur d'un pauvre carbet, associant, ainsi qu'on l'a dit avec raison, un noir émancipé à la participation de sa misère et de sa paresse.

Mais espérer que, sur mes observations, le projet, émis par le gouvernement, soit modifié dans le sens que je viens d'indiquer, ce serait faire preuve d'une présomption qui est loin de mon caractère; aussi, qu'il me soit seulement permis de vous soumettre, monsieur, quelques propositions, qui, tout en laissant subsister les bases fondamentales du projet, c'est-à-dire le pécule légal et le rachat forcé, tendraient, *en les conciliant avec un certain mode d'association*, à les dégager des principaux inconvéniens qui ont été signalés.

Et d'abord, en tête de ces inconvéniens se place , je l'ai dit, celui de séparer complètement les intérêts de l'esclave de ceux du maître ; le but au contraire de ma proposition serait de les resserrer , par des liens , chaque jour , plus étroits.

En effet, de quelle manière se formera le pécule, institué pour parvenir au rachat ?

Par la concession d'un jour par semaine , faite par le maître à l'esclave , et dont ce dernier aura la libre disposition.

Eh bien ! pourquoi, au lieu d'abandonner au nègre la libre disposition de cette journée , qu'il ne manquera pas d'employer , — quiconque connaît les noirs n'en peut douter, — soit à se coucher le ventre au soleil, soit à se promener ou à danser, s'il ne la consacre à marauder, pourquoi ne pas lui accorder, chaque année, dans les revenus nets de l'exploitation , une part équivalant à une journée de travail, par semaine, part qui serait plus ou moins élevée, selon que les produits de l'exploitation auraient été plus ou moins abondans. Ainsi vous exciteriez son zèle, en lui inspirant l'amour d'acquérir ; ainsi vous l'engageriez à travailler, *tant dans ses propres intérêts, que dans ceux de son maître ;* car vous auriez lié son intérêt à celui du maître ; ainsi, surtout, lorsqu'après un certain nombre d'années, l'esclave viendrait dire à son maître : « Je possède une » somme suffisante pour me racheter. » Le maître ne pourrait lui répondre : « Justifie que cette somme est légitime- » ment acquise. » (Justification qu'aux termes de votre loi, il ne pourra jamais faire.) « Justifie que le prix, que tu » m'offres est légitimement acquis ; sinon , m'armant de la » présomption légale, je dirai qu'il est le produit du vol ou » de la munificence des abolitionistes... »

Non, le maître ne pourrait lui tenir ce langage, et, surtout, il ne serait pas nécessaire que le juge royal vînt, —
intervention funeste à l'autorité du maître, si le nègre
triomphe, — faire peser l'autorité de sa décision entre les
prétentions du maître et celle de l'esclave; non, ce fâcheux
débat n'aurait pas lieu ; car la propre comptabilité du
maître, car les registres mêmes de l'exploitation constate-
raient ce que, chaque année, l'esclave associé aurait pu
acquérir, par la répartition des revenus communs; car
ces registres, tenus par le maître lui-même, formeraient le
titre de l'esclave.

Mais, comme tous les esclaves d'une même exploitation
n'ont pas une égale capacité; comme tous ne rendent pas
des services également productifs, il serait à désirer, que
des catégories fussent établies entre eux (A) et que leurs
parts, dans les produits de l'exploitation, fussent plus ou
moins considérables, selon que leurs services auraient été
plus ou moins productifs. Ainsi vous allumeriez en eux le
feu d'une noble émulation : car ceux qui appartiendraient à
une catégorie inférieure, excités, plus encore par le seul
mobile de l'amour-propre, que par l'appât d'un gain plus
élevé, s'efforceraient d'acquérir les connaissances nécessaires, de faire preuve de l'aptitude voulue, pour être
admis dans la catégorie supérieure; ainsi excités, assurément ce zèle, cette émulation profiteraient autant au maître
qu'à l'esclave lui-même.

(A) Ces catégories devront nécessairement exister, si le projet
d'émancipation avec association, dont le conseil colonial de la Guadeloupe vient de concevoir la pensée, obtient la sanction des pouvoirs de l'Etat.

Certainement, chez le plus grand nombre des maîtres, vous rencontreriez la plus sévère, la plus scrupuleuse impartialité, tant dans le classement des travailleurs et la formation des diverses catégories, que dans la répartition qui serait faite des revenus communs; mais, comme de fâcheuses exceptions pourraient se rencontrer et que, d'ailleurs, on ne saurait trop éviter, *dans l'intérêt même du bon ordre et de la discipline*, d'exposer le maître à d'injustes soupçons, de la part de son esclave, il serait prudent que la loi attribuât à un comité, spécialement composé, moitié de membres élus au sein du conseil colonial, moitié de fonctionnaires publics des ordres judiciaire et administratif, la mission, tant de déterminer les différentes catégories de travailleurs, que de fixer, en cas de contestation entre eux et le propriétaire, la part revenant à chacun, dans les revenus communs.

Ce mode d'arriver au rachat offrirait encore cet avantage immense, *que le noir qui aurait puisé dans l'association les moyens de se racheter, serait difficilement entraîné, après le rachat accompli, à se séparer de l'exploitation, à laquelle il se serait ainsi identifié;* et, dont les produits lui auraient profité, d'une manière si avantageuse.

D'ailleurs, dans ce système du rachat, combiné avec l'association, comme dans le mode d'émancipation, objet de mon *Mémoire,* l'affranchi devrait être tenu, pendant un certain nombre d'années, *de rester associé,* soit à l'exploitation à laquelle il appartient comme esclave, soit à une autre exploitation de son choix.

Et, pour que l'esclave ne pût dissiper facilement, selon sa malheureuse tendance à la prodigalité, ce que lui produirait l'association, il serait à désirer que son avoir restât placé entre les mains de son maître, où fût déposé (après

le réglement, fait à la fin de chaque année, du dividende
équivalant à la journée de travail de l'esclave dans les produits de l'exploitation), dans une caisse d'épargne qui serait
spécialement consacrée aux esclaves et nouveaux affranchis.

Enfin, comme il faut bien le reconnaître, la part revenant
à l'esclave dans les produits de l'exploitation, ne tendrait,
que fort lentement, à constituer la somme nécessaire au
rachat, *et qu'il est de toute justice que l'État qui lui avait
fait cette condition d'esclave de laquelle il s'agit de le retirer,*
lui facilite les moyens de se libérer, tout en offrant, en
cela même, une prime d'encouragement à son zèle au travail, il pourrait être ainsi statué :

Lorsque l'esclave aura, par l'accumulation des bénéfices
auxquels il aura droit dans les produits de l'exploitation,
acquis la moitié de la somme nécessaire pour se racheter,
et que, d'ailleurs, il s'en sera montré digne par sa conduite,
ses habitudes d'ordre et de travail, *le gouvernement lui
fera l'avance de la seconde moitié* de son prix de rachat (A),
et, pour se rembourser de cette avance, le gouvernement
fera chaque année, opérer des retenues sur les bénéfices,
afférant à *l'affranchi racheté,* dans les produits de la nouvelle exploitation, à laquelle il sera encore tenu, bien
qu'affranchi, de s'associer, pendant cinq ou dix années.

Reste à savoir comment l'esclave qui n'aurait pas la libre
disposition de sa journée par semaine, puisqu'il y aurait
renoncé, en échange d'une part proportionnelle dans les
produits de l'exploitation, pourrait se nourrir?

Pour moi, j'ai la conviction que, pour cultiver le manioc,

(A) Cette mesure pourrait encore être introduite dans les dispositions
du projet, dont va s'occuper le conseil colonial de la Guadeloupe. Se
reporter d'ailleurs à ma note, adressée à M. le directeur des colonies.

les bananes et autres fruits et racines qui forment la base de la nourriture du noir et lui procurent, en outre, quelque argent pour pourvoir à ses autres dépenses, il aurait assez des momens de loisir qui lui resteraient, après l'accomplissement de sa tâche. Il pourrait, du reste, continuer, *comme cela se pratique aujourd'hui, sur toutes les habitations,* à élever des volailles, des porcs, etc., etc. D'ailleurs, les malades, les enfans, les vieillards seraient, dans tous les cas, nourris par le maître, qui préférerait même, j'en suis convaincu, contribuer, au moins en partie, à la nourriture de l'esclave, jeune et valide, en sus de sa part équivalant, dans les produits de l'exploitation, à une journée de travail par semaine, pour que ce mode d'arriver au rachat fût substitué à celui du projet de loi.

Enfin, si le mode que je propose pour arriver au rachat, ne pouvait être substitué à celui du gouvernement, je crois qu'il serait au moins à désirer, dans l'intérêt tant des noirs que des colons, *qu'au lieu d'un simple engagement à titre de travailleur à gages, l'affranchi* fût obligé *de s'associer,* pendant cinq ou dix années, soit à une exploitation rurale, soit à un maître ouvrier, selon qu'il s'agira d'un noir, attaché à l'agriculture ou d'un ouvrier de la ville.

J'aurais désiré vous soumettre, monsieur, quelques observations sur chacun des articles du projet; mais le tems me manque: je ne m'attendais pas, je le répète, à ce que la discussion s'ouvrît à la chambre des députés, avant la session prochaine; et, dans quelques jours, elle va commencer sur l'ensemble du projet. Aussi, pour que ma lettre ne perde pas son seul mérite, celui de l'opportunité, je me hâte de la terminer.

Seulement veuillez me permettre d'ajouter, que vous n'atteindrez pas le but que se propose la loi, en ce qui concerne la moralisation de l'esclave et la cessation de cet état de {dégradante promiscuité, dans lequel vivent les esclaves ; que vous n'atteindrez pas, dis-je, ce noble but, *si*, pour leur inspirer l'amour des unions légitimes, *vous ne modifiez la disposition qui permet à l'esclave de racheter ses enfans naturels.* Je crois qu'il serait plus conforme à l'esprit de la loi de dire : « ses enfans *légitimes ou légitimés par mariage subséquent.* » Cette dernière partie surtout de la disposition : ou *légitimés par mariage subséquent,* produiraient les meilleurs résultats. Enfin, je crois qu'il serait de toute justice *d'étendre la faveur du rachat aux frères et sœurs légitimes ou légitimés* par le mariage de leurs père et mère.

En terminant, je dois vous prier de vouloir bien, monsieur, me pardonner la prolixité de cette lettre ; mais, surtout, l'accueillir avec indulgence ; car, non-seulement je vous écris bien à la hâte, mais je voudrais, avant de vous expédier ma lettre, en prendre, sinon une copie textuelle, mais, du moins, par abréviation de mots, de manière à en bien fixer la teneur.

Puis-je espérer que vous voudrez bien, monsieur, après avoir pris connaissance du manuscrit, que je vous adresse, le remettre à monsieur le ministre de la marine, ainsi que ma lettre, si vous le jugez convenable. Car, lors même que les diverses modifications, que j'ai l'honneur de vous soumettre, ne seraient pas actuellement accueillies, il serait possible que, plus tard, elles pussent recevoir une utile application. Je vais faire en sorte de les soumettre aussi, mais d'une manière plus succincte, à quelques autres membres de la chambre.

Permettez-moi d'ajouter, monsieur, que, lors même que le projet de loi serait voté par la chambre des députés,.

sans la moindre modification, et tel qu'il l'a été par celle des Pairs, *je le crois encore préférable au régime actuel :* car j'espère qu'il nous servira d'échelon pour arriver à un système plus lar_e, plus complet, plus en harmonie avec les besoins de l'époque. Pardonnez-moi, monsieur, d'émettre une opinion aussi tranchante : mais j'ai l'intime conviction, *qu'avant cinq ans,* le gouvernement reconnaîtra lui-même l'insuffisance de la loi, que vous allez voter, et voudra échapper, *par une réforme radicale,* aux nombreux inconvéniens qui la vicient. Mais l'état actuel étant tout ce qu'il y a, suivant moi, de plus dangereux pour les colonies; et l'avenir me paraissant gros de nuages, *en supposant le maintien du statu quo,* je crois qu'il est, non-seulement du devoir, mais encore de l'intérêt des colons de prêter sagement leur concours à l'exécution de cette loi, *tout en s'efforçant, pourtant, d'obtenir* du gouvernement du Roi, *un système qui réponde, d'une manière pleinement satisfaisante, aux intérêts de tous, et soit plus en harmonie avec les vrais principes.*

Je ne suis pas, du reste, le seul colon qui proclame la nécessité d'une réforme radicale du régime actuel de nos colonies; entre plusieurs autres, je puis, par exemple, citer l'opinion, émise par monsieur Félix Couï (mon beau-frère), vice-président du conseil colonial de la Guyane; voici de quelle manière il s'exprime, dans un rapport, remarquable sous plusieurs points, adressé au conseil, et relatif à un voyage fait aux Antilles, en 1844, sur la goëlette de l'état la *Colombe,* pour y étudier les nouveaux procédés, mis en usage pour améliorer la fabrication du sucre, voyage facilité par les soins paternels de monsieur le gouverneur Layre, l'un des administrateurs les plus éclairés, qu'ait jamais eu la Guyane.

« *Une réorganisation du système colonial est néces-*
» *saire :* le moment de s'en occuper est arrivé, etc., etc. »

« *La souffrance est affreuse, elle est générale, elle pèse*
» *sur tous les habitans.....*

» *Les palliatifs augmenteront la détresse ; le remède,* de
» même que dans les maladies graves, *doit être énergique ;*
» il faut aider à la crise, chercher à se la rendre favo-
» rable ; etc., etc. » (Page 4 de la 2ᵐᵉ partie du rapport.)

Je vous prie de vouloir bien agréer, monsieur, l'assurance, etc., etc.

Lannion, le 20 mai 1845.

Hʏ. PAIN.

TABLE SOMMAIRE

DE LA LETTRE ADRESSÉE A M. JULES DE LASTEYRIE, RAPPORTEUR DE LA COMMISSION CHARGÉE D'EXAMINER LE PROJET DE LOI SUR LE RÉGIME LÉGISLATIF DES ESCLAVES, LE 20 MAI 1845.

LETTRE

ADRESSÉE

A MM. LES PRÉSIDENT

ET

MEMBRES DU CONSEIL DES DÉLÉGUÉS

Des Colonies Françaises.

ÉPIGRAPHES.

» Personne ne coud une pièce de drap neuf à un vieux vêtement ;
» autrement le neuf emporterait une partie du vieux, *et le déchire-*
» *rait encore davantage.*

» Et on ne met point non plus le vin nouveau dans de vieux vais-
» seaux ; parce que, si on le fait, les vaisseaux se rompent, *et non-*
» *seulement le vin se répand, mais aussi les vaisseaux sont perdus ;*
» mais on met le vin nouveau dans des vaisseaux neufs, et, ainsi,
» le vin et les vaisseaux se conservent. »

(Évang. selon S. Matt., ch. ix, v. 16-17.)

« Tout royaume divisé contre lui-même, sera ruiné, et toute ville
ou maison divisée contre elle-même, ne pourra subsister. »

(Évang. selon S. Matt., ch. xii, v. 25.)

« Que toute personne soit soumise aux puissances supérieures ; car
il n'y a point de puissance qui ne vienne de Dieu, et c'est lui qui a
établi toutes celles qui sont sur la terre.

» Celui donc qui résiste aux puissances, résiste à l'ordre de Dieu ;
et ceux qui y résistent, attirent la condamnation sur eux-mêmes. »

(S. Paul aux Rom., ch. xiii, v. 1-2.)

« Le prestige de l'opinion, ce frein le plus puissant de tous pour l'esclave, tirait son origine, sa force et son appui, de l'exemple donné, jadis, par les blancs de la soumission à un chef ; ce régime conforme à celui des habitations, qu'il n'était pas possible de changer, moulant et façonnant par l'habitude, le génie, les mœurs et toutes les facultés du nègre, en faisait un être, nécessairement docile à la voix de son maître, *parce qu'il voyait celui-ci astreint à des devoirs*, et subordonné comme lui, à la volonté d'un seul. »

(Dalmas, *Histoire de la Révolution de Saint-Domingue*, t. 1ᵉʳ, ch. xii, Discours de M. Cadusch à l'assemblée coloniale.)

« Il est tems de faire *quelque chose d'efficace pour encourager les mariages* entre esclaves, etc., etc.

» *Constituer la famille* au sein de l'esclavage, est assurément une œuvre difficile et délicate, et, cependant, personne ne conteste *que ce ne soit l'une des bases essentielles de la transformation sociale*, qu'il s'agit de préparer. Nous le comprenons ainsi, et c'est une des améliorations que nous chercherons *avec le plus de sollicitude* à réaliser. »

(*Exposé des motifs de la loi du 18 juillet 1845, à la chambre des pairs, séance du 14 mai 1844*. Moniteur du 15.)

« Un laboureur qui a bien travaillé doit le *premier* avoir part à la récolte. »

(2ᵉ *Épître de S. Paul à Tim.*, ch. ii, v. 6.)

« Dans le midi de l'Europe, où les peuples sont si fort frappés par le point d'honneur, *il serait bien de donner des prix aux laboureurs qui auraient les mieux cultivé leurs champs ou aux ouvriers qui auraient porté plus loin leur industrie*. Cette pratique a réussi, de nos jours, en Irlande : Elle y a établi une des plus importantes manufactures de toile qui soit en Europe. »

(*Esprit des Lois*, t. ii, livre xiv, ch. ix.)

LETTRE

ADRESSÉE

A MM. LES PRÉSIDENT

ET

MEMBRES DU CONSEIL DES DÉLÉGUÉS

Des Colonies Françaises.

A MM. les Président et Membres du Conseil des Délégués des Colonies Françaises.

MESSIEURS,

Colon de la Guyane, je viens vous prier de me permettre de soumettre à votre appréciation quelques réflexions sur l'émancipation, réflexions qui, *communiquées dès l'année* 1842, à l'un des honorables membres du conseil, avaient mérité d'être jugées en des termes que je crois devoir reproduire ici, comme un témoignage bien digne de recommander à votre bienveillante attention , le travail que j'ai l'honneur de vous adresser.

« Je crois que vous comprenez l'intérêt des colons
» mieux qu'ils ne le font eux-mêmes ; vous jugez plus sai-
» nement la question qu'ils ne le font; et voyant que l'éman-
» cipation doit infailliblement avoir lieu, vous proposez
» pour la faire, des moyens *qui, s'ils étaient adoptés et*
» *fidèlement exécutés, garantiraient l'avenir des proprié-*
» *tés coloniales, etc., etc.* »

Mais, malgré ce témoignage si flatteur que me rendait, le 15 août 1842, Monsieur ...., que j'ai l'honneur de compter parmi les membres de ma famille, craignant que la publication de mon travail ne m'exposât à des inimitiés, *par le motif que je me mettais en opposition avec l'opinion coloniale*, il me conseilla de renvoyer cette publication à des tems plus opportuns.

Je ne vois pas en quoi j'aurais mérité ces inimitiés; car il n'y a pas une seule page de mon travail, dans laquelle je ne proclame hautement la bienveillante sollicitude, dont les colons sont animés envers leurs esclaves (A).

Cependant, je me conformai au conseil qui m'était donné: Je ne publiai pas mon travail; mais le gouvernement du Roi ayant présenté aux chambres un projet de loi sur le régime des esclaves, j'ai cru devoir communiquer mon manuscrit, d'abord, à M. le duc de Broglie qui, pendant quelques mois, l'a eu à sa disposition, et, plus tard, à

______

(A) Ce sont ces mêmes idées, ce même système d'émancipation qui, en 1842, ne pouvaient que m'exposer, me disait-on, aux inimitiés de mes compatriotes, que vient de proclamer le conseil colonial de la Guadeloupe.....

M. Jules de Lasteyrie, rapporteur du projet de loi à la chambre des députés.

Mes réflexions se divisent en trois parties, dont je ne vous envoie que les deux dernières; car la première, ainsi que vous le verrez, par le sommaire, avait seulement pour objet de démontrer aux colons, que leur résistance était inutile, pouvait même entraîner les conséquences les plus funestes; que leur propre intérêt leur commandait donc d'offrir au gouvernement du Roi le concours de leurs lumières et de leur expérience. Cette partie de mon travail me paraissant avoir, en partie du moins, perdu, aujourd'hui, son seul mérite, celui de l'opportunité, il devient inutile de vous la soumettre.

Quant aux deux autres, je ne crois pas que la loi, votée, l'année dernière, ait vidé, d'une manière complète, les questions qu'elles traitent : le travail, les mesures propres à y contraindre les émancipés, etc., etc. Cette loi ne présente, en effet, qu'un *système de transition*, auquel il est, je crois, de l'intérêt des colons de voir *substituer, bientôt, un mode d'émancipation plus large, plus complet*. Et veuillez me pardonner, messieurs, d'exprimer, ici, des opinions que, tous, vous ne partagez pas. — Partisan de l'émancipation, dans l'intérêt des colonies, autant que par principes, je reconnais à la loi du 18 juillet 1845, dont je suis loin, cependant, d'adopter comme complètes et rationnelles toutes les dispositions, un mérite réel : celui de décider, en principe, du moins, la question du travail, imposé aux affranchis, et surtout de nous arracher aux dangers du *statu quo. Et par ce mot*, je veux moins exprimer une pensée qui se rattache à l'état d'esclavage en lui-même, qu'à celui de *l'esclavage, agité* par toutes les questions qui, débattues, depuis quinze ans, ont placé les

colonies dans une situation incertaine, équivoque, dange-
gereuse, autant qu'elle est fausse et anormale; situation
qui livre les colonies au malaise le plus énervant, use leurs
forces, les épuise, les laisse se débattre dans une lente et
mortelle agonie.....

Je dis que la loi du 18 juillet nous arrache, ou, pour
mieux exprimer ma pensée, tend à nous arracher aux
dangers de cette situation, non pas que, dans ses dispositions, je trouve la solution de la question, non pas qu'elle
nous offre des mesures qui fassent cesser la crise, dans
laquelle nous nous épuisons; mais, *nous démontrant clairement que l'émancipation est résolue*, en principe; qu'in-
dubitablement, *infailliblement, elle doit avoir lieu*, la loi
du 18 juillet nous *commande de provoquer un système* qui,
édifié sur des bases plus complètes, recèle moins de dangers
que la situation anormale de laquelle elle tend à nous faire
sortir; mais qui fasse aussi cesser les périls, non moins
certains, des demi-mesures qu'elle consacre, système
bâtard, dans lequel, pardonnez-moi, Messieurs, d'émettre
franchement encore, ici toute ma pensée, le gouvernement
du roi, n'a été entraîné, *que par la manifestation exagérée*
des appréhensions plus exagérées encore *des colons eux-
mêmes, ou plutôt de ceux qui, en France, se sont donné la
mission de les défendre.*

Aujourd'hui donc, *que le gouvernement du Roi est déci-
dement entré dans la voie de l'émancipation*, aujourd'hui
que nous ne saurions nous le dissimuler, notre vieux régime colonial n'est plus qu'un édifice qui, sapé dans sa
base, menace de nous écraser sous ses ruines; qu'il me
soit permis, Messieurs, de vous adresser cette question, à
vous les représentans, non moins éclairés que dévoués des
colonies: — Lequel est le plus sage, le plus prudent, le

plus conforme aux saines appréciations de la raison, ou de reconstruire sur des bases nouvelles, sur des assises complètement refondues, cet édifice, de toute part, démantelé, ébranlé, dans ses fondemens, ou d'y rattacher, çà et là, quelques pierres qui, ne pouvant se lier entre elles, s'affaisseront bientôt, entraînant, après elles, la ruine complète de l'édifice; lequel est le plus sage, le plus prudent, le plus raisonnable, ou de masquer, sous un plâtrage trompeur, les dangers et les embarras de notre situation, ou de puiser dans ces dangers, dans ces embarras eux-mêmes, l'énergie et le courage qui nous sont nécessaires pour oser les attaquer franchement et en face !

Oui, Messieurs, avant le 18 juillet 1845, les colonies, depuis quinze années, *se sont épuisées dans la lutte du vieux régime colonial, à jamais réprouvé, contre les principes et les* idées qui, sortis triomphalement des barricades de 1830, ont fait retentir jusqu'au sein de nos ateliers d'esclaves, ce long cri de liberté, si énergiquement poussé par la grande et puissante voix de la nation française..... Oui, reconnaissons-le, dès lors, notre situation rendue plus que jamais anormale, est devenue, chaque jour, de plus en plus intolérable. Eh bien! si la loi du 18 juillet, reconnaissons-le encore, nous est offerte comme la transition de notre vieux régime, que ces quinze dernières années, surtout, ont si complètement usé, à une ère nouvelle, cette loi nous crée, *pour le moment*, une situation peut-être non moins anormale encore, que celle à laquelle elle tend à nous arracher. Pour nous donc, aujourd'hui, comme avant le 18 juillet 1845, c'est non-seulement une nécessité impérieuse, mais même un devoir de provoquer une transformation complète, radicale, décisive, qui, tout en nous arrachant aux dangers et aux embarras, avec lesquels nous étions en lutte, avant la loi du 18 juillet, nous fasse aussi sortir de cette situation transitoire qui n'offre de garantie, ni aux intérêts des colons, ni à ceux des noirs, ne satisfait ni les uns, ni les autres, pas plus que les principes.

Assurément, loin de moi la pensée présomptueuse, que le travail, que j'ai l'honneur de vous adresser, présente, d'une manière pleinement satisfaisante, les moyens de nous arracher aux périls de cette situation, dans laquelle, depuis quinze années, se traîne languissante notre existence compromise.

Qu'il me soit cependant permis de croire, que, si, daignant accorder votre attention aux mesures que je propose, *vous consentiez à les compléter*, bientôt, dans le secours de vos lumières et de votre expérience, elles puiseraient tout ce qui peut leur manquer encore, pour constituer un système d'émancipation qui soit en harmonie avec les vrais principes, et présente toutes les garanties désirables aux divers intérêts, engagés dans la question.

Deux objections principales peuvent s'élever contre le mode d'émancipation que présente mon travail.

« 1º Proclamer l'émancipation simultanée et instantanée » ne serait-ce pas livrer les colonies à tous les dangers » *d'une brusque transformation ?*

» 2° Adopter le système proposé, ce serait gréver le » trésor d'une dette énorme qu'il tend à éviter, celle de » l'indemnité.

» Sous ces deux rapports, le gouvernement refusera » certainement son assentiment. »

Ces deux objections ne me paraissent pas sérieuses :

1º L'émancipation simultanée, et immédiate, telle que je la propose, et, en supposant surtout l'admission de toutes les mesures qui s'y rattachent, n'offrirait pas les dangers d'une transformation brusque et sans ménagement. En effet, cette émancipation ne serait immédiate, simultanée, générale que dans ce sens, *qu'à un jour donné, le premier janvier* 1850 par exemple, l'abolition de l'esclavage serait proclamée dans toutes les colonies françaises; mais je n'en admets pas moins, — et c'est là, surtout, la base de mon système, — que l'initiation des nouveaux émancipés à la jouissance et principalement à *l'exercice* des droits que consacre la liberté, ne pourrait être que progressive. Sous ce rapport donc, cette grande transformation sociale ne s'opérerait que *lentement,* progressivement, sans secousse ni perturbation, offrant à tous les habitans des colonies, propriétaires et émancipés, toutes les garanties désirables d'ordre, de sécurité et de travail. Si vous daignez, messieurs, accorder quelques instans d'attention aux mesures que je propose, vous leur reconnaîtrez, j'ose l'espérer, ce caractère de circonspection, que je crois pouvoir leur attribuer; par suite, vous reconnaîtrez aussi, qu'adopter le mode d'émancipation que constitue l'ensemble de ces mesures, ce ne serait pas livrer les colonies aux dangers d'une brusque transformation.

2° Mais adopter le système proposé ne serait-ce pas grever le trésor d'une dette énorme, celle de l'indemnité ?

Sous le rapport de cette question d'indemnité, la mise en pratique du système proposé, présente plus de difficultés, je le reconnais.

« Si le paiement du prix de ces esclaves, qu'il s'agit de
» rendre à la liberté, devait complètement, définitivement
» peser sur le trésor, assurément le projet, fût-il cent fois
» reconnu admissible, sous tous les autres rapports, ne
» recevrait pas l'assentiment du gouvernement, » me disait
un colon, auquel je soumettais la question. — Je repousse

cette opinion, comme injurieuse pour le gouvernement du Roi.

Car, pour moi, ainsi que je l'écrivais à monsieur le rapporteur de la commission du projet de loi du 18 juillet, je trouverais souverainement injuste et, surtout, complètement irrationnel, que la France qui, obéissant aux saintes lois de l'humanité et de la raison, se détermine à rendre les malheureux esclaves à la liberté, leur fît payer cet acte de réparation.....

Mais enfin, puisqu'il paraît impossible que cette réparation soit complète ; et, s'il est vrai que la France *ne puisse, ou ne veuille s'imposer le sacrifice nécessaire*, ce que je ne saurais lui faire l'injure de croire, ne serait-il pas possible d'arriver à une combinaison qui, tout en laissant subsister, en partie, le système du rachat, que consacre la loi du 18 juillet, la ferait coordonner avec celui que je propose, les modifiant l'un par l'autre ; ne pourrait-il pas être stipulé ; qu'au lieu de laisser peser sur le trésor le paiement intégral de l'indemnité, chaque émancipé y contribuerait, *dans la proportion de la moitié* de sa valeur estimative, au jour de la promulgation de la loi qui proclamerait l'abolition de l'esclavage ? Dès ce jour, la valeur de l'esclave émancipé serait acquise à son ancien propriétaire, *devenu le créancier de l'état.* La première moitié de cette créance serait exigible une année après ; quant à la seconde, qui porterait intérêt, à 4 p. %, elle ne le deviendrait, qu'après l'expiration de dix années. Ainsi, serait garanti par le trésor le chiffre intégral de l'indemnité ; mais, à titre de caution seulement, pour la moitié, au remboursement de laquelle serait tenu chaque émancipé. Bien qu'engagé au paiement de cette seconde comme de la première moitié du chiffre de l'indemnité, le trésor n'en supporterait pas même l'avance ; car, ayant un terme de dix années, il pourrait, bien avant l'expiration de ce terme, obtenir que chaque émancipé se libérât lui-même, en capital et intérêts, de la valeur cautionnée (A). Ce paiement ou remboursement se ferait *par la retenue qui, chaque année, serait opérée d'une quotité déterminé de la part afférant à l'émancipé dans les produits nets de l'exploitation à laquelle il serait associé.*

Pour offrir plus de garantie au trésor, il pourrait être stipulé que, quelque bonne que fût la conduite de l'émancipé, *il ne serait affranchi des entraves de la tutelle et de l'association forcée,* qu'après s'être, par le produit de son travail, libéré, d'une manière complète. Si l'émancipé venait à mourir avant de s'être ainsi complètement libéré, ses héritiers seraient tenus au paiement du reliquat non réalisé, *et ne pourraient être, eux aussi, affranchis des entraves de l'association forcée, qu'après s'être libérés,* non-

---

(A) D'ailleurs, quel est le colon qui, *avec la garantie du gouvernement,* tant pour le capital que pour le service des intérêts, ne voulût attendre douze et même quinze ans, au lieu de dix, le paiement de cette seconde moitié du chiffre de l'indemnité. Et si le terme d'une année, fixé pour le paiement de la première moitié, paraissait aussi trop court, ne pourrait-on pas diviser cette première moitié en deux termes, l'un d'une année, l'autre de cinq, un intérêt de 4 p. % étant, dans ce cas, stipulé, comme pour la seconde moitié du chiffre de l'indemnité ; capital et intérêts étant toujours, bien entendu, garantis par le gouvernement. Dans tous les cas, il serait indispensable que le quart, au moins, du chiffre de l'indemnité fût payé à la fin de la première année ; car, pour faire face aux dépenses plus considérables de frais d'exploitation, auxquelles la grande transformation qui viendra de s'opérer, soumettra les colons, ceux-ci, nécessairement, auront à s'imposer des sacrifices fort onéreux.

seulement de leur propre dette, mais encore du reliquat, dû par leurs pères décédés.

Par cette combinaison, veuillez bien le remarquer, Messieurs, le rachat ne présenterait plus les dangers et les inconvéniens sérieux et réels, qu'il offre, ainsi que l'a établi la loi du 18 juillet; confondus dans l'association , les intérêts de l'ancien propriétaire et de l'émancipé ne seraient pas en lutte, comme le sont, d'après les disposi-tions de la loi précitée, ceux du maître et de l'esclave. Gouvernement, propriétaire exproprié, esclave émancipé, chacun trouverait une triple garantie de bon vouloir, de sécurité, de prospérité dans cette sorte d'union de tous les intérêts, ainsi liés entre eux.

Mais, en attendant, soit une réforme, dans le sens des mesures, que j'ai l'honneur de proposer, soit l'adoption de tout autre système que, dans votre sagesse, vous parvien-drez à faire prévaloir, *il est du devoir de tous ceux qui se trouvent liés aux colonies*, soit par leurs intérêts et leurs affections, soit par leur position sociale, *de s'efforcer*, *puisque la loi de 1845 a reçu la sanction de tous les pou-voirs*, d'apporter à son exécution tout le concours, tout le bon vouloir que le gouvernement du Roi est en droit d'at-tendre de nous. C'est du reste, en offrant franchement et sincèrement ce concours à l'exécution de la loi, que nous parviendrons à paralyser les inconvéniens, qu'elle pré-sente, à les rendre moins préjudiciables à nos intérêts : ne donnons pas à nos esclaves le triste et funeste exemple de la désobéissance et de l'insubordination; que notre sou-mission pleine et entière à l'autorité de la loi; que notre respect pour toute disposition législative, revêtue de la sanction royale, leur apprennent qu'il est, — après la puissance divine, — un pouvoir qui en dérive, et auquel tout homme , ici-bas , doit se soumettre : que la loi, qu'elle soit mauvaise, injuste, n'en doit pas moins être exécutée, tant qu'elle n'est pas abrégée ou modifiée. Commençons donc par nous soumettre franchement à la loi du 18 juillet, tout en recourant à la sagesse royale pour en obtenir une autre qui soit mieux appropriée aux besoins de l'époque et satisfasse d'une manière plus complète, les droits de tous les intéressés. Mais , en attendant, il nous importe, surtout, de faire en sorte, que les ordonnances qui doivent compléter quelques-unes de ses principales dispositions et leur donner toute leur force exécutive, viennent en corriger, le plus que possible, les anomalies les plus saillantes, et y ajouter, *autant, toutefois, que le peut permettre le respect dû à la loi*, de nouvelles dispositions qui soient plus en harmonie avec le but, que semblaient se proposer les auteurs du projet primitif.

Puis-je espérer que vous voudrez bien me permettre, Messieurs, de vous soumettre quelques mesures qui pourraient trouver place dans les dispositions de ces ordonnances, dont monsieur le ministre de la marine et des colonies vous a soumis les projets, ou , si, déjà, vous aviez terminé votre travail, devenir l'objet de nouvelles propositions, de votre part.

Préparer l'esclave à la liberté, en le moralisant, voici le principal objet de la loi du 18 juillet; voici surtout, le but que se proposaient les auteurs du projet primitif [1].

Or, le moyen le plus puissant qui, tout d'abord, doit apparaître à quiconque se sent sincèrement animé du désir d'accomplir cette grande œuvre de moralisation, n'est-ce

---

[1] Voir l'exposé des motifs , *Moniteur* du 15 mai 1844.

pas l'institution sainte du mariage? N'est-ce pas, en effet, en nous efforçant d'initier les esclaves aux douces joies de la famille, comme en leur apprenant à connaître et pratiquer les devoirs qu'imposent les titres d'époux et de père, que nous parviendrons aussi à leur montrer, et le digne usage, qu'ils doivent faire des droits et prérogatives que leur promet la liberté, et l'accomplissement des devoirs que leur impose la société? Assurément, oui, le mariage est la porte sainte, par laquelle l'esclave doit passer de l'état sauvage à la civilisation, de l'esclavage à la liberté.

Comment se fait-il donc que les auteurs de la loi du 18 juillet qui, vingt fois, ont, dans le cours de la discussion, proclamé la nécessité de moraliser et civiliser la race africaine, avant de l'appeler à la jouissance et, surtout, *à l'exercice* des droits qui appartiennent à l'homme libre, n'aient pas senti, que permettre à l'esclave d'exercer le droit de rachat en faveur de ses enfans et descendans *naturels*, c'était consacrer une anomalie révoltante, au point de vue de cette pensée de moralisation; c'était, non-seulement *négliger un puissant moyen de moralisation ;* mais même offrir, pour ainsi dire, une prime à ces accouplemens honteux qui, plus encore que l'état d'esclavage lui-même, fait descendre la race africaine au niveau de la bête de somme qui partage ses travaux; comment n'ont-ils pas compris que c'était, si non encourager les esclaves dans leurs déréglemens, les éloigner du moins de la pensée du mariage et perdre le plus sûr moyen d'atteindre le but que se propose la loi.

Il eût donc été plus conforme à l'esprit de la loi, et surtout au but qu'elle se propose d'atteindre, aussi bien qu'aux intentions et aux sentimens assurément très-louables, dont étaient et sont animés les auteurs de la loi du 18 juillet, de retrancher de la disposition de l'article 5, le mot *naturels*, et, étendant le droit de rachat *aux frères et aux sœurs légitimes ou légitimés*, de rédiger ainsi l'article : « Les per- » sonnes non libres pourront racheter leur liberté, ou la » liberté de leurs pères et mères ou autres ascendans *légi-* » *times*, de leurs femmes et de leurs enfans et descendans » *légitimes*, ou *légitimés*, de leurs *frères* et *sœurs légitimes* » ou *légitimés* par le mariage subséquent de leurs père et » mère. »

N'est-il pas évident qu'une telle disposition eût frappé d'anathème le concubinage, cette plaie hideuse de certaines portions de la société coloniale, et offert aux unions légitimes un puissant encouragement. Les noirs, voyant que ceux-là d'entre eux qui, renonçant au libertinage, contractaient des unions, approuvées par la loi, fuyant celles que réprouvent la morale, la religion et la loi, jouissaient d'un privilége, auquel ne pouvaient prétendre les autres, se seraient empressés de rechercher ces unions, auxquelles seraient attachés de tels priviléges. Et, assurément, si l'article 5 avait été rédigé dans le sens qui vient d'être indiqué, on eût vu, bientôt, les mariages, *aujourd'hui si peu nombreux parmi les personnes non libres*, s'accroître d'une manière considérable.

Eh bien! Messieurs, ce que la loi n'a pas fait, vous le pouvez faire; et ce ne serait pas là, permettez-moi de vous le dire, le moindre de vos titres à la reconnaissance des colonies; car c'est par le mariage seul que les noirs non libres, ou rendus à la liberté, feront l'apprentissage de la civilisation et des devoirs qu'elle impose.

Je dis que vous le pouvez : en effet, vous savez, qu'aux termes de l'article 1er de la loi du 19 juillet 1845, un crédit de 400,000 fr. est ouvert au ministère de la marine et des colonies, pour concourir au rachat des esclaves, lorsque l'administration le jugera nécessaire, et suivant les formes déterminées par ordonnances royales à intervenir [1].

Or, bien que la loi du 19 juillet ne porte pas comme celle du 18, que les conseils coloniaux, ou leurs délégués seront préalablement consultés sur ces ordonnances, n'est-il pas évident que les ordonnances qui devront être rendues, en exécution de la loi du 19 juillet, devront vous être préalablement communiquées, aussi bien que celles dont il est parlé dans la loi du 18 juillet. Il n'y a pas de motifs pour que ce ne soit pas ; car il est de principe que des ordonnances qui prennent aux colonies le caractère de la loi, ne peuvent être régulièrement rendues, sans que les colons ou leurs représentans légaux aient été préalablement consultés.

Eh bien ! Messieurs, lorsque vous seront soumises ces ordonnances qui doivent régler les circonstances, dans lesquelles, le gouvernement devra concourir au rachat des esclaves ; efforcez-vous d'y introduire une disposition qui serait conçue à peu près en ces termes :

« 1° *Aura le droit* d'obtenir le concours du gouvernement, *pour la moitié du prix de rachat, toute personne libre ou non libre* qui voudra racheter la liberté

» De ses père et mère ou autres ascendans *légitimes* ;

» De sa femme *légitime* ;

» De ses enfans ou ascendans *légitimes, ou légitimés par mariage* subséquent (articles 331, 332 et 333 du code » civil).

» Pourvu, toutefois, si c'est une personne non libre,

---

[1] Cette disposition de la loi est complètement en harmonie avec une proposition semblable que je faisais à M. de Lasteyrie.

» qu'elle justifie, toujours, de la légitimité de l'origine *de la*
» *première moitié, par elle offerte du prix de rachat* [1].

» 2° Aura aussi le droit d'obtenir le même concours, tout
» esclave qui aura reçu par acte entre vif, ou testamentaire,
» 1° de ceux de ses parens qui sont mentionnés dans l'article
» précédeent; 2° de *ses frères et sœurs légitimes ou légitimés*
» par le mariage subséquent de leurs père et mère, on aura
» recueilli dans la succession des uns ou des autres, la pre-
» mière moitié de sa valeur estimative;

» A charge à lui de justifier, toutefois, s'il en est requis,
» que les personnes non libres, desquelles lui vient cette
» somme la possédaient à titre légitime. »

De telles dispositions, constituant, pour ainsi dire une
prime offerte aux unions légitimes, ne pourraient manquer
de recevoir la sanction du gouvernement du Roi, si elles se
produisaient, en revendiquant l'autorité du conseil des
délégués [2].

Enfin, pour encourager plus encore le mariage des
esclaves, ne pourriez-vous pas obtenir, que le gouvernement constituât des dots en leur faveur. La somme la plus
légère (200 à 300 francs) sûrement placée, de manière à ce

---

[1] D'ailleurs, dans le but de moraliser les noirs esclaves et affranchis,
en favorisant, en encourageant ainsi les unions légitimes, les chambres
n'hésiteront pas, j'en suis convaincu, à ouvrir un nouveau crédit
spécial à l'administration coloniale.

[2] Non-seulement ces dispositions constitueraient une prime, offerte
aux unions légitimes, mais elles formeraient encore un puissant
encouragement au travail; car, pour acquérir la première moitié du
prix du rachat, sans laquelle ils ne pourraient prétendre au concours
du gouvernement pour la deuxième moitié, les noirs redoubleraient
de zèle et d'ardeur au travail.

que les nouveaux époux ne pussent la dissiper follement, formerait pour une pauvre esclave, une dot magnifique, qui, plus tard, deviendrait, soit un premier fonds de rachat, soit un puissant secours pour le tems de la vieillesse et des infirmités.

Que, par exemple, une caisse d'épargne soit, ainsi que je l'énonce dans le paragraphe 4 de la 3me partie de mes réflexions, spécialement fondée en faveur des esclaves, aussi bien que des nouveaux émancipés; que la somme constitutive de la dot y soit versée et conservée avec les intérêts ou partie des intérêts capitalisés chaque année, pour n'être remise aux ayant droit, que dans des circonstances déterminées.

Les deux dernières parties de mes réflexions, que j'ai l'honneur de vous soumettre, contiennent plusieurs autres mesures qui pourraient recevoir une utile application; soit dans les ordonnances, dont le gouvernement vous a soumis les projets, soit dans les décrets, que les conseils coloniaux sont eux aussi, appelés à rendre pour compléter les dispositions de la loi du 18 juillet.

Veuillez me permettre, Messieurs, de vous les indiquer ici:

1° Régime disciplinaire des ateliers : Art. 1er, paragraphe 2, loi du 18 juillet; — paragraphe 4, deuxième partie de mes réflexions, pages 51 à 64 : *Des peines, de l'autorité du chef d'atelier*, etc., etc.

2° Instructions religieuse et élémentaire des esclaves: Art. 1er, paragraphe 3 de la loi; — paragraphe 2, troisième partie de mes réflexions, pages 79 à 85 : *De la moralisation d'une certaine partie de la classe des femmes de couleur.* — Paragraphe 4, même partie, page 93 : *De la fondation d'une corporation religieuse, composée de jeunes filles de couleur destinée au service des hôpitaux.*

Je crois, Messieurs, devoir vous prier, d'une manière toute spéciale, de vouloir bien examiner, si la fondation de cette corporation, n'offrirait pas, ainsi que j'en ai l'intime conviction, les plus heureux résultats, sous le triple rapport de la moralisation des filles de couleur, des soins excellens qu'elles prodigueraient aux malades, enfin de l'allégement, quelles apporteraient au lourd fardeau qui pèse sur les sœurs de Charité.

Veuillez bien me permettre aussi de vous faire remarquer que, déjà, sur plusieurs points, je me suis rencontré, *dans les mesures, que propose le travail* que j'ai l'honneur de vous soumettre, avec les auteurs de la loi du 18 juillet, bien que les deux systèmes diffèrent essentiellement par leurs bases.

C'est ainsi, par exemple, qu'il existe une certaine analogie entre :

1° Les dispositions de l'article 5 de la loi , relatives aux engagemens des affranchis et *l'association divisée* en périodes de cinq années qui forme la base du mode d'émancipation, auquel je me suis arrêté, ainsi que les moyens que j'indique pour contraindre l'émancipé à l'accomplissement des obligations qui lui sont imposées;

2° Les dispositions de l'article 16, relatives à la répression du vagabondage (loi du 18 juillet) et les mesures que je propose dans le paragraphe 4 de la deuxième partie de mon travail : *des mesures propres, tant à contraindre les Emancipés au travail, qu'à proscrire le vagabondage* (pages 51 à 64).

Ici, surtout, les dispositions de la loi du 18 juillet, et les mesures, *que j'avais indiquées, dès l'année* 1842, ainsi que M..... .. le pourrait vérifier, *par la première copie de mon manuscrit, restée entre ses mains,* se coordonnent presque textuellement.

Cependant qu'il me soit permis d'ajouter que je crois plus complètes, et, par suite, plus efficaces, les mesures que je propose, et peut-être pourraient-elles offrir d'utiles additions aux dispositions de la loi précitée.

D'un autre côté, si je propose des mesures sévères et rigoureuses pour contraindre au travail l'émancipé jeune et valide, je n'oublie pas que la vieillesse et les infirmités réclament des secours; au contraire, la loi du 18 juillet, tout en contraignant l'affranchi à contracter un engagement de cinq années, et en prescrivant des mesures contre la paresse et le vagabondage, ne contient pas la moindre disposition en faveur de l'affranchi, devenu infirme ou trop vieux, pour pouvoir se livrer au travail. — Voir le paragraphe 4 de la troisième partie de mes réflexions, pages 88 à 94 : « de l'*admission des vieillards et des malades dans des hospices et hôpitaux.* »

N'y aurait-il pas là encore matière à d'utiles additions ?

Quelques mots encore sur l'importante question du rachat : en supposant que l'émancipation générale et immédiate, avec association entre le colon propriétaire et le noir émancipé, et indemnité, payée par le trésor au colon exproprié, pût remplacer les mesures transitoires, que consacre la loi du 18 juillet, je vous ai dit Messieurs, que, modifiant l'un par l'autre, les deux systèmes, on pourrait faire supporter le paiement du prix du noir émancipé, moitié par ce dernier, moitié par le trésor; mais, à supposer que la loi du 18 juillet, dût, longtems encore, — ce que je ne puis croire, — constituer, pour ainsi dire, le code colonial, en ce qui concerne le régime des esclaves et le mode qui leur est offert d'arriver à la liberté; à supposer même que cette loi dût devenir un mode définitif d'émancipation, ou, dans un petit nombre d'années, faire place à un autre système, ne serait-il pas, dans tous les cas, infiniment avantageux, tant au maître qu'à l'esclave, que, *dès aujourd'hui, la journée de travail*, concédée par semaine à l'esclave, dans le but de lui donner les moyens d'acquérir le pécule, destiné à former le prix du rachat, fût convertie *en une part dans les produits nets de l'exploitation*, part équivalant à une journée de travail par semaine, et dont le chiffre serait plus ou moins élevé, proportionnellement au chiffre total des produits de l'exploitation.

Veuillez me permettre, Messieurs, en soumettant encore cette proposition à votre appréciation, et, en vous priant de la peser dans votre sagesse, de transcrire ici, ce que je disais, à cet égard, à M. le rapporteur de la commission.

« Mais que de conséquences funestes, que de dangers
» et pour l'esclave et pour le maître, dans la mise en pra-
» tique de ces deux mesures du pécule légal et du rachat
» forcé [1]. »

Si vous pensiez, Messieurs, que la loi du 18 juillet pût être modifiée dans ce sens, ne serait-il pas à désirer que dès la prochaine session, vous voulussiez bien provoquer cette modification. Mais est-il même absolument indispensable qu'une disposition législative vienne statuer sur la modification proposée? Il faut distinguer, je crois, entre le cas où il s'agirait de substituer, d'une manière générale et absolue, la nouvelle mesure proposée à celle que consacre la loi du 18 juillet, et la rendre généralement obligatoire, *sans qu'il soit besoin de l'assentiment des intéressés*, et celui, où il s'agirait tout simplement de ratifier, *de règle-*

---

[1] Prière de se reporter à ma lettre adressée à M. J. de Lasteyrie, pages 15 à 22.

menter des arrangemens de ce genre, pris entre *tel maître et son esclave*. Dans la première hypothèse, évidemment, il faudrait qu'une nouvelle loi vînt substituer, d'une manière obligatoire pour tous, la nouvelle mesure à celle qui, déjà, a reçu la sanction législative; dans la seconde, au contraire, si, par exemple, un esclave venait dire : « au lieu d'un jour
» par semaine, je demande qu'une part proportionnelle,
» équivalant à une journée de travail par semaine, me soit
» accordée dans les revenus nets de l'habitation ou de telle
» exploitation industrielle, à laquelle je suis attachée » et
que le maître voulût bien consentir à cette quasi-association,
il ne serait assurément pas nécessaire que le pouvoir législatif vînt descendre à de tels détails. Il suffirait d'une ordonnance royale, ou même d'un simple décret colonial : car,
remarquez bien, Messieurs, que la concession d'un jour par
semaine n'est accordée *qu'à ceux des esclaves qui en feront
la demande*, en remplacement de la nourriture qui leur
est due par le maître (art. 1 , parag. 2, loi du 18 juillet), et
que c'est, par ordonnance du Roi qu'il doit être statué sur
le remplacement de la nourriture par la concession d'un
jour par semaine (même article). Or, qu'un esclave qui, aux
termes de la loi, *peut ne pas faire la demande*, dont il s'agit,
ne pas user de la faculté qui lui est laissée , vienne
dire : « Je pourrais, content de la nourriture que me donne
» mon maître, ne pas demander, en échange, la concession
» d'un jour par semaine ; je puis aussi exiger cette conces-
» sion ; mais, soit que je me défie de ma paresse, de ma
» nonchalance, que je craigne d'être entraîné à *dépenser au
» fur et à mesure que je le gagnerais*, le produit de ma
» journée par semaine ; soit que je trouve plus productif
» de m'associer, dans la proportion de cette journée par
» semaine, aux produits de l'exploitation ; que j'y voie un

» moyen d'arriver plus surement à la liberté, que si j'exi-
» geais la concession que me fait la loi ; et me défiant sur-
» tout de l'influence funeste que pourrait exercer sur ma
» conduite ce don trompeur, je demande à l'échanger pour
» une part proportionnelle dans les produits de l'exploita-
» tion, et d'accord, du reste, avec mon maître, il ne me
» reste plus qu'à solliciter l'assentiment de l'administra-
» tion.....» Accueuillir une telle demande, ratifier de tels
arrangemens, serait-ce, je le demande, violer la loi? Non,
assurément, pas même la modifier, mais au contraire,
faciliter son exécution, et, tout en la respectant, l'appro-
prier aux convenances des intéressés, lui faire plus surement atteindre le but que s'étaient proposé ses auteurs :
« donner à l'esclave les moyens de se faire un pécule. »
— Je dis plus : si, au lieu de statuer sur le remplacement
de la nourriture, *due à l'esclave*, par la concession d'un
jour par semaine, l'article premier de la loi du 18 juillet
eût réglé entre des hommes *ayant une capacité égale*,
pouvant exercer également leurs droits, ayant également
qualité pour transiger et compromettre, il ne serait pas
même besoin qu'une ordonnance royale ou un décret
colonial vînt sanctionner et réglementer l'accord, par
lequel le maître et *l'ouvrier libre et majeur*, par exemple,
eussent converti en une association proportionnelle cette
concession d'un jour par semaine : car, qui ne le sait,
les conventions légalement formées, *tiennent lieu de loi* à
ceux qui les ont faites. Mais, comme il ne s'agit pas ici de
droits qui compètent à des individus, ayant tous la plénitude de ces droits, pouvant les exercer librement et par
eux-mêmes; comme, à mes yeux, *l'esclave* (et même l'affranchi pendant un certain laps de tems) *ne doivent pas
seulement être assimilés au mineur émancipé*, comme aux

termes de la loi du 18 juillet, *mais bien au mineur non émancipé;* que le considérant même, avec la loi du 18 juillet, comme un mineur émancipé, contractant avec son curateur légal, son maître, je n'admets pas qu'il suffise du concours de la volonté de l'esclave et de celle de son maître, pour régler leurs engagemens réciproques, relatifs à l'échange de la journée de travail par semaine, en une part proportionnelle dans les produits de l'exploitation; et l'ordre public pouvant, d'ailleurs, se trouver engagé dans ces transactions et leurs conséquences, je crois indispensable qu'une volonté supérieure vienne les ratifier et réglementer; mais, je le repète, la loi ayant laissé dans le domaine de l'ordonnance les dispositions relatives au remplacement de la nourriture par la concession d'un jour par semaine, et, surtout, cette concession étant complètement subordonnée à la demande de l'esclave et constituant à son profit un droit qu'il peut, ou revendiquer ou délaisser, il en résulte, évidemment que, si l'esclave et le maître s'accordent pour convertir ce droit, en une part proportionnelle dans les produits de l'exploitation, il suffit d'une ordonnance du Roi qui statue elle-même sur ces stipulations du maître et de l'esclave, ou qui les défère à la sanction de l'autorité locale.

Je voudrais vous soumettre encore quelques considérations sur plusieurs autres dispositions de la loi du 18 juillet; mais, si vous avez daigné, Messieurs, m'honorer de votre attention, je reconnais que j'en ai déjà trop longuement abusé. Veuillez, cependant, me permettre une dernière observation *sur la prohibition de l'article* 4 (loi du 18 juillet) qui interdit aux personnes non libres la possession des bateaux et des armes : Ne pensez-vous pas, Messieurs, que cette excellente disposition *eût dû s'étendre même à certaines personnes libres?* Ne pensez-vous pas, par exemple, que, dans l'intérêt même de l'affranchi, c'eût été une mesure, que commandait la prudence, que de lui interdire, au moins *pendant les cinq années d'engagement*, qu'il doit contracter, la possession de ces armes et bateaux qui deviendront entre ses mains, non-seulement des instrumens fort dangereux, mais encore des occasions de dissipation et de paresse, lui offrant les moyens de se dérober aux obligations de l'engagement et de perdre à la pêche et à la chasse une partie du tems, qu'il devrait consacrer aux travaux de l'exploitation. Il est donc très-fâcheux, je crois, que la prohibition de l'article 4 n'ait pas été étendue aux affranchis, au moins pendant les cinq premières années de l'affranchissement ; mais ce que la loi n'a pas fait, l'autorité locale le peut faire, car c'est là une mesure de bon ordre qui rentre dans la limite de ses pouvoirs; d'ailleurs une ordonnance du Roi pourrait statuer à cet égard.

Que de choses il y aurait encore à dire sur les deux articles 4 et 5 de la loi du 18 juillet! et, si, après avoir daigné donner votre attention à ces premières considérations, vous voulez bien me permettre de vous en soumettre quelques autres, j'aurai l'honneur de vous les adresser (A).

Je terminerai en vous transmettant deux propositions qui peuvent, je crois, donner lieu à de très-utiles applications :

1° N'y aurait-il pas un avantage immense pour les colonies à ce que *des congrès d'agriculture y fussent fondés*, et

---

(A) MM. les délégués des colonies n'ayant pas même daigné m'accuser réception de ma communication, qui, cependant, comprenait au moins quelques propositions utiles, je n'ai pas dû leur soumettre les nouvelles réflexions consignées dans mes notes des 28 août et 10 septembre 1846, adressées à M. le directeur des colonies.

que les divers cantons de chaque localité eussent leurs comices agricoles?

Ne serait-ce pas créer, surtout, un élément puissant de prospérité, que *de fonder une grande assemblée générale,* tenant annuellement séance dans l'une de nos colonies des Antilles, et à laquelle seraient envoyés des représentans du commerce, de l'agriculture et de l'industrie de nos colonies des Antilles et de la Guyane? Y appeler aussi nos voisins des Antilles et Guyanes anglaises, hollandaises et autres, de Surinam, de Démérary, etc., etc.; ne serait-ce pas, non-seulement, offrir un nouvel aliment aux bons rapports qui existent entre eux et nous; mais encore, et surtout, nous créer les moyens de profiter de leur expérience, de mettre à profit les progrès dans lesquels ils nous ont devancés? J'en ai la conviction la plus intime, bientôt, on aurait à se féliciter, tant sous le rapport de la prospérité commerciale et des progrès de l'agriculture, *que sous celui de l'alliance intime des colonies françaises, anglaises et hollandaises entre elles,* de la création de cette institution. Quels obstacles pourraient s'opposer à l'exécution de ce projet? Sous le rapport politique, je n'en vois pas; car nous avons tout à gagner des communications, que voudront bien nous faire nos voisins, tant sous le rapport du développement commercial que sous celui des progrès en agriculture. Sous le rapport de la distance qui sépare les diverses colonies et des dépenses, qu'entraînerait le transport de leurs délégués à *l'assemblée générale ou congrès central,* je vois encore plus d'avantages que de difficultés, plus de profits que de dépenses: En effet, déjà la colonie de Cayenne n'a pas hésité à instituer, bien souvent, des commissions chargées de parcourir les Guyanes anglaise et hollandaise, ainsi que les Antilles, et d'y étudier les progrès de l'industrie et de l'agriculture; elle n'a pas reculé devant les dépenses de ces expéditions dans lesquelles, du reste, je le proclame avec un sentiment profond de reconnaissance, le gouvernement [1] a bien voulu prendre la plus large part, en mettant une goëlette à la disposition des colons, chargés de ces utiles missions. Quant à ceux-ci, *animés du désir d'être utiles à leur pays*, ils n'ont pas hésité à s'éloigner, *pendant plusieurs mois*, de leurs familles et de leurs affaires [2].

Eh bien ! avant une année, peut-être, nos diverses colonies seront reliées entre elles et celles de nos voisins, par cette puissance de la vapeur qui, de nos jours, comble les distances, rapproche les points, autrefois les plus éloignés. Alors, les frais de déplacement seront de mince importance, la durée de l'absence de quelques jours seulement ; alors plus d'obstacles donc, à supposer qu'il en existât, aujourd'hui, ce que je n'admets pas ; car, je ne doute pas, que, sur la demande des conseils coloniaux, le gouvernement du Roi, qui toujours se montre si disposé à favoriser les projets qui ont un but d'utilité publique ne s'empressât d'affecter, une fois chaque annnée, à une époque déterminée à l'avance, un bateau à vapeur à cette destination.

---

[1] MM. les gouverneurs Jubelin et Layrle, qui, par une administration non moins paternelle qu'éclairée, se sont à jamais acquis des droits à la reconnaissance des habitans de la Guyane.

[2] MM. Soleau, ingénieur ; Lagrange et Félix Coury, membres du conseil colonial ; Vidal Delingendes, procureur-général, ancien délégué de la Guyane, membre du conseil colonial.

Il en est peut-être d'autres, dont j'ignore les noms, je les prie donc de me pardonner de ne pas les comprendre dans cette énumération, faible témoignagne de gratitude et d'admiration.

2° Vous avez eu connaissance, Messieurs, d'une grande et belle institution, que des hommes aux sentimens nobles et généreux viennent de fonder à Paris, et qui, bientôt, étendra sur toute la France ses bienfaits et leur utile influence ; déjà vous avez nommé, Messieurs, l'institution *du jury des récompenses pour les ouvriers.* Eh bien ! messieurs, c'est cette innovation qui sera si féconde en résultats heureux, que je viens vous proposer de vous hâter de propager dans nos colonies, tant en faveur des esclaves, que, et surtout, en celle des nouveaux affranchis. Que les noirs voient un jury, composé de leurs maîtres, ou de ceux qui l'étaient naguère, leur décerner des récompenses, justement méritées, et offertes, *à la fidélité dans l'accomplissement des engagemens contractés*, à l'assiduité au travail, à l'ordre, à la régularité de la conduite, à l'habileté, développée dans les divers travaux de l'exploitation ; *qu'ils voient, dis-je, ce jury, ainsi composé*, leur décerner ces récompenses, et, non-seulement ils puiseront dans cette institution une noble émulation ; mais encore, et surtout, *l'amour et le respect de ceux qui les auront décernées* (A).

Je livre, Messieurs, ces deux propositions à vos méditations, vous priant de prêter à leur adoption le secours de votre autorité, si vous les jugez dignes de fixer l'attention du gouvernement et de ceux qu'elles intéressent.

Assurément, loin de moi la pensée présomptueuse, que vous adoptiez toutes les idées que j'ai eu l'honneur de vous soumettre ; mais ce que je crois pouvoir espérer, c'est que

---

(A) Cette proposition elle seule ne méritait-elle pas au moins de fixer l'attention du conseil des délégués ?

rendant justice à mes intentions, vous reconnaîtrez que si je me montre chaud partisan de l'émancipation, je veux, avant tout, une émancipation sage, réfléchie, faite avec tous les ménagemens qui offrent, tant aux colons qu'aux émancipés eux-mêmes, toutes les garanties désirables d'ordre, de sécurité, de travail.

Puis-je aussi espérer, Messieurs, que vous voudrez bien fermer indulgemment les yeux sur les inexactitudes de style que contient cette longue lettre, dans laquelle je me suis hâté de jeter quelques pensées, et que je fais transcrire au fur et à mesure que je l'écris, désirant en garder une copie, et vous l'expédier, cependant, en tems opportun.

Je vous prie de vouloir bien agréer, Messieurs, avec l'expression de toute ma gratitude, l'assurance des sentimens de considération respectueuse et distinguée, avec lesquels,

J'ai l'honneur d'être, Messieurs,

Votre très-humble et très-obéissant serviteur,

Signé : **H. PAIN**,
Colon de la Guyane.

Lannion, le 16 juin 1846.

P. S. MESSIEURS,

Au moment où je termine ma lettre, j'apprends, par les journaux, la décision adoptée dans la séance de la chambre des députés, du 13 courant, relativement aux habitations domaniales.

Sans revenir sur les diverses questions qui ont fait l'objet de la discussion, je dirai seulement, comme l'honorable

M. Jollivet, que l'affranchissement immédiat de tous les noirs domaniaux, *à l'exclusion de ceux des habitations privées*, peut avoir les résultats les plus funestes, sous le rapport de l'influence dangereuse, que cette mesure exercera sur ceux-ci.

Partisan de l'émancipation immédiate et simultanée, dans le sens que l'expliquent mon mémoire et ma lettre, je ne veux pas plus l'émancipation immédiate, *appliquée seulement à certaines catégories* d'individus, *à certaines habitations, à l'exclusion de la généralité*, que je ne veux l'émancipation partielle, que je ne voudrais que le système transitoire de la loi du 18 juillet, devînt un mode d'émancipation, définitivement adopté : ce que je désire, dans l'intérêt des colons et des noirs, c'est une loi d'ensemble, embrassant, dans ses dispositions, la solution de toutes les questions qui se rattachent à l'émancipation.

Mais ce qui vient de se passer à la chambre, ne devons-nous pas le regarder *comme un nouvel avertissement de la Providence*, et nous convaincre, de plus en plus, *de la nécessité de provoquer une mesure radicale et décisive ?*

D'un autre côté, je ne saurai faire au gouvernement l'injure de penser, qu'en affranchissant les noirs des habitions domaniales, son but soit de leur dire : « Vous êtes » libres; usez, à votre gré, de votre liberté; travaillez ou » ne travaillez pas, vous êtes libres. » Non! la loi du 18 juillet nous prouve que, si le gouvernement du Roi veut l'émancipation, il ne veut pas moins prendre les moyens nécessaires pour garantir les propriétés coloniales; — les mesures que proclame la loi du 18 juillet, tout incomplètes qu'elles soient, nous prouvent que le gouvernement veut astreindre le noir, devenu libre, à chercher, dans le travail, les moyens d'une existence honnête et honorable :

Evidemment donc, en se proposant d'affranchir les noirs des habitations domaniales, il se propose aussi de les soumettre à des mesures d'ordre et de travail; évidemment il n'a pas l'intention d'abandonner ces habitations; il veut, sans doute, en faire des établissemens destinés à l'essai du travail libre. Eh bien! le *système d'association* que je propose n'offre-t-il donc pas toutes les garanties d'ordre, de travail, de sécurité, que les colonies sont en droit d'attendre, et que leur promet sincèrement, d'ailleurs, le gouvernement du Roi? Je crois, qu'après avoir lu le mémoire que j'ai l'honneur de vous adresser, vous répondrez affirmativement à cette question. Pourquoi, alors, ne vous efforceriez-vous pas d'obtenir que l'une des habitations domaniales fût affectée à la mise en pratique du système que je propose? Pour moi, je n'aurais pas le moindre doute sur la réussite de cet essai. Pourquoi ne pas essayer, d'ailleurs, de toutes les manières possibles, d'arriver au mode d'émancipation le plus convenable; et, pour y parvenir, pourquoi ne pas consacrer le plus grand nombre d'établissemens possible, à la mise en pratique des divers sytèmes qui ont pu se produire?

Signé : **Hr. PAIN.**

TABLE SOMMAIRE

DE LA LETTRE ADRESSÉE A M. LE PRÉSIDENT ET A MM. LES MEMBRES DU CONSEIL DES DÉLÉGUÉS DES COLONIES FRANÇAISES, LE 16 JUIN 1846.

NOTE

ADRESSÉE A M. GALOS,

Directeur de l'Administration générale des Colonies.

ÉPIGRAPHES.

« Un laboureur qui a bien travaillé doit, *le premier*, avoir part à la récolte des fruits. »

(2e Epître de S. Paul à Tim., ch. ii, v. 6.)

« Consultez *vos mœurs, vos besoins, vos rapports :* Que l'esprit de vos lois soit le résultat des différences essentielles qui vous distinguent des autres peuples, et non l'effet d'une imitation inconsidérée.

» Quel a été le but de la France, en établissant des colonies? D'introduire dans chacune d'elles, et d'en exporter, avec le moins de frais, *le plus de produits et de denrées possible.* »

(Dalmas, *Révolution de Saint-Domingue*, t. i, ch. xii, discours de M. Cadusch à l'assemblée coloniale.

« La culture des terres est le plus grand travail des hommes. Plus le climat les porte à fuir ce travail, *plus la religion et les lois doivent y exciter ;* ainsi les lois des Indes qui donnent les terres aux princes, et *ôtent aux particuliers l'esprit de propriété,* augmentent les mauvais effets du climat, c'est-à-dire la paresse naturelle..... Pour vaincre la paresse du climat, il faudrait que les lois cherchassent à ôter tous les moyens de vivre sans travail. »

(Esprit des Lois, t. ii, liv. xiv, ch. vi et vii.)

« *Les conjonctions illicites contribuent peu à la propagation de
l'espèce*. Le père qui a l'obligation naturelle de nourrir et d'élever
les enfans, n'y est point alors fixé, et la mère, à qui l'obligation
reste, trouve mille obstacles, par la honte, les remords, la gêne de
son sexe, la rigueur des lois : *La plupart du tems elle manque de
moyens*, etc., etc...

» Il suit de tout ceci que la continence publique est naturellement
jointe à la propagation de l'espèce. »

(Esprit des Lois, t. ii, liv. xxiii, ch. ii.)

« Les anciennes lois de Rome cherchèrent beaucoup à déterminer
les citoyers au mariage. Le sénat et le peuple firent souvent des
réglemens là-dessus, comme le dit Auguste dans sa harangue rapportée
par Dion.

» .... César donna *des récompenses* à ceux qui avaient beaucoup
d'enfans. Il défendit aux femmes qui avaient moins de quarante-cinq
ans et *qui n'avaient ni maris* ni enfans, *de porter des pierreries* et
de se servir de litières, *méthode excellente d'attaquer le célibat par
la vanité*. Les lois d'Auguste furent plus pressantes : Il imposa des
peines nouvelles à ceux qui n'étaient point mariés, *et augmenta les
récompenses de ceux qui l'étaient* et de ceux qui avaient des
enfans, etc., etc..... — *Lorsque la république manqua de citoyens,
on accorda au mariage* et au nombre des enfans *les prérogatives*
qu'on avait données à l'âge ; on en attacha quelques-unes *au mariage
seul*, indépendamment des enfans qui en pourraient naître : Cela
s'appelait le droit des maris. On en donna d'autres à ceux qui
avaient deux enfans, et de plus grands à ceux qui avaient trois
enfans, etc., etc..... Ces priviléges étaient très-étendus. *Les gens
mariés* qui avaient le plus grand nombre d'enfans, étaient toujours
préférés, soit dans la poursuite des honneurs, soit dans l'exercice de
ces honneurs mêmes, etc., etc. » -

(De l'Esprit des Lois, t. ii, liv. xxiii, ch. xxi.)

« Sur le rapport de la moralisation et de l'enseignement religieux, il reste beaucoup de choses à faire. Notre intention est de multiplier beaucoup les chapelles rurales. Celles qui ont été construites avec les fonds, accordés au département de la marine pour cet emploi, *sont loin de satisfaire à tous les besoins.* Il est nécessaire d'en ériger un plus grand nombre, si l'on veut attirer les noirs aux pratiques du culte, sans empiéter sur les heures de travail. »

(*Exposé des motifs de la loi du 18 juillet 1835. Chambre des pairs, séance du 14 mai 1844.* Moniteur du 15.)

NOTE

ADRESSÉE A M. GALOS,

Directeur de l'Administration générale des Colonies.

A M. Galos, conseiller d'État, membre de la chambre des députés, officier de l'Ordre royal de la Légion-d'Honneur, directeur de l'administration générale des Colonies, au département de la Marine et des Colonies.

Simple note explicative de celles des propositions, tant de mon *Mémoire sur l'émancipation*, que des deux lettres adressées à M. Jules de Lasteyrie et à MM. les Délégués des Colonies, auxquelles je désirerais que *M. le Directeur voulût bien accorder une attention plus spéciale, ainsi qu'à quelques nouvelles réflexions*, que contient cette note (28 août 1846.)

MONSIEUR LE DIRECTEUR,

Conformément à l'autorisation, que vous avez bien voulu m'en accorder, j'ai l'honneur de vous adresser le Mémoire, sur l'émancipation, dont j'ai eu l'honneur de vous entretenir, Mémoire que j'avais rédigé, dès l'année 1842.

Explica-
tions préli-
minaires.

J'y joins les copies de deux lettres adressées, l'une, avec mon Mémoire sur l'émancipation, à M. le rapporteur du projet de la loi du 18 juillet 1845, la seconde à MM. les membres du conseil des délégués des colonies, auxquels j'ai aussi fait parvenir, le 19 juin dernier, *sous le couvert de M. le ministre de la marine*, les deux dernières parties de ce Mémoire.

Dès ici, je dois m'empresser de vous prier de *vouloir bien me pardonner*, monsieur le directeur, *et ne pas juger avec trop de sévérité*, les réflexions critiques, que j'ai émises, dans ces deux lettres, sur certaines dispositions de la loi du 18 juillet. Vous n'en rendrez pas moins justice, j'ose du moins l'espérer, à la pureté de mes intentions; car, si vous daignez prendre lecture de ces lettres, vous y verrez que, si *j'émets le vœu : qu'une réforme plus large, plus complète, plus radicale, vienne, le plus tôt possible, substituer l'ère de la liberté générale à celle de l'esclavage;* si j'eusse désiré que, dans plusieurs de ses dispositions, la loi eût été conçue sur des bases autres que celles qui la constituent, *je n'en proclame pas moins*, même dans ma lettre, adressée au conseil des délégués, que la loi, ayant reçu la sanction de tous les pouvoirs, *il est, non-seulement du devoir des colons d'apporter à son exécution tout leur concours, toute leur participation;* mais encore que *leurs propres intérêts leur en imposent l'obligation*, en attendant qu'une réforme radicale soit substituée au système transitoire que consacre cette loi.

Certes, loin de moi la prétention que vous adoptiez, monsieur le directeur, les faibles idées que j'ai émises dans mes divers écrits; mais ce que j'ose espérer, je le répète, c'est que, rendant justice à la pureté de mes intentions, vous reconnaîtrez que : si, obéissant à la voix sainte de

l'humanité, je souhaite ardemment *que tous les noirs,
esclaves ou affranchis*; soient appelés à jouir de la plus
grande somme de bien-être possible, je forme aussi des
vœux, non moins ardens, pour que, de ce grand débat,
les droits des colons et la prospérité des colonies, sortent
non-seulement intacts, mais encore qu'ils y puisent de
nouveaux et féconds élémens, de nouvelles garanties. —
C'est avec cette impartialité, dont ma conscience m'a toujours fait une loi sévère, que, depuis quinze ans, je n'ai
cessé de me vouer à la sainte cause de l'émancipation,
m'efforçant toujours de ne me laisser jamais égarer, ni par
mon amour de la liberté, ni par mes intérêts ou mes
affections.

Peu de jours après avoir écrit à MM. les membres du
conseil des délégués, je recevais, en même temps que la
lettre bienveillante que vous m'avez fait l'honneur de m'é-
crire, le numéro du *Bulletin des Lois* qui contient les or
donnances des 18 mai, 4 et 5 juin derniers, concernant
l'instruction religieuse et élémentaire, le régime disciplinaire, la nourriture et l'entretien des esclaves.

Votre lettre, monsieur le directeur, contient cette phrase
bienveillante : « Je regrette que votre Mémoire ne m'ait
» pas été remis avant l'émission des ordonnances ; je ne
» vous en serais pas moins infiniment obligé, si vous
» vouliez bien faire parvenir une copie de ce Mémoire au
» département de la marine et des colonies, qui ne man-
» quera pas d'y puiser d'utiles renseignemens. »

Me pardonnerez-vous, monsieur le directeur, de voir
dans cette bienveillante autorisation, celle d'accompagner
l'envoi de mon manuscrit de quelques nouvelles réflexions,
tant sur la loi du 18 juillet 1845, que sur les ordonnances
qui viennent d'être rendues :

Dès l'année 1842, je m'exprimais en ces termes, ainsi que vous le verrez dans mon Mémoire (pages 54 et 55), sur le régime disciplinaire des esclaves : « Ayons la gloire
» d'avoir, les premiers, payé un noble tribut à l'humanité
» et offert un grand exemple à l'univers, en ravissant nos
» noirs, encore esclaves, à ces traitemens dégradans, etc.
» Oui, que *l'abolition des châtimens corporels, précède,*
» *dans nos colonies, l'abolition de l'esclavage, etc.* — Et,
» pour que les noirs puissent comprendre cette liberté,
» dont le grand et beau jour, bientôt, va briller pour eux,
» *commençons par leur apprendre qu'ils sont des hommes*
» *et non des bêtes de somme, que châtient le fouet et le*
» *bâton.* »

Aussi, monsieur le directeur, l'un de mes principaux griefs contre la loi du 18 juillet, grief exprimé, tant dans ma lettre adressée à M. Jules de Lasteyrie, que dans celle que j'ai écrite à MM. les délégués des colonies, c'était que cette loi laissât, ou parût laisser en vigueur les réglemens relatifs aux châtimens corporels; c'était qu'elle ne les eût pas, tout d'abord, à jamais effacés de nos codes coloniaux.

C'est donc avec un sentiment de profonde satisfaction, que je ne saurais rendre, — pardonnez-moi, monsieur le directeur, de me laisser entraîner à vous entretenir ainsi de mes impressions, — que j'ai lu l'ordonnance du 4 juin et surtout les dispositions des articles 3, 4 et 5; et, si cette satisfaction, si vivement sentie, laisse place à un regret, *c'est que l'ordonnance n'ait pas complètement aboli le châtiment du fouet* et le laisse encore subsister, à l'égard des esclaves mâles, assujettis au maximum du travail, tandis, qu'à l'égard des autres, elle l'a complètement aboli. — Bien qu'aux termes de l'article 4, ce châtiment ne puisse désormais, être infligé qu'une fois par semaine, et ne doive, dans aucun cas, dépasser quinze coups ; je regrette sincèrement, je le répète, que l'abolition n'en soit pas complète.

Ce regret est la conséquence de mes principes; mais, en outre, il prend sa source dans la crainte, que *la différence*, que l'ordonnance établit, à cet égard, entre les esclaves qui ne sont pas assujettis au maximum du travail et ceux qui s'y trouvent soumis, ne soit considéré, par ces derniers, *comme une grande injustice et ne les porte à de fâcheuses représailles, à de dangereuses mutineries.*

Fasse le ciel que cette appréhension soit sans fondement; cependant, veuillez me permettre de croire, monsieur le directeur, qu'il y a peut-être là matière à fixer l'attention de l'administration.

C'est ici le lieu de vous prier, monsieur le directeur, de vouloir bien consacrer quelques instans à la lecture de la partie de mon *Mémoire*, qui est relative aux mesures propres, tant à contraindre les émancipés à se livrer au travail, qu'à proscrire le vagabondage (2ᵉ partie, paragraphe 4, page 51 à 64).

Permettez-moi d'ajouter, monsieur le directeur, que, dans ce passage de mon *Mémoire*, que je viens de vous indiquer, et sur divers autres points qui vous frapperont, sans qu'il soit besoin de vous les signaler, il existe de grands rapports, *entre* plusieurs des mesures proposées, tant dans ce Mémoire, dès l'année 1842, que dans mes deux lettres, dont j'ai eu l'honneur de vous entretenir, *et* celles que sanctionnent la loi du 18 juillet 1845, *surtout les ordonnances qui viennent d'être rendues*, ne dois-je pas me sentir aussi heureux que fier de m'être ainsi rencontré, dans les idées que j'ai émises, avec celles des hommes éminens qui ont concouru à la

Mérite des ordonnances des 18 mai, 4 et 5 juin 1846.

rédaction de la loi et des ordonnances ; — *ordonnances qui,* — pardonnez-moi d'émettre cette opinion, — *ont le grand mérite de ramener* la loi du 18 juillet à une harmonie plus parfaite, avec les vrais principes, de combler une partie des lacunes, qu'elle avait laissées et, surtout, d'atténuer, du moins, si elles ne les effacent complètement, quelques-uns des inconvéniens, auxquels l'application de la loi pouvait donner lieu.

Ordonnance du 4 juin.

Déjà, nous avons vu quelles mesures, *aussi pleines de sagesse que d'humanité*, l'ordonnance du 4 juin a consa-crées ; et, si une seule tache y jette une fâcheuse disparate, combien n'est-elle pas faible et légère, *en présence des grandes améliorations, des réformes, si louables*, que contient chacune de ses autres dispositions.

Un assez grand nombre de colons ne partageront pas, je le sais, ma manière de penser, à cet égard ; *là, où je vois d'utiles et louables réformes, de grandes et sages ame-liorations*, ils ne verront, ils ne voient qu'une atteinte flagrante, portée à la discipline, à l'autorité du maître.

Mais, qu'ils se dépouillent, un instant, du vieil homme ; qu'ils fassent eux-mêmes justice des préjugés qui les égarent, et, surtout, de cet amour excessif de nos vieux priviléges, que la raison et l'humanité, avaient, avant la loi et les ordonnances, à jamais condamnés ; qu'ils s'effor-cent de pénétrer leur esprit des nécessités de l'époque ; qu'ils élèvent leurs pensées à la hauteur de tous ces pro-grès, dont notre siècle revendique la gloire ; et, alors, loin de voir dans les dispositions de l'ordonnance du 4 juin, une atteinte portée à l'autorité du maître, ils reconnaîtront que, *dans les intérêts des colons eux-mêmes*, le gouver-nement du Roi ne pouvait se dispenser de ramener le régime disciplinaire de nos ateliers coloniaux à des dispositions qui le missent en harmonie avec toutes les réformes humanitaires, vers lesquelles, non seulement en France, mais encore dans toutes les parties de l'Europe, sur tous les points du globe, les idées ont, de nos jours, pris une tendance, si heureuse, si grande, si noble.....

Qu'ils se laissent guider par ces puissantes considérations, ils reconnaîtront encore que loin de porter atteinte à leurs droits, en détournant leurs esclaves du travail, les dispositions de l'ordonnance du 18 mai, concernant l'instruction religieuse et élémentaire des esclaves, nous offrent d'immenses garanties; car, *plus l'instruction se répandra,* plus aussi les esclaves, réformant leurs mœurs et leurs habitudes déréglées, renonçant à tous leurs mauvais penchans, se montreront empressés de satisfaire leurs maîtres; et, bientôt, à la paresse, aux larcins, à l'intempérance, auront succédé, le zèle, l'activité, la probité, toutes les qualités, toutes les vertus, en un mot, que commandent les préceptes de la religion et de la morale. — Il serait donc bien à désirer que, non-seulement les huit églises qui existaient à la Guyane, avant la révolution, fussent réédifiées, mais encore, *qu'on en élevât une dans chacun des quinze quartiers de la colonie,* et qu'elles fussent toutes pourvues de desservans..... Pour moi, non-seulement, j'en forme sincèrement le vœu; mais encore je souhaite non moins ardemment, qu'à côté de la maison de Dieu et de celle de son ministère, s'élève aussi la maison d'Ecole. Car à ce noyau chrétien d'une population régénérée, viendraient s'unir, bientôt, de nombreux travailleurs libres qui, attirés de tous les points du globe, par l'attraction puissante du bienfait de l'instruction s'unissant au culte du Seigneur, apporteraient à notre pauvre colonie les élémens de travail et de prospérité qui lui manquent.

Ordonnance du 18 mai.

Mais, si, faisant appel à leur raison, tous les colons sont conduits à proclamer avec moi la sagesse des dispositions des ordonnances relatives, tant à l'instruction religieuse et élémentaire, qu'au régime disciplinaire des esclaves, c'est au point de vue même de leurs opinions et de leurs intérêts, que, dans les dispositions de l'ordonnance du 5 juin, concernant la nourriture et l'entretien des esclaves, ils reconnaîtront cette sage impartialité, cette équitable sollicitude, avec lesquelles le gouvernement du Roi se montre si jaloux d'accorder à chacun, *maître* ou *esclave*, *une égale protection*.

Je cite un seul exemple :

La loi du 18 juillet qui consacre, en faveur de l'esclave qui en fait la demande, le droit à la concession d'un jour par semaine, en échange de la nourriture que lui doit son maître, paraît laisser à l'esclave la libre disposition de ce jour, sans exiger qu'il en justifie l'emploi, sans même lui imposer formellement l'obligation de le consacrer à se procurer des moyens de subsistance, par la culture du terrain qui lui est concédé. En prenant donc les dispositions de la loi, au pied de la lettre, et contrairement à son esprit, l'esclave eût pu se croire le droit de dépenser ce jour, en des courses vagabondes, des danses, etc., etc., sans jamais s'inquiéter même de la culture de son champ et y suppléant par la maraude et la rapine. Sans jamais songer à louer son travail, soit à son maître, soit à tout autre propriétaire, il eût pu se croire le droit de s'endormir dans la paresse et l'oisiveté, négligeant ainsi les moyens qu'a voulu lui ménager la loi, d'arriver à la liberté, par la voie du rachat.

Eh bien! l'ordonnance du 4 juin, effaçant cette grave imprévoyance de la loi du 18 juillet, *exige que l'esclave justifie* au moins de l'entretien de son terrain, en bon état de culture.

Elle fait plus :

« Elle confère aux juges de paix *le droit d'ordonner* » *la suspension*, *de prononcer même la nullité* de l'arran- » gement intervenu, toutes les fois qu'il reconnaîtra que » l'esclave est incapable de subvenir à sa nourriture par » son travail, *ou qu'il néglige la culture de son terrain*, *ou* » *qu'il abuse du tems* qui lui est concédé. »

Sanction
pénale.

Ces dispositions ne justifient-elles donc pas, de la manière la plus complète, les intentions du gouvernement? Et tout homme impartial ne doit-il pas, après les avoir lues et méditées, éprouver au moins un pénible étonnement que des ordonnances, conçues avec une telle sollicitude pour les intérêts coloniaux, n'aient inspiré à quelques personnes que d'acerbes récriminations; tandis, au contraire, que tous les colons devaient s'empresser d'y puiser des motifs de calmer les justes appréhensions, que pouvait leur laisser concevoir le silence gardé par la loi du 18 juillet, sur l'emploi du jour, concédé à l'esclave.

Cependant, permettez-moi de vous faire observer, Monsieur le Directeur, que ces expressions de l'ordonnance du 4 juin : « *ou qu'il* (l'esclave) *abuse du tems laissé à sa disposition* » paraissant avoir un sens trop large, trop indéterminé, laissent un vaste champ, ouvert à l'incertitude, à l'interprétation, et, par suite, à l'arbitraire...; qu'elles peuvent créer au juge de fréquens embarras, l'exposer à des critiques, à des récriminations, à des obsessions déplacées, incessantes et importunes; que surtout, elles peuvent placer des juges de paix, exerçant leurs fonctions dans des cantons voisins, dans une fausse position, aussi fâcheuse pour eux-mêmes que pour l'autorité de la justice, *en les exposant à juger différemment, dans des cas identiques :*

Inconvé-
niens, aux-
quels peu-
vent donner
lieu ces ex-
pressions de
l'ordonnance
du 4 juin :
« *ou qu'il*
» (l'esclave)
» *abuse du*
» *tems laissé*
» *à sa dispo-*
» *sition.* »

Que deux esclaves, par exemple, appartenant à deux cantons limitrophes, soient également signalés comme *abusant du tems laissé à leur disposition ;* que ces deux esclaves aient agi ensemble; qu'ils se soient habituellement réunis, *abusant* ainsi avec une sorte de complicité, du tems laissé à leur disposition; que leurs fautes, en un mot, leur soient communes. Eh bien! ne pourrait-il pas arriver, que leurs juges de paix n'appréciant pas de la même manière, *les circonstances constitutives de l'abus du tems* concédé à l'esclave, portassent deux sentences complètement opposées, et que, par suite, l'un des deux esclaves vit prononcer la suspension, ou même la nullité de l'arrangement intervenu entre lui et son maître, tandis que l'autre échapperait à toute condamnation? Et, d'ailleurs, écartant même cette hypothèse des deux juges de paix, jugeant avec cette fâcheuse divergence d'opinion, quelle sera, en général, la règle : y aura-t-il abus, pouvant entraîner la suspension ou même la nullité de l'engagement, *lorsque l'esclave aura perdu deux, trois, quatre jours;* ou faudra-t-il un plus grand nombre de jours perdus; quelles seront, en un mot, les circonstances *constitutives de l'abus,* devant être puni, *soit* de la suspension, *soit* de la nullité de l'engagement? D'ailleurs, si l'esclave nie les faits qui lui seront imputés; s'il prétend que, loin d'avoir abusé de son tems, il l'a, au contraire, constamment employé à se procurer des moyens de subsistance; faudra-t-il donc ouvrir une enquête, appeler des témoins, *occasionner une perte de tems considérable* aux noirs de l'atelier, lorsque, déjà, les trois quarts des habitans sont, chaque jour, obligés de restreindre leurs plantations, faute de bras qui les puissent cultiver? Faudra-t-il, surtout, offrir à la colonie *ce triste et scandaleux spectacle d'un esclave plaidant contre son maître,* scandale qui, plus que toutes les réformes les plus redoutées des colons, porterait une funeste atteinte à l'autorité du maître?

Dans l'intérêt de l'autorité de la justice elle-même, et pour conserver à ses décisions le respect qui leur est dû, jamais il ne faudrait laisser le juge *sans règles fixes et déterminées* qui, montrant au grand jour les motifs de ses sentences, le plaçassent à l'abri de tout soupçon et fissent resplendir aux yeux de tous sa sévère impartialité.

Il eut donc été à désirer que, pour éviter toute incertitude, ne laisser prise, ni à l'arbitraire, ni à d'injustes accusations, et, surtout pour mettre l'esclave à l'abri d'injustes tracasseries, comme pour le placer lui-même dans l'impossibilité de tromper et son maître et la justice, l'ordonnance eût formulé quelques règles précises et déterminées.

Par exemple, tout en laissant à l'esclave le droit de louer son travail, soit à son maître, soit à tout autre propriétaire, ne serait-ce pas un moyen, aussi simple que certain de s'assurer de l'emploi de son tems, que d'exiger qu'il retirât, à la fin de chaque jour de travail, loué par lui, soit à un propriétaire autre que son maître, soit à ce dernier, *un certificat, constatant cette location,* et sa conduite pendant cette journée? — En général, aux colonies, tout propriétaire ou chef d'exploitation sait, au moins, lire et écrire. — De cette manière, il serait facile de s'assurer de l'emploi, utile et sérieux du jour concédé à l'esclave.

Pourquoi, d'ailleurs, ne pas donner aux esclaves, auxquels cette concession d'un jour serait faite, *un livret,* sur lequel seraient placés tous les certificats qu'ils auraient obtenus? Pourquoi même ne pas accorder au maître le droit d'inscrire, en tête de ce livret, l'arrangement intervenu entre lui et son esclave, relativement à la concession qui serait faite à ce dernier d'un jour par semaine, plutôt que d'astreindre le maître à prendre quatre de ses esclaves pour témoin de cet arrangement, ce qui, aux yeux de ceux-ci, peut porter atteinte à la dignité, à la considération du maître, et, par suite, à son autorité. Pourquoi encore ne pas accorder aux certificats, que le maître aurait inscrits sur le livret de son esclave la même créance, qu'à ceux qui émaneraient des autres propriétaires de la commune, auquel il aurait loué son travail.

En France, le maître n'est-il donc pas cru *sur son affirmation* pour la quotité des gages, le paiement du salaire de l'année et les à-comptes donnés, pour l'année courante ? (Art. 1781 Code civil.) Aux colonies même, où le Code civil est en vigueur, les dispositions de cet article doivent aussi recevoir leur exécution en ce qui concerne les domestiques libres.

Eh bien! quels seraient donc les motifs de placer le maître, traitant avec son esclave, dans un état d'infériorité : de faire peser sur lui, aux yeux de ce dernier, une prévention défavorable, de le mettre, en un mot, en état de *suspicion légale*, si je puis m'exprimer ainsi; quels seraient les motifs de ne pas accorder, au contraire, à sa parole, — il y aurait plus, à son écrit, à sa signature, — la présomption légale qu'établit l'article 1781, en faveur du maître vis-à-vis de son domestique libre.

Exhibition du livret, faite aux juges de paix, une fois par mois.

Ainsi, que la représentation, ou la non représentation du certificat, qu'aurait obtenu l'esclave, devienne la présomption légale de l'emploi du jour qui lui sera concédé. L'esclave, usant de la faculté de louer son travail à qui bon lui semble, exerce, en cela même, un droit assez étendu déjà ; mais pour qu'il ne puisse abuser, au détriment de ses propres intérêts, des concessions que lui font la loi et l'ordonnance, qu'il soit obligé de justifier, par l'apport de ses certificats et *l'exhibition de son livret, faite au juge de paix, une fois par mois,* de l'emploi sérieux et utile de son tems, — On ne pourra le conduire forcément au travail, et c'est là encore l'exercice d'une prérogative qui compète à l'homme libre, et constitue en quelque sorte pour l'esclave, l'apprentissage de la liberté ; mais, d'un autre côté, si, abusant de cette prérogative, il se mettait dans le cas de ne pouvoir justifier, par cette exhibition d'un livret, portant de bons témoignages en sa faveur, de l'emploi sérieux et utile de son tems, *que d'office, et sans jamais compromettre la dignité et l'autorité du maître dans ces débats,* que d'office, le juge de paix prononce, selon les circonstances, soit la suspension, soit la nullité de l'engagement. Et, pour ne laisser rien encore à l'arbitraire, dans l'application de l'une ou l'autre de ces peines, ne pourrait-il pas être stipulée, par exemple : 1° que l'esclave qui ne pourrait justifier de l'emploi *de trois jours par trimestre,* encourerait la suspension de son engagement, *pendant un mois au moins, et trois mois au plus,* selon les circonstances ; 2° que le défaut de justification *de six jours, pendant la durée de six mois, entraînerait la nullité de l'engagement,* à moins que, dans l'un comme dans l'autre cas, le livret de l'esclave ne portât des attestations constatant qu'il a été malade ; 3° que l'esclave qui, pour échapper à ces constatations, *refuserait l'exhibition de son livret,* ou prétendrait l'avoir perdu, *encourerait de droit la nullité* de l'engagement, à moins qu'il ne pût, dans ce cas, suppléer à l'exhibition de son livret, en rapportant un duplicata des certificats, qu'il prétendrait y avoir été inscrits ; 4° que l'esclave *encourerait la nullité de l'engagement, toutes les fois qu'il serait* convaincu de s'être, sans autorisation,

Proposition de quelques règles, déterminant telle ou telle condamnation.

servi d'un canot [1], pour consacrer à des courses inutiles, le jour qui lui est concédé, ou d'avoir eu des armes en sa possession. Pour que l'esclave pût cultiver son terrain, il serait dispensé de la justification d'un jour par mois; ceux qui loueraient leur tems, à la tâche, ce qui certairement aurait lieu le plus souvent, pourraient encore, en outre de cette journée par mois, consacrer à l'entretien de leurs terrains, les heures qui restent toujours aux noirs laborieux et diligens, après l'achèvement de la tâche.

On ne peut dire que ces propositions, dont le but principal est de remédier à ce qu'il pourrait y avoir d'arbitraire dans l'interprétation de ces expressions de l'ordonnance : *ou qu'il abuse du tems* laissé à sa disposition, tendent elles-mêmes à consacrer l'arbitraire, en créant une présomption légale contre l'esclave, dont le livret ne porterait pas les attestations exigées. — Ce serait, en effet, avoir par trop en suspicion la délicatesse et la loyauté des maîtres et autres propriétaires, auxquels l'esclave aurait loué son travail, que de supposer, qu'ils fussent assez iniques pour refuser à l'esclave des attestations méritées. D'ailleurs, l'esclave, *pouvant louer son travail à tel ou tel propriétaire de la commune, à son choix,* aujourd'hui à celui-ci, dans huit jours à celui-là, et ainsi de suite, s'il le juge convenable à ses intérêts, *ne s'adresserait pas deux fois à celui* qui se serait montré injuste à son égard. On ne peut donc dire que les mesures proposées tendraient elles-mêmes à con-

---

[1] Prière de se reporter à ma lettre à MM. les délégués, en ce qui concerne la possession d'armes et bateaux pour les affranchis (pages 26-27.)

sacrer l'arbitraire, à favoriser les propriétaires au détriment des esclaves.

Il serait donc bien à désirer qu'une nouvelle ordonnance vînt, ou régler elle-même les choses conformément à ces propositions, ou charger l'autorité locale de prendre des mesures analogues.

Vœu formé pour que, sur ces points, une nouvelle ordonnance vienne compléter celle du 4 juin.

Du reste, malgré la légère imperfection des dispositions de l'ordonnance du 4 juin, qui viennent de donner lieu à ces nouvelles propositions, elle offre, je le répète, aux intérêts coloniaux des garanties que ne nous présentaient pas les termes de la loi du 18 juillet; et ce serait certainement à tort que les colons se laisseraient encore dominer par les appréhensions, auxquelles pouvait donner lieu le silence, gardé par la loi, sur l'emploi du jour, concédé à l'esclave.

Malgré la légère imperfection signalée, les dispositions de l'ordonnance doivent complètement rassurer les intérêts coloniaux.

En présence de ces garanties, toute inquiétude; toute appréhension doit cesser... les plaintes et les récriminations doivent faire place à l'expression de la plus sincère reconnaissance.

Cependant, qu'il me soit permis d'ajouter, monsieur le directeur, que je verrais plus de garanties encore et, surtout, des avantages plus complets, *tant pour l'esclave que pour le maître*, dans l'adoption de la proposition émise dans mes lettres adressées à M. de Lasteyrie et MM. les membres du conseil des délégués, proposition qui aurait pour objet de faire convertir la concession faite à l'esclave d'un jour par semaine, en une quasi-association, d'après laquelle serait concédé à l'esclave, le droit de revendiquer, dans les revenus nets de l'exploitation, une part équivalant à une journée de travail par semaine, et dont le chiffre serait plus ou moins élevé, selon que les produits communs auraient été plus ou moins abondans...

Convertir en une part équivalante, dans les revenus nets de l'exploitation, la concession, faite à l'esclave d'un jour par semaine.

L'adoption de cette proposition aurait, je crois, l'immense avantage *de lier, d'une manière plus étroite, l'intérêt de l'esclave à celui du maître, d'offrir au travail des noirs un attrait plus puissant*, en flattant leur amour-propre, et stimulant leur zèle, par la pensée de partager avec leurs maîtres les revenus de l'habitation, ou les produits de l'usine, du chantier, auxquels ils seraient attachés. — Veuillez donc avoir la bonté de vouloir bien vous reporter, je vous prie, monsieur le directeur, à ma lettre adressée à M. de Lasteyrie (page 18).

Qu'il me soit encore permis d'exprimer le regret :

1° Que les ordonnances (non plus que la loi du 18 juillet), n'aient pas déclaré, que toutes les contestations entre l'esclave et le maître, ou l'affranchi et son ancien maître, portées, soit devant le juge royal ou le juge de paix, soit devant la commission, instituée par l'article 5 de la loi du 18 juillet 1845, seront vidées, sans aucune formalité de procédure, *gratuitement*, et, sans qu'en aucun cas l'esclave et l'affranchi, pendant au moins les cinq premières années de l'affranchissement de ce dernier, puissent, ainsi que le propriétaire plaidant contre eux, être soumis au paiement d'aucun frais de justice.

2° Que la loi n'ait fixé *qu'à une durée de cinq années*, le tems pendant lequel l'affranchi, soit par voie de rachat, ou autrement, sera tenu de justifier d'un engagement de travail, contracté avec une personne de condition libre.

Il n'est pas probable que tous les affranchis apprécient assez, après cette période de cinq années, la nécessité et les avantages du travail. Quelques-uns pourront comprendre, dans cet espace de tems, les devoirs, que leur imposera leur nouvel état social ; mais, assurément, ce sera le plus petit nombre.

3° Que, pendant la durée de cette période de cinq années, la loi n'ait accordé *qu'une action civile en dommages-intérêts* au propriétaire avec lequel l'affranchi aura contracté son engagement, pour contraindre ce dernier à l'exécution de cet engagement, et à l'accomplissement des obligations qui lui seront imposées.

N'est-il pas évident que cette garantie est illusoire? En effet, l'action civile en dommages-intérêts suppose nécessairement un débiteur solvable. Or, quelle solvabilité présentera l'affranchi, pendant ces cinq premières années surtout.....

La loi ajoute, il est vrai: « Que les dommages-intérêts » seront toujours recouvrés par la contrainte par corps. »

Mais l'exercice de la contrainte par corps ne suppose-t-elle donc pas elle-même un débiteur solvable, dont le créancier puisse espérer de vaincre le mauvais vouloir, ou appartenant à une famille honorable, dont il pense exciter l'intérêt et provoquer son intervention? Or ce double espoir n'échappera-t-il donc pas évidemment au propriétaire, voulant exercer la contrainte par corps contre l'affranchi?

D'ailleurs l'exercice de la contrainte par corps exige la consignation préalable, et pour trente jours au moins, de la somme destinée à pourvoir à la nourriture du détenu.

Or, quel est le propriétaire qui, agissant contre un affranchi, reconnu insolvable, voudra ajouter à ses autres sacrifices celui de la somme exigée ?

Envisagée donc, sous tous ces rapports, l'action, créée par l'article 5 de la loi du 18 juillet, n'offre aux propriétaires que des garanties illusoires contre le mauvais vouloir des affranchis.

Ce n'est donc pas à l'action civile qu'il fallait demander ces garanties; et, à l'appui de ces réflexions, qu'il me soit encore permis, monsieur le directeur, d'appeler votre attention sur les mesures indiquées dans la deuxième partie de mon *Mémoire*, paragraphe 4, pages 51 à 64. — Mesures qui, du reste, sont parfaitement en harmonie avec les dispositions de l'article 16 de la loi du 18 juillet ; mais présentent, je crois, d'une manière plus complète, toutes les garanties désirables, bien que cet article 16 émette, *presque textuellement*, quelques-unes des mesures, proposées dans mon travail, dès l'année 1842.

Il est encore un autre point sur lequel vous voudrez bien me permettre l'expression d'un regret, non moins vivement senti.

C'est que le gouvernement et les chambres n'aient pas étendu aux affranchis la bienveillante sollicitude, qu'ils témoignent, tant dans la loi du 18 juillet, que dans les ordonnances, aux esclaves qui, par leur âge ou leurs infirmités, sont dans l'impossibilité de se livrer au travail.

Les affranchis ne sont pas moins dignes, cependant, de cette bienveillante sollicitude. Or, si je ne me trompe, je ne vois, ni dans la loi du 18 juillet, ni dans les ordonnances, de mesures qui leur soient spéciales.

Combien cependant la souffrance, les infirmités, la misère sont choses communes dans cette pauvre classe des affranchis.

Dans une lettre, que j'ai eu l'honneur d'adresser, en 1844, à monsieur le duc de Broglie, et qu'il a bien voulu honorer d'une réponse bienveillante, je lui signalais ce mal profond de la classe des affranchis : une légère épidémie venait de régner à la Guyane, et ce n'était pas dans les rangs des Européens, non plus que dans ceux des esclaves, quelle avait porté ses ravages : — A peine s'étaient-ils apperçus par eux-mêmes quelle eût existé — mais c'était parmi les affranchis qu'elle avait choisi ses nombreuses victimes.

Les bienfaits de la charité publique ne peuvent suffire à conjurer les tristes effets de la misère et des infirmités ; il est donc bien à désirer que l'administration vienne, avec sollicitude et largesse, au secours des affranchis auxquels leur âge et leurs infirmités ne permettent pas de se livrer au travail.

Veuillez donc me permettre de signaler encore à votre attention, monsieur le directeur, et la lettre que j'écrivais à monsieur de Broglie et le paragraphe 4 de la troisième partie de mon *Mémoire*, (pages 88 à 94) [1].

Revenant encore sur les dispositions de l'ordonnance du 5 juin, je vous prie de me permettre d'ajouter que, dans les précautions quelle prescrit pour la construction des cases à nègres, elle a omis une recommandation qui me paraît essentielle, à la Guyane surtout, où l'humidité est excessive, pendant une grande partie de l'année.

Un grand nombre d'esclaves, jeunes encore, sont atteints de douleurs rhumatismales, uniquement occasionnées par le défaut de précautions qui les garantissent des tristes effets de cette grande humidité. Un moyen aussi sûr que simple de remédier, en ce qui concerne leurs logemens du moins, à cette fâcheuse influence du climat, qui, cepen-

---

[1] N'y aurait-il pas aussi de grands et heureux résultats à espérer de l'institution d'un patronage spécial des affranchis ou émancipés et de la création d'un conseil composée d'hommes vraiment dévoués, chargés de travailler d'une manière toute spéciale, au progrès moral et intellectuel des émancipés, en même temps qu'au développement de leurs intérêts matériels? (Voir sur ce point encore la troisième partie de mon *Mémoire sur l'Emancipation*, pages 75 à 79.)

dant., n'est pas telle qu'on ne puisse facilement s'en préserver, — ce serait d'ordonner que le sol sur lequel serait édifiée chaque case et, surtout, l'hôpital, fut élevé de 30 à 40 centimètres au-dessus du niveau des terrains environnans. Il suffirait pour cela d'une petite maçonnerie, portée à cette hauteur de 30 à 40 centimètres, et sur laquelle reposeraient les poutres qui ordinairement forment les assises de la case. L'intérieur de cette maçonnerie serait comblée avec du sable bien sec, si les localités ne permettaient pas de se procurer des pierres [1].

Il serait bien à désirer aussi que tous les maîtres veillassent à ce que les esclaves ne couchassent pas, comme j'ai eu fréquemment occasion de le voir, sur une simple natte placée sur le sol, et souvent même sur le carreau.

Etablissemens en faveur des enfans.

J'ai aussi remarqué, à la Guyane, que ceux des habitans qui avaient le soin et la possibilité de faire élever et soigner, en ville, leurs jeunes négrillons de 3 à 8 ou 10 ans, en perdaient beaucoup moins que ceux qui les laissaient sur les habitations.

Je puis, par exemple, citer avec bonheur, M. Voisin, notaire, l'un des habitans les plus recommandables de la colonie, qui, toujours, avait à sa maison de la ville un certain nombre d'enfans, appartenant à l'habitation, et auxquels les soins les plus attentionnés étaient prodigués. Aussi échappaient-ils tous aux diverses maladies, contre lesquelles les noirs ont à lutter dans leur enfance, et il y

---

[1] Le sable provenant des bords de la mer et des rivières contiendrait toujours un grand principe d'humidité, bien qu'il eût séché au soleil. C'est donc le sable provenant de sablières, dont l'emploi est indiqué ici. — Bien entendu que l'hôpital n'en serait pas moins planchéié, ainsi que le prescrit l'ordonnance du 5 juin.

avait plaisir à les voir, tant ils étaient gros et gras, robustes, et présentaient toutes les apparences de la santé la plus florissante.

Il serait trop onéreux, je le sais, pour le plus grand nombre des habitans de recourir à cette mesure; *mais ne pourrait-on pas fonder, dans les villes et bourgs, dans la ville de Cayenne*, par exemple, pour ce qui concerne la Guyane, soit aux frais de l'administration, soit au moyen d'une souscription ouverte entre les habitans, souscription qui n'occasionnant à chacun qu'une bien faible dépense, pourrait produire une somme considérable, *un ou même deux établissemens, destinés à recevoir les jeunes esclaves* de 3 à 10 ou 12 ans, et dans lesquels, ils recevraient tous les soins dus à l'enfance.

En même tems que ces soins infiniment plus efficaces que ceux qui leur sont donnés sur les babitations, *surtout celles où les maîtres ne résident pas*, ils y recevraient les premiers germes de l'instruction religieuse et élémentaire qui fait l'objet d'une partie des dispositions de l'ordonnance du 18 mai dernier.

A ces établissemens, dans lesquels seraient aussi admis les jeunes affranchis, et qui devraient contenir plusieurs divisions, selon l'âge, le sexe, la condition des enfans, pourraient facilement être annexés des terrains, assez vastes, destinés à former les enfans, autant que le permettrait leur jeune âge, aux travaux de l'agriculture, ils y puiseraient au moins l'amour du travail. A ces établissemens, seraient attachés des frères de la Doctrine-Chrétienne, en qualité d'instituteurs, un prêtre, un médecin, des sœurs de la congrégation de Saint-Joseph, etc.

Permettez-moi, monsieur le directeur, d'appeler d'une manière toute spéciale, votre attention et celle de M. le

ministre de la marine, sur ces propositions, dont l'adoption aurait, je crois, sur tous les rapports, d'immenses
avantages.

Déjà, le gouvernement à compris qu'à la Guyane où les
distances sont si grandes; où les moyens de communication, autres que ceux qui ont lieu par eau, sont si rares,
si difficiles, il serait presque impossible de mettre à exécution les admirables dispositions de l'ordonnance du 18 mai.
Aussi, y est-il dit, dans l'article 9 : « A la Guyane, le gou-
» verneur pourra, sous l'approbation de notre ministre
» de la marine et des colonies, apporter à l'exécution des
» articles 2, 3, 4, deuxième paragraphe, 5 et 6, les mo-
» difications que les localités rendraient indispensables. »

Eh bien! monsieur le directeur, n'y aurait-il pas, sous
tous ces rapports, d'immenses avantages, je le répète, à
ce que, par les soins paternels du gouvernement du Roi,
l'établissement, dont j'ai l'honneur de vous proposer la
création, *fût fondé, sans retard, à la Guyane, surtout?*

Certes, ma faible voix est sans autorité : je n'ai aucun
titre qui puisse donner quelque crédit à ma parole; mais
si, malgré la faiblesse et le peu d'autorité de l'organe, par
lequel se produit cette proposition, vous reconnaissez,
monsieur le directeur, qu'elle est l'expression de sentimens purs et conformes aux intentions, si pleines d'humanité, dont M. le ministre de la marine est animé ; si vous
reconnaissez qu'elle est en harmonie avec les efforts par
lesquels vous vous appliquez à seconder, d'une manière si
noble et si digne, les vues de son excellence. — Oh ! qu'il
me soit alors permis de vous prier de vouloir bien,
monsieur le directeur, prêter à ma parole l'autorité qui
lui manque, et obtenir que toutes celles de mes propositions qui vous sembleraient susceptibles d'une utile appli-

cation, n'eussent pas à subir le triste sort, ordinairement réservé aux idées qui se produisent sans le concours d'un nom qui leur prête quelque valeur.

Et s'il m'était permis d'espérer que vous voulussiez bien, monsieur le directeur, accorder à mes faibles efforts, ce puissant patronage, je vous prierais de vouloir bien encore consacrer par votre influente autorité celles de mes propositions qui sont relatives :

1° A la moralisation des pauvres filles d'une certaine partie de la classe de couleur; et comme le moyen, selon moi, le plus infaillible de parvenir à l'accomplissement de cette belle œuvre de moralisation, permettez-moi de signaler à votre attention la fondation proposée dans la troisième partie de mon Mémoire : 1° *d'établissemens nombreux*, dans lesquels, avec les préceptes de la morale et de la religion, seraient enseignés d'utiles et lucratives professions ; 2° *d'une corporation de sœurs hospitalières, composée de jeunes filles de couleur, destinées au service des hôpitaux coloniaux.* (Troisième partie, paragraphe 4, page 93).

(Elles pourraient être aussi très-utilement adjointes aux sœurs, attachées aux établissemens destinés aux enfans.)

2° Aux encouragemens qui seraient offerts aux *unions légitimes*, tant des esclaves que des affranchis :

1° Par l'extension *aux frères et sœurs légitimes ou légimés* par le mariage subséquent de leurs père et mère, du droit de rachat, concédé par l'article 5 de la loi du 18 juillet 1845.

2° En concédant *le droit d'obtenir le concours de l'administration, jusqu'à la concurrence de la moitié du prix de rachat*, à toute personne libre ou non libre, voulant racheter la liberté.

Moralisation des filles de couleur.

Moyens proposés pour encourager les unions légitimes.

1° De ses père et mère ou autres ascendans *légitimes*, etc.

2° De sa femme , de ses enfans et descendans *légitimes* ou *légitimés*, etc.

Le tout, aux conditions et dans les circonstances, énoncées dans ma lettre adressée au conseil des délégués. — Et les autres propositions analogiques qu'elle contient. — Pages 15 à 19.

J'ajouterai seulement, ici, que, si le droit de rachat était étendu aux frères et sœurs légitimes ou légitimés, il faudrait aussi admettre en leur faveur, et aux mêmes conditions, le concours de l'administration pour la moitié du prix du rachat.

Je ne suis pas partisan du rachat forcé, parce que, — indépendamment même de tous les autres inconvéniens signalés, — j'y vois un principe de démembrement des ateliers qui perdront ainsi leurs meilleurs sujets. — Je voudrais *une loi d'ensemble, avec indemnité préalable et* ASSOCIATION; mais, enfin, puisque la loi du 18 juillet a consacré ce système du rachat forcé, non-seulement *le respect que je porte à toute décision législative*, me fait un devoir d'adhérer à ce mode d'émancipation, en attendant que le gouvernement du Roi juge à propos de provoquer cette loi d'ensemble, cette émancipation générale, que j'appelle de tous mes vœux, mais encore, *je crois qu'il est du devoir de toute personne vraiment animée du désir de préparer les esclaves à l'exercice de la liberté, en les moralisant, de puiser, partout où ils se peuvent rencontrer, les moyens d'accomplir cette grande œuvre de moralisation;* et, c'est par le désir d'atteindre ce but, en encourageant les unions légitimes, que doit s'expliquer cette sorte de contradiction, dont on pourrait me taxer, en me voyant solliciter l'extension du droit de rachat, dont j'ai commencé par signaler les inconvéniens. — Du reste, si, dans le but unique, je le répète, de favoriser les unions légitimes, puissant moyen, selon moi, de moraliser et civiliser la race noire, je demande, non-seulement l'extension de ce droit de rachat, mais encore que l'administration vienne même, dans les circonstances et aux conditions que j'ai indiquées, concourir, pour moitié, à l'exercice de ce droit, je n'en persiste pas moins à former le vœu que j'ai eu l'honneur d'émettre déjà, à savoir que l'émancipation immédiate avec association et indemnité, soit substituée au système transitoire consacré par la loi du 18 juillet 1845, et *subsidiairement*, que les moyens accordés à l'esclave de parvenir à la liberté par la voie du rachat forcé, soient ainsi modifiées : « Convertir en une part proportionnelle » dans les produits nets de l'exploitation, la concession » d'un jour par semaine que consacre en faveur de l'es- » clave, la loi du 18 juillet 1845. » (Pages 18 de ma lettre à M. de Lasteyrie, — 22 à 26 de ma lettre à MM. les délégués).

Je reviens à l'énumération de celles de mes diverses propositions, auxquelles je désirerais que vous voulussiez bien, monsieur le directeur, accorder, d'une manière spéciale, la puissante autorité de votre adhésion :

1º Consacrer, en faveur des affranchis, que leurs infirmités ou leur âge ne permettent pas de se livrer au travail, les mesures qui font l'objet du 4ᵐᵉ paragraphe de la 3ᵐᵉ partie de mon *Mémoire*, (pages 88 à 92).

Secours dus aux affranchis infirmes.

2º *Créer un jury de récompenses en faveur des esclaves et des affranchis*, proposition déduite dans ma lettre, adressée au conseil des délégués, page 29. — Son adoption aurait, je crois, les plus heureux résultats, tant dans l'intérêt des esclaves, que dans celui des colons eux-mêmes

Jury de récompenses en faveur ses esclaves et ses affranchis.

— Des récompenses spéciales pourraient surtout être accordées *à ceux des esclaves qui, jouissant de la concession d'un jour par semaine,* auraient réuni sur leurs livrets, les attestations les plus honorables.

3° Organiser aux colonies, sur les bases les plus larges, des congrès d'agriculture, des comices, et, *surtout, une grande assemblée générale,* tenant annuellement séance à la Martinique, que je désigne de préférence, comme point le plus central, et à laquelle seraient envoyés des délégués du commerce, de l'agriculture et de l'industrie, non-seulement de la Guyane et des Antilles françaises; mais à laquelle seraient, en outre, convoqués nos voisins des Guyanes, Antilles anglaises et hollandaises et autres colonies voisines, qui nous apporteraient ainsi les fruits de leur expérience et des progrès, dans lesquels ils nous ont devancés. — (Lettre adressée à MM. les membres du conseil des délégués, pages 27 à 29) (A).

Enfin, M. le directeur, si dans la pensée du gouvernement du Roi, si, dans l'esprit de la loi du 18 juillet 1845, elle-même, cette loi ne peut être considérée, — et chacun le reconnaît, — que comme offrant des dispositions purement transitoires, qui, *avant longtems, il faut l'espérer,* — et le plus tôt serait le mieux, — seront remplacées par une loi d'ensemble ; si, à l'émancipation partielle, par voie du rachat forcé, doit succéder l'émancipation générale, avec indemnité préalable, *l'association entre le noir émancipé et le colon propriétaire,* ou chef d'exploitation, dans de justes proportions qui seraient alors réglées, quant à la

---

(A) Vouloir bien voir, dans la note supplémentaire ci-après, les propositions relatives à l'organisasion de la représentation de l'agriculture, aux colonies.

répartition des produits, n'offrirait-elle pas à l'un comme
à l'autre le germe de prospérité le plus fécond? L'association ne serait-elle pas le complément nécessaire, indispensable de cette grande réforme sociale, qui, à tous les
intéressés, colons et émancipés, doit assurer une part
égale de bien-être, tant dans l'ordre des intérêts matériels
que dans celui des intérêts moraux et intellectuels! Veuillez
donc encore me permettre, ici, d'appeler d'une manière
toute spéciale, votre attention sur ce mode d'association et
les mesures qui font l'objet principal du *Mémoire* que j'ai
l'honneur de vous adresser. — (2me partie de mon *Mémoire*
de 1842, paragraphe 3, pages 43 et suivantes. — Ma
lettre à M. de Lasteyrie, page 16; ma lettre à MM. les
délégués, page 16 [1].)

Cette partie de mon travail pourrait, je crois, recevoir
une utile application dans toutes les colonies; mais à la
Guyane surtout, et principalement *si le vaste projet de
colonisation, conçu par M. Jules Le Chevalier, était mis à
exécution.*

Je ne connais qu'assez imparfaitement les bases de ce
projet, pour les avoir seulement étudiées, dans les publications, faites par la Société d'études pour la colonisation
de la Guyane [2]; mais ce que j'en sais, joint à la connaissance personnelle que j'ai de mon pays, de ses besoins et

Projet de colonisation de M. Jules Le Cheva-lier.

---

[1] De nouvelles propositions, énoncées dans ces deux lettres,
apportent quelques modifications essentielles à celles que contient
mon *Mémoire*, écrit en 1842; elles se complètent les unes par les
autres.

[2] N°s 2, 3 et 4 de ces publications; je n'ai pu me procurer le
n° 1er non plus que la collection des *Mémoires* et *Correspondances
officielles* de M. Malouet, que j'aurais vivement désiré consulter.

de ses ressources, a suffi pour convertir en une adhésion pleine et entière, une certaine défiance, avec laquelle, je l'avoue, j'avais, d'abord, accueilli ce projet; adhésion par laquelle je m'y rallie, et de cœur et d'âme, comme colon de la Guyane, où sont tous mes intérêts; — comme partisan de l'émancipation...

Plus qu'aucune des autres colonies, la Guyane se débat, dans les déchiremens d'une cruelle agonie : privés de bras qui puissent cultiver ce sol, aussi vaste que fécond; obérés — quelques-uns d'entre eux du moins — et manquant de capitaux, les habitans de la Guyane devaient accueillir, avec autant d'empressement que de reconnaissance, le moyen de salut, que leur offre la vaste conception de M. Le Chevalier; ils devaient surtout, d'autant plus s'empresser de l'accueillir, que l'assentiment, donné au projet, dans la loi du 19 juillet 1845, par le gouvernement du Roi, devenait pour eux une garantie, devant laquelle devait s'effacer toute incertitude, s'anéantir toute défiance.

Et pourtant, si j'en crois les documens consignés dans une lettre venue de Cayenne, lettre qui m'a été communiquée, un certain nombre des habitans de la Guyane auraient formellement repoussé le projet, refusant ainsi d'être sauvés, comme par un miracle de la Providence. Je ne puis croire à un tel acte de démence, de la part d'une population qui compte dans ses rangs un si grand nombre d'hommes éclairés; je ne puis croire que l'amour des vieilles idées, le désir de conserver certains priviléges, et, surtout, l'empire des préjugés, puissent à ce point, égarer, aveugler, l'homme, exercer sur son esprit une influence à ce point funeste, qu'elle lui fasse même méconnaître, sacrifier ses intérêts. Et ce propos étrange, que j'entendais tenir, en 1841, par un colon de la Guyane : «Pour nous, nous

» n'avons pas à redouter, de longtems du moins, l'éman-
» cipation : dans le projet Le Chevalier, *nous avons un*
» *moyen d'amuser le gouvernement*, jetons lui cet os à ron-
» ger , — pardonnez-moi de répéter cette expression si
» inconvenante ; — gagnons du tems. » Ce propos, dis-je,
a donc trouvé un favorable écho, et, aujourd'hui, qu'il
s'agit de réaliser le projet, auquel, dans le but unique de
gagner du tems., on avait accordé perfidement un semblant
d'adhésion ; aujourd'hui qu'il faut mettre la main à l'œuvre,
aujourd'hui que cette mensongère approbation ne peut.
— on le reconnaît, — porter, aussi longtems qu'on l'avait
espéré, ses fruits trompeurs, on recule... on se démasque.

Mais, insensés que nous sommes, sondons donc nos
caisses épuisées ; portons nos regards autour de nous,
dans les rangs éclaircis de nos travailleurs ; voyons le tiers
de nos habitations, autrefois florissantes et prospères,
abandonnées aujourd'hui, faute de bras qui les puissent
cultiver, et un plus grand nombre encore, à la veille de
subir le même sort ; calculons les sommes que nous devons
à la métropole ; ne perdons pas de vue toutes les difficultés
que , par suite de notre malheureuse situation , il nous faut
vaincre, pour conserver le peu de crédit qui nous reste....
Ouvrons, en un mot, les yeux à la lumière, et, bientôt,
reconnaissant notre étrange erreur ; regrettant amèrement
d'avoir repoussé le salut qui nous était offert, nous nous
empresserons, nous levant comme un seul homme, de
rétracter notre funeste désapprobation, suppliant le gouvernement du Roi de presser l'exécution du projet.

Que de motifs encore pourraient être déduits pour
vaincre cette incroyable résistance de ceux des habitans
de la Guyane qui ont repoussé le projet, et leur prouver
qu'elle est complètement opposée à leurs propres intérêts ;

mais des occupations fort multipliées, et les limites, d'ailleurs, que doit avoir cet écrit, m'obligent à y restreindre l'expression de mes opinions, que, sur ce point surtout, je me réserve d'émettre, d'une manière plus explicite, mieux motivée.

Son exécution ne doit pas moins intéresser la France que les colons de la Guyane.

Je ne crois pouvoir, me dispenser, cependant, de compléter succinctement ma pensée, en ajoutant : que, dans l'exécution du projet de colonisation de monsieur Jules Le Chevalier, je vois, non-seulement un grand, un immense intérêt pour les colons de la Guyane, mais encore et surtout, un intérêt, plus vaste, et souverainement décisif, celui de la France elle-même......

La grande affaire de la France , disait-on à la chambre des députés, pendant la dernière session, la grande, *l'unique importante* affaire de la France , celle qui , pour elle , est d'un intérêt tout puissant, c'est la colonisation de l'Algérie (A).

Certes, loin de moi de vouloir contester que la France ait, dans la colonisation complète de l'Algérie de puissans intérêts à satisfaire, d'immenses avantages à réaliser; mais dire que la colonisation de l'Algérie soit la seule, l'unique importante affaire de la France, c'est ce que je ne puis admettre.

(A) Emise, à satiété, pendant la session de 1846, cette proposition a encore , plus d'une fois, pendant la session qui vient de finir, fait retentir, d'une chambre à l'autre, de trop fidèles échos , pour que les anciennes colonies, ces pauvres filles aujourd'hui dédaignées de la mère patrie, puissent beaucoup espérer de la sollicitude maternelle, tant que l'Algérie , leur jeune sœur, fera briller aux regards fascinés de la France, le prisme trompeur de sa *stérile* beauté , se mariant au faux éclat de sa gloire toujours inféconde.

Quel serait donc le mouvement commercial de la France, quel serait le rôle de la marine française, réduits aux opérations de l'Algérie?... Serait-ce donc l'Algérie, si rapprochée de la France, seraient-ce, même, les points les plus éloignés de la Méditerranée, qui seuls pourraient offrir à la marine française les élémens de développement,.... de simple entretien,.... que réclament et les intérêts commerciaux de la France, et la dignité du pavillon national!...

Et, si, négligeant ses anciennes colonies, quelque petit que soit leur nombre, la France voulait concentrer tous ses efforts de colonisation sur le seul point de l'Algérie, que deviendrait, — j'en appelle au jugement de tout homme raisonnable, impartial, — que deviendrait cette marine du commerce, à si juste titre, reconnue la pépinière féconde des marins de l'état? et, si, aujourd'hui, déjà, l'importance de l'inscription maritime donne lieu à des débats qui sont loin d'être complètement dénués de fondement, quelle dépréciation ne subirait-elle pas encore, si la France, accordant uniquement à la colonisation de l'Algérie, sa protection exclusive et les immenses ressources qu'elle peut si largement répartir, négligeait de féconder les ressources qu'elle peut, à son tour, retirer de ses anciennes colonies, de la Guyane surtout....

Certes, il suffit d'embrasser d'un regard la configuration géographique de la France pour reconnaître, que ce n'est pas exclusivement dans la Méditerranée qu'elle doit chercher tous les élémens de sa puissance commerciale et maritime..... que ce n'est pas là, surtout, que se formeront tous ces marins du commerce, destinés à porter leur expérience, acquise dès l'enfance, sur les navires de l'état, où, promenant sur tous les points du globe, le pavillon national, ils apprendront aux peuples les plus reculés à le respecter,.. à l'aimer.

Eh bien! qu'il me soit permis de le dire, la Guyane, si la France, si le gouvernement du roi, voulaient favoriser le développement de cette colonie qui, dans ses terres encore incultes, dans ses forêts vierges, ses immenses et gras pâturages, renferme tant et de si riches élémens de prospérité; la Guyane, si, pendant un petit nombre d'années seulement, le gouvernement du Roi, voulait lui consacrer une faible partie des sacrifices de toute nature, que coûte l'Algérie, sacrifices qui, pendant de bien longues années encore, ne cesseront d'épuiser et le trésor et l'armée.... La Guyane, cette colonie, aujourd'hui misérable et désolée, bientôt rendrait, au centuple, à la métropole les légers secours qu'elle réclame de sa maternelle sollicitude (A).

Devenue, bientôt, le centre le plus actif, comme le plus productif des opérations commerciales de la France, la

---

(A) Pour faire de la Guyane une colonie *aussi florissante que l'était Saint-Domingue*, il suffirait, selon moi, d'un sacrifice annuel de dix millions, continué pendant quinze années; mais il faudrait que cette œuvre de colonisation fût conduite et dirigée par des hommes qui sussent mettre à profit les leçons de l'expérience et du passé; il faudrait que la sagesse et la prudence, la science et surtout *les connaissances pratiques*, l'énergie et le bon vouloir, le dévouement et la probité, l'ordre et l'économie, la persévérance surtout, se prêtassent de mutuels secours pour atteindre le but proposé.

Et, avant de se récrier, comme je me figure déjà l'entendre, sur *l'énormité* de la somme réclamée, qu'on veuille bien songer *aux cent vingt millions* que coûte annuellement l'Algérie; qu'on se demande, ensuite ce que rapporte à la France ces énormes sacrifices? La réponse sera courte et facile : Rien, rien, rien. Qu'on veuille bien se demander ensuite ce que, rapporteront les sacrifices réclamés, en faveur de la Guyane? La réponse ne sera pas moins courte, ni moins positive : des milliards.....

Guyane compenserait largement la perte de toutes ces belles colonies, que tant de circonstances malheureuses nous ont, à jamais, ravies…. Car, qu'on ne s'y trompe pas, l'épuisement actuel de la petite colonie qui languit, si tristement, sur le territoire, aussi vaste que fécond de la Guyane, ne peut offrir aucun argument sérieux qui détruise les belles espérances, que permettent de concevoir tous les élémens de prospérité, dont elle abonde; qu'on n'assigne pas à sa détresse actuelle des causes autres que celles qui l'ont produite, entretenue; qu'on ne dise plus — car aujourd'hui des faits nombreux ont surgi pour démentir cette calomnieuse et gratuite accusation — qu'on ne dise plus, que le climat de la Guyane est meurtrier, que le magnifique soleil qui resplendit sur ces vastes plages, dévore l'européen; qu-on ne le dise plus, — car, jusqu'à la dernière évidence, *il est, aujourd'hui, démontré,* — grâce à cette grande et belle œuvre de réhabilitation, que vient d'accomplir la Société d'études, dont on ne saurait trop méditer les publications, non moins instructives qu'attrayantes, — il est démontré, dis-je, *que sur cette terre,* sous ce ciel, si long-tems méconnus et calomniés, — *l'européen peut, comme partout ailleurs, se livrer vaillamment à tous les travaux que commandent l'agriculture et l'industrie.* — Non, les vraies causes de cet épuisement, de cette agonie dans laquelle languit la colonie de Cayenne, ne sont pas là où, jusqu'ici, on s'était obstiné à les voir. Non, ce n'est ni le climat, ni la terre de la Guyane qu'il faut accuser;…. ce sont les hommes,….. les hommes seuls,…. leur imprévoyance, leur incurie, leur intempérance : c'est l'abandon, auquel les uns ont livré cette terre qui, dans son sein, cache tant d'élémens de richesse et de prospérité; c'est l'ignorance, ce sont les dérèglemens, la paresse, l'intempérance, la désunion, toutes les mauvaises passions, en un mot, qui ont signalé les désastreux essais, tentés par les autres; essais aussi stupidement exécutés sur les bords du Kourou, que follement, témérairement conçus :

Car ce n'est pas avec un ignoble ramassis de citadins efféminés, indociles, paresseux, indisciplinés, corrompus, *traînant à leur suite des comédiens et des prostituées*, que, sur une terre inculte, au milieu de forêts vierges, impénétrables, qui demandent des bras vigoureux, exercés, endurcis aux rudes labeurs, on fonde une colonie... C'est moins encore avec des chefs inhabiles, incapables, inexpérimentés, imprévoyans et cupides, divisés entre eux par les aveugles fureurs de la haine, de l'envie : se disputant, la faveur du commandement, désirant avant tout, s'arroger tous les avantages, voulant dominer et s'enrichir, à quelque prix que ce soit... Non! une colonie ne se fonde pas, en jetant, entassant, accumulant sur une langue de sable, resserrée entre les flots de la mer, des forêts et des marécages, douze mille individus, arrivant là, dans le court espace de 5 à 6 mois, avant qu'on eût préparé les lieux, construit des édifices, de simples abris, assuré les moyens de subsistance.

Non! une colonie ne s'organise pas, comme, sur les bords du Kourou, s'organisaient ces spectacles et ces banquets, au milieu desquels étaient consommés, gaspillés les quelques approvisionnemens, que, par l'imprévoyance des chefs, on avait placés sous de simples hangars déclos, où le pillage des colons ne les épargnait pas plus que la triste influence de l'humidité; ou, bientôt même, envahis par les flots de la mer et le débordement du fleuve, ils furent complétement perdus. — Car, pour comble de démence, c'est pendant la saison des pluies, que cette désastreuse expédition du Kourou venait planter ses tentes sur les bords du fleuve.

Non ! une colonie ne s'improvise pas comme s'improvisaient ces pasquinades, ces chants bachiques, auxquels se mêlaient les cris de détresse et de souffrance, les gémissemens, le râle agonisant de ceux des colons qui se mouraient, étendus sur le sable, sans abri, privés de secours, lâchement, inhumainement abandonnés à l'horreur de leur cruelle situation, tandis que le seul édifice qui eût pu les recevoir, était envahi par les tréteaux... *converti en salle de spectacle et de bal.*

Dans quelle oasis enchantée, dans quel éden fortuné, une colonie, composée de tels élémens, ainsi dirigée, conduite, administrée, portant dans son sein de tels principes de mort et de destruction, eût-elle pu échapper à cet immense et cruel désastre, dont le douloureux et triste souvenir se dresse comme un hideux spectre, toujours errant sur nos plages désertes ? De là cet anathème injuste, fulminé contre le climat de la Guyane : *le soleil de la Guyane dévore l'européen.*

Pour quiconque veut interroger les faits, y chercher la vérité, n'est-il pas évident, clairement démontré, que ce n'est pas au climat qu'il faut attribuer cet horrible désastre du Kourou, pas plus que l'état de détresse, dans lequel se meurt, actuellement, cette pauvre colonie de Cayenne.

Mais les causes de cette détresse, de cette mortelle agonie, il faut les chercher, non-seulement dans cette sorte de réprobation, que fait, si injustement, peser sur la Guyane le funeste et douloureux souvenir de cette désastreuse expédition de Kourou, mais encore dans l'apathie coupable dont, pendant longtems, les habitans ont été frappés, dans cet esprit de désordre et de prodigalité, ce défaut de prévoyance et d'économie, dont quelques-uns d'entre eux, en petit nombre heureusement, sont encore possédés ; il les faut chercher dans ce mauvais vouloir, cette folie insigne, dont ceux-ci viennent, si récemment encore, d'offrir la preuve flagrante, en repoussant ces moyens de salut que leur apportait la vaste conception de cet homme éminent qui, animé d'une pensée vraiment philanthropique, aussi grande que généreuse, a, dans son magnifique projet, embrassé la sainte cause de l'émancipation, la réabilitation, le salut, le développement, la prospérité de la colonie, en même temps que les plus riches élémens, que le commerce et l'agriculture puissent offrir à la grandeur de la puissance maritime, à la dignité du pavillon national.

Et cette opinion, que la force de ma conviction et l'amour de mon pays m'ont entraîné à exprimer, avec cette chaleureuse franchise, me jetant hors des limites que je m'étais tracées, si j'étais assez heureux pour la voir adopter par ceux qui, après Dieu, règlent les destinées de la France et de ses possessions coloniales ; si le gouvernement du Roi et les chambres voyaient, eux aussi, dans la réalisation de ce projet de colonisation, tous les immenses avantages et les puissans intérêts qui se montrent à mes regards convaincus, fort de cette approbation, j'ajouterais :

Pourquoi, en dépit même de la résistance de quelques-uns des habitans de la Guyane, *résistance que ne partagent pas, du reste, les hommes les plus éclairés de la colonie*, pourquoi, dis-je, en dépit même de cette résistance, ne pas ordonner l'exécution du projet ?

Mais si, menacés d'un naufrage général, — et qu'il me soit permis de supposer, un instant, un désastre, à jamais impossible, — ceux des habitans qui cultivent les terres basses de la Guyane, voyant toutes les digues de leurs habitations rompues, emportées par les flots de la mer et les

débordemens des fleuves, gonflés par des pluies torren-
tielles, s'obstinaient à vouloir lutter seuls, dans leurs champs
submergés, contre la force des élémens, conjurés à leur perte;

Si, attaqués par des puissances ennemies, et refusant les
moyens de défense que le gouvernement de la métropole
peut seul leur offrir, les habitans voulaient, seuls, et livrés
à leurs propres forces, opposer une résistance impossible;

Dans l'un, comme dans l'autre cas, je le demande, le
gouvernement attendrait-il donc l'assentiment *de tous les
habitans* pour sauver la colonie d'une ruine certaine?...
Non, assurément non.....

Eh bien! ce ne sont ni la fureur des flots, ni les débordemens des fleuves, ni les puissances ennemies qui menacent
la Guyane d'une ruine complète.... Il ne s'agit pas de la
défendre contre des dangers imaginaires; mais bien de la
sauver de l'épuisement, où l'ont réduite l'abandon dans
lequel la colonie a été laissée, ou du moins l'insuffisance
des secours qui lui ont été donnés; il s'agit de la sauver,
en dépit de la résistance de quelques-uns de ses habitans,
de l'agonie que lui ont, depuis longtems, préparée, l'imprévoyance, l'incurie, l'esprit de désordre, le défaut d'économie, d'un certain nombre d'entre eux; épuisement et
agonie, dont il faut accuser les hommes et non les élémens,
et non l'insalubrité du climat; épuisement et agonie qui
sont l'œuvre, non des puissances ennemies, mais de *nous
tous...* qui étions, qui sommes intéressés à la conservation...
au développement de la colonie...

Et, si *mille circonstances* désastreuses, se faisant aussi les
trop puissans auxiliaires de nos fautes, ont activé les phases
de cette mortelle agonie; si, surtout, elles ont trop malheureusement accrédité les injustes préjugés, les fâcheuses préventions, les calomnieuses accusations qui se sont élevés

contre notre malheureux pays ; si ces circonstances nous ont secondés d'une manière si funeste.... Eh bien ! demandons aux circonstances de nous seconder , de nouveau, dans l'application du remède, comme elles l'ont fait dans le développement du mal..... Mais, déjà, sans attendre nos tardifs efforts, elles les ont devancés, nous offrant un puissant concours dans l'émission du projet de colonisation de M. J. Le Chevalier : sachons en profiter..... Ou, je le répète, si, en présence de dangers imaginaires, dont nous avons, un instant, supposé l'existence, nous avons reconnu que, sans attendre notre assentiment, le gouvernement du Roi eût, non-seulement accompli un devoir, mais même exercé un droit, en sau- vant la colonie, en dépit de notre résistance... Quels sont, aujourd'hui, ses devoirs et ses droits, en présence d'un mal réel, profond, à jamais incurable, si des moyens aussi prompts qu'*énergiques* ne lui sont opposés?

Ce qu'en dépit même de cette résistance , le gouvernement peut et doit faire pour sauver la Guyane.

Les droits et les devoirs du gouvernement , je vais les indiquer; ce qu'il doit, ce qu'il peut faire, le voici :

La loi et la raison, avant elle, ont proclamé que, si les intérêts privés doivent être respectés ; si le droit de propriété est sacré , inviolable, il est des intérêts, il est des droits plus sacrés encore, et devant lesquels doit se taire la voix des intérêts privés.... Ce sont ceux de la généralité, ce sont, en un mot, ceux qui constituent l'utilité publique... Aussi, qu'en présence de l'utilité publique , légalement reconnue , constatée , le particulier, dont les propriétés sont jugées utiles, nécessaires à l'exécution des travaux, oppose une résistance déraisonnable, l'administration s'armant des justes rigueurs de la loi, provoque l'expropriation pour cause d'utilité publique , tout en offrant au propriétaire exproprié la juste compensation de l'indemnité préalable, et la garantie des sages formalités que consacre la loi.

Eh bien! quels travaux, quels projets ont jamais présenté, d'une manière plus complète, plus certaine, les caractères de l'utilité publique, que l'exécution du vaste projet de colonisation, conçu par M. Jules Le Chevalier : La Guyane, — aucun doute ne saurait, désormais, s'élever à cet égard — est, à jamais, *ruinée, perdue pour la France, si, cédant à la résistance d'un petit nombre de ses habitans, le gouvernement n'applique, avec fermeté, énergie, le seul remède* qui puisse, non-seulement *sauver cette pauvre colonie,* mais encore *la transformer, la régénérer : faire naître la force, là où est l'épuisement, appeler la prospérité, là où est la misère et la ruine...* Les circonstances, d'ailleurs, ne peuvent laisser place à la moindre hésitation ; car, non-seulement nous nous trouvons en présence d'un immense intérêt, celui qu'a la France de conserver, de sauver une colonie qui offre, — cette vérité ne saurait être trop répétée, — les élémens les plus féconds au développement de la puissance commerciale et maritime de la métropole ; mais il y a plus : C'est que, pour préparer le triomphe de l'intérêt public, nous n'avons pas même d'intérêts privés, sérieux et réels à combattre : Il est, en effet, démontré que la résistance aveugle des habitans de la Guyane, loin de s'appuyer sur un intérêt sérieux et réel, ne pourrait que consommer, à jamais, leur propre ruine.

Qu'un nouvel appel soit donc fait à la raison de ceux des habitans de la Guyane, qui, en petit nombre, je le répète, se sont faits les fauteurs aveugles de cette résistance funeste, et, s'ils s'obstinent follement à y persévérer, que le gouvernement du Roi, que les chambres prononcent..... qu'elles ordonnent l'exécution du projet..... et la légalité de cette décision ne saurait faire l'objet du plus léger doute ; car, pour la justifier, d'un côté, nous avons l'immense intérêt qui la commande, et de l'autre, l'indemnité préalable, le remboursement intégral, que la compagnie s'empresserait d'offrir aux habitans dépossédés.

Je dirai plus : L'intérêt de la France à l'exécution du projet est, à mes yeux du moins, si clairement démontré, si puissant, que, dans le cas improbable où la compagnie ne pourrait réunir, en tems utile, les sommes nécessaires au remboursement des habitans, le gouvernement ne devrait pas hésiter, soit à lui en avancer le complément, soit à cautionner les emprunts, qu'elle pourrait faire.

J'ai dit dans le cas improbable ; car il ne faut pas perdre de vue *qu'un grand nombre de colons* qui, dès aujourd'hui, adhèrent au projet, sont dans l'intention de s'intéresser à son exécution, en s'y associant pour la valeur totale ou partielle de leurs propriétés. — Les remboursemens à faire seraient donc diminués d'autant.

Une double garantie est d'ailleurs offerte aux capitalistes, dont les fonds seraient engagés dans l'opération : 1° La valeur des propriétés guyanaises, actuellement évaluées à 36 millions, au moins ; 2° la haute intelligence, l'expérience consommée, l'éclatante probité, le nom recommandable de l'honorable auteur du projet; les vertus publiques et privées des personnes qui, s'associant à son œuvre, composent, déjà, les membres de la Société d'études pour la colonisation de la Guyane.

Et, quand ses habitans auront, avec les soins paternels du gouvernement du Roi, formé entre eux et les capitalistes de la métropole, cette vaste association, ayant pour objet de féconder, par le travail libre, aidé de toutes les ressources que lui prêteront les capitaux et l'industrie, ce sol si abondamment productif de la Guyane ; quand, avec sa puissance magique, l'association aura transformé en une colonie florissante et prospère cette pauvre colonie aujourd'hui ruinée ; quand cette puissance magique de l'association, mettant ainsi au grand jour tous les trésors, toutes les immenses ressources de nos vastes et gras pâturages, de nos forêts vierges, aux arbres séculaires, non moins précieux que gigantesques, aura, du sein de nos montagnes, fait jaillir aussi les riches produits que recélaient leurs mines diverses, auxquelles n'ont jusqu'ici manqué que les moyens d'exploitation ; quand, en un mot, chacun de nous aura expérimenté, d'une manière si fructueuse, la vérité de cet adage : « L'union fait la force, elle produit la richesse, enfante des prodiges. »

Oh! alors, surtout, ne serait-ce pas pour nous un impérieux devoir, d'admettre, *au partage* de tous ces trésors, les pauvres esclaves, dont l'affranchissement doit être la condition première, imposée à l'exécution du projet de colonisation ; et pour nous assurer, d'ailleurs, de la manière la plus complète, le concours de leurs bras, déjà façonnés aux travaux qu'il faudra exécuter, nos propres intérêts ne nous commanderont-ils donc pas d'en faire nos associés, de les intéresser à la réussite de nos projets, en les appelant à devenir, eux aussi, les membres de ce grand corps qu'aura produit l'association (A)...

Et ne serait-ce pas un grand et bel exemple, offert à

(A) Est-il besoin de faire remarquer que ces idées d'association, si souvent émises dans les divers écrits qui forment ce recueil, n'ont aucun rapport avec le communisme : autant, au contraire, tous les principes constitutifs et conservateurs de l'ordre social diffèrent de ceux qui, s'ils n'étaient combattus et réprimés, en seraient les dissolvans les plus actifs, autant l'association conçue et surtout mise en pratique, selon les bases de notre projet, diffère du communisme.

l'univers, que cette alliance de toutes les ressources, de toutes les forces de notre nouvelle société coloniale!..... N'aurions-nous pas prouvé que ce n'est pas rêver une vaine et imaginaire utopie, que de vouloir constituer une société, dans laquelle, liés par des intérêts communs, qui enfanteraient l'union de la charité, tous les hommes forme raient un peuple de frères, se prêtant un mutuel concours, s'aidant dans tous les besoins de la vie, après avoir abjuré les dissentions et les préjugés, qui divisent l'espèce humaine...

Mais je ne veux pas me laisser égarer par ce vif désir que j'éprouve de voir, bientôt, se réaliser ces projets de colonisation et d'association.

Je n'ose trop me livrer à l'espoir que cette ère nouvelle de prospérité vienne, bientôt, combler les vœux ardens que m'inspire l'amour de mon pays ; mais, s'il m'était au moins permis d'espérer, qu'en attendant, le gouvernement du Roi voulût bien *faire, sur l'une des habitations doma-niales*, ainsi que je supplie Messieurs les membres du conseil des délégués de le demander, *l'essai du système d'Emancipation avec association*, qui forme la base du *Mémoire* que j'ai l'honneur de vous adresser, Monsieur le Directeur, je croirais mes faibles efforts bien largement récompensés; si cet essai pouvait produire quelques résultats heureux. — Aussi, Monsieur le Directeur, veuillez donc me permettre de vous prier, une dernière fois, de vouloir bien vous reporter, tant à la deuxième partie de mon *Mémoire*, paragraphe 3, page 43, qu'aux deux lettres dont j'ai eu déjà l'honneur de vous entretenir, et en ce qui concerne spécialement cet essai à la lettre adressée à Messieurs les délégués des colonies, page 30.

Je vous prie de vouloir bien agréer, Monsieur le

Directeur, avec l'assurance de mes sentimens les plus respectueux, l'expression de ma profonde et sincère gratitude.

Lannion, le 28 août 1846.

Hy. PAIN,
Juge de paix de Lannion, colon de la Guyane.

---

*Copie d'une Lettre adressée à M. le Duc de Broglie,
le 9 janvier 1844.*

MONSIEUR LE DUC,

Au moment de mettre ma lettre à la poste, j'en reçois une de Cayenne, et, bien que sa date soit déjà assez ancienne, j'éprouve le besoin de vous en faire connaître quelques passages, ce que je vous prie de vouloir bien me permettre.

Cette lettre, qui est du 28 octobre dernier, contient des détails vraiment affligeans pour tous les vrais amis de l'humanité; et, c'est à ce titre que vous n'y resterez pas indifférent, j'en ai la douce persuasion.

Une épidémie, qui régnait encore au moment où l'on m'écrivait, avait plus ou moins frappé tous les rangs de la société coloniale; mais c'est surtout *la partie nécessiteuse de la classe de couleur* qui avait eu le plus à souffrir de ses atteintes; elle y exerçait d'effroyables ravages; le 7 octobre, onze personnes, appartenant presque toutes à cette classe, avaient reçu les derniers devoirs. L'épidémie avait *été assez bénigne* pour les européens ; et, chose surtout fort remarquable, *la garnison n'en avait pas souffert.*

Ici vous serez, je n'en doute pas, Monsieur le duc, frappé comme moi de ce rapprochement : Si une épidémie qui sévit dans l'une de nos colonies, *décime impitoyablement la partie malheureuse* de la classe de couleur, *laquelle se compose presque complètement des esclaves affranchis, depuis* 1830, *et qu'au contraire, elle n'atteigne pas même la garnison, entièrement composée,* vous le savez, *d'européens à peine acclimatés ;* une seule conséquence est à déduire de ce rapprochement : *c'est que les affranchis sont,* pour la plupart du moins, *privés des ressources les plus indispensables,* et que les efforts de la charité publique ne suffisent pas pour les mettre à l'abri des atteintes de la misère, alors surtout, que la vieillesse ou les infirmités viennent les frapper.

Il serait donc bien à désirer que le gouvernement du Roi prît des mesures capables d'obvier à ces graves inconvéniens des divers systèmes d'affranchissement, adoptés jusqu'ici ; et, tout d'abord, n'est-il pas indispensable *que le travail soit orgrnisé* aux colonies, de manière à ce que, DES AUJOURD'HUI, et avant même la grande époque de l'émancipation générale, vers laquelle nous marchons à grands pas, l'administration coloniale puisse *contraindre tous les affranchis* à chercher dans des occupations proportionnées à leurs forces, à leur âge, à leur sexe, non-seulement des moyens actuels d'existence, mais encore des ressources pour l'avenir ? *Ne serait-il pas surtout à désirer que la noble mesure du patronage* institué par l'ordonnance du 5 janvier 1846, en faveur des esclaves, *s'étendît aux affranchis,* et que des hommes, vraiment dévoués reçussent aussi la mission de mettre en œuvre tous les moyens, toujours si ingénieux de la bienfaisance, pour arracher les affranchis aux dangers de l'oisiveté, en même temps qu'ils les défendraient contre les atteintes de la misère? Ne serait-il pas à désirer que ces nouveaux apôtres d'une vraie et sincère philanthropie pussent sonder toutes les plaies de cette portion nouvelle de la société coloniale, et y verser le baume de la charité?

Et, surtout, *que, désormais, l'heure de la délivrance de la servitude soit aussi marquée par un double bienfait : que le gouvernement veuille bien constituer, à titre d'avance à chacun des nouveaux affranchis, un petit pécule qui, placé à une caisse d'épargne spécialement créée en leur faveur, leur ménage des ressources pour le tems de la vieillesse ou des infirmités ?*

Du reste, en organisant sagement le travail, *en créant des établissemens*, dans lesquels les affranchis, même les plus débiles, pourront s'employer, d'une manière assez productive, il serait facile au gouvernement de rentrer, peu à peu, dans ses avances, surtout, si la charité publique s'organisait aussi, de manière à ce que ses largesses fussent réparties avec une sage et juste mesure.

Je livre, Monsieur le duc, ces considérations à vos réflexions; et, si après les avoir pesées, au poids de votre expérience et de votre sagesse, vous pensez qu'elles soient susceptibles d'une utile application, je vous supplie, au nom de la sainte cause, que vous avez si noblement embrassée, de vouloir bien appeler l'attention du gouvernement du Roi, *sur les misères de la partie indigente de la population de couleur* qui, devenant chaque jour plus à charge aux colonies, les infecterait bientôt d'une plaie à jamais incurable, et d'autant plus affligeante, *qu'elle nous était jusqu'ici restée complètement inconnue :* LE PAUPÉRISME.....

Votre voix, je n'en doute pas, n'aura pas en vain frappé l'oreille de nos gouvernans; car, dans leur cœur, elle aura trouvé un sympathique écho, et vous vous serez créé de nouveaux droits à la reconnaissance de tous les vrais amis de l'humanité, sincèrement dévoués au soulagement de leurs frères.

Je crois être, Monsieur le duc, le faible interprète des sentimens de mes compatriotes de toutes les classes et de toutes les conditions, en vous assurant, à l'avance, de notre sincère et profonde gratitude, etc., etc.

Lannion, le 9 janvier 1844.

Extrait de la lettre que M. le Duc de Broglie a bien voulu m'écrire en réponse de celle qui précède.

Monsieur,

J'ai reçu la lettre que vous m'avez fait l'honneur de m'écrire le 9 janvier, et aussi les détails que voulez bien me communiquer sur Cayenne. — *Je ne perdrai point de vue les faits que vous mentionnez et les réflexions utiles qu'ils vous suggèrent, etc., etc.*

Agréez, Monsieur, la nouvelle assurance de ma considération la plus distinguée.

Signé, V. Broglie.

Paris, 21 janvier 1844.

Pour copie certifiée conforme :

Lannion, le 28 août 1846.

Hy. Pain.

TABLE SOMMAIRE

DE LA NOTE ADRESSÉE A M. GALOS, DIRECTEUR DE L'ADMINISTRATION GÉNÉRALE DES COLONIES.

NOTE SUPPLÉMENTAIRE

ADRESSÉE A M. LE DIRECTEUR

De l'Administration générale des Colonies.

ÉPIGRAPHES.

« Il faut borner la servitude naturelle à certains pays particuliers de la terre. *Dans tous les autres*, il me semble que, *quelque pénibles que soient les travaux que la société y exige, on peut tout faire avec des hommes libres.*

» Ce qui me fait penser ainsi, c'est qu'avant que le christianisme eût aboli en Europe, la servitude civile, *on regardait les travaux des mines comme si pénibles*, qu'on croyait *qu'ils ne pouvaient être faits que par des esclaves* ou des criminels. Mais on sait qu'aujourd'hui les hommes qui y sont employés vivent heureux. On a, *par de petits privilèges, encouragé* cette *profession ;* on a joint à l'augmentation du travail celle du gain, et on *est parvenu à leur faire aimer leur condition, plus que toute autre qu'ils eussent pu prendre.*

» *Il n'y a point de travail si pénible, qu'on ne puisse proportionner à la force de celui qui le fait*, pourvu *que ce soit la raison et non l'avarice qui le règle.* On peut, par la commodité des machines, que l'art invente ou applique, *suppléer au travail forcé, qu'ailleurs on fait faire aux esclaves.* Les mines des Turcs dans le bannat de Temeswar, étaient plus riches que celles de Hongrie, *et elles ne produisaient pas tant, parce qu'ils n'imaginaient jamais que les bras de leurs esclaves.*

» Je ne sais si c'est l'esprit ou le cœur qui me dicte cet article-ci : *Il n'y a peut-être pas de climat sur la terre, où on ne pût engager au travail des hommes libres.* »

(De Montesquieu, *de l'Esprit des Lois.* t. ii, livre xv, ch. viii.)

NOTE SUPPLÉMENTAIRE

ADRESSÉE A M. LE DIRECTEUR

De l'Administration générale des Colonies.

A M. le Directeur de l'Administration générale des Colonies.

J'ai émis, page 39 de la note qui précède, cette proposition : « Qu'à la Guyane, comme partout ailleurs, » l'Européen peut vaillamment se livrer à tous les travaux » que commandent l'agriculture et l'industrie. »

Qu'il me soit permis de l'appuyer de quelques nouvelles réflexions :

Plus que personne, le gouvernement du Roi est fixé sur cette question du travail des Européens, non-seulement à la Guyane, mais même aux Antilles... que dis-je? il n'y a plus là de question; à ses yeux, elle doit être, depuis longtems résolue :

En effet, tous les travaux qui se rattachent aux fortifications et aux voies de communication sont exécutés, tant aux Antilles qu'à Cayenne, non-seulement par les détachemens du génie et de l'artillerie, mais encore par ceux de l'infanterie de marine.

Et si, en présence de tous les documens officiels, que possède le gouvernement sur les heureux résultats de l'emploi des soldats européens à ces travaux, il m'était permis de faire entendre mon faible témoignage, je dirais que, pendant deux années entières, du 9 mars 1844 au 9 mars 1846, j'ai, non-seulement vu, à la Guyane, des soldats travailler à casser des roches sur les bords de la mer, soit pour le compte de l'administration, soit pour celui des particuliers; mais que bien souvent même, je prenais plaisir à causer avec eux. — Ils travaillaient, — et je crois que mes souvenirs me sont restés fidèles, — de 6 à 10 heures du matin, et de 2 à 6 heures du soir, *et n'avaient que de simples chapeaux de paille pour se préserver de l'ardeur du soleil.* Ils ne se plaignaient pas que ces travaux leur occasionnassent la plus légère incommodité, et la chaleur, tempérée par le vent d'Est et la brise de mer, leur paraissait très-supportable.

Pendant un séjour de trois semaines, que j'ai fait au quartier d'Approuague, j'ai vu aussi les soldats du poste s'employer *très-activement à des travaux de terrassement, dans un endroit fort marécageux.*

Du reste, toujours on s'est assez généralement accordé à reconnaître, à Cayenne, que les soldats travaillaient *infiniment plus vite et mieux* que les noirs.

Et, en France comme aux colonies, les plus grands détracteurs du climat de la Guyane, ceux-là mêmes qui s'élèvent avec le plus de force contre la solution favorable de la question du travail des Européens, sous les tropiques, n'ont pu, eux aussi, résister à l'évidence des faits.

Mais ne voulant pas, cependant, déserter la cause injuste qu'ils soutiennent ; et, se réfugiant dans une distinction vraiment étrange, ils s'obstinent à maintenir que, si l'Européen peut être, à la Guyane, un ouvrier actif et laborieux ; s'il peut s'y courber, même en plein air et sous le poids de la chaleur du jour, sur tous les instrumens nécessaires à l'exercice de tous les genres de métiers, il ne saurait, sans exposer ses jours, y *cultiver la terre*.

Opinion étrange ! distinction dérisoire, et que la mauvaise foi peut seule inspirer !

Ils poussent ce système jusqu'à reconnaître que, non-seulement l'Européen peut, à la Guyane, exercer tous les genres de métiers, mais encore s'y faire terrassier, manœuvre, carrier, creuser des tranchées, élever des fortifications, extraire et broyer des pierres, aller les demander *aux entrailles de la terre* après l'avoir *profondément creusée, bouleversée... mais qu'il ne saurait impunément cultiver cette terre, la féconder par le travail.*

Il est tel habitant des Antilles, ou de la Guyane, qui trouverait même fort mauvais que l'administration n'employât pas les soldats européens à tous ces travaux qui profitent aux colonies et les dotent de quais, chaussées, canaux, chemins publics, fortifications, etc., etc., etc., et n'en persiste pas moins à soutenir que ces Européens qui, *pour exécuter tous ces travaux, sont obligés de creuser, remuer, bouleverser la terre... ne sauraient impunément y toucher, s'il s'agissait de la cultiver.*

Motif secret de cette contradiction: sous les Tropiques , l'Européen peut se livrer à tous les genres de métiers, mais il ne saurait, sans danger, y cultiver la terre.

Opinion étrange et dérisoire, je le répète !.... mais non : car *le secret* de cette contradiction flagrante, *la clef de ce système* les voici :

Admettre que l'Européen puisse se faire laboureur, cultivateur aux colonies, ce serait admettre que la canne, le cotonnier, le rocouyer, etc., etc., peuvent être cultivés par *d'autres que les esclaves noirs ;.... ce serait reconnaître la possibilité du travail libre,* à jamais condamner, frapper de mort l'esclavage des noirs....

Or, il est encore, de nos jours, non-seulement aux colonies, mais en Europe , mais en France même , des partisans quand même de l'esclavage des noirs et du trafic odieux de la traite ; il est encore — mais le nombre en est heureusement fort restreint — bien que , pourtant, en Europe et même en France, il soit resté plus considérable qu'aux colonies, — il est, dis je, de ces âmes insensibles, de ces cœurs froids et égoïstes , chez lesquels la suprématie du commandement , l'absolutisme du pouvoir , l'amour des priviléges , l'*esprit de caste*, et surtout la voix irrésistible d'une honteuse et insatiable cupidité, dominent toute question sociale ; il en est qui, voulant avant tout amasser de l'or, en remplir leurs coffres, et n'envisageant, qu'au point de vue de l'intérêt privé, toutes les nobles réformes, et la réhabilitation de l'espèce humaine elle-même, font descendre toutes ces idées, si grandes et si généreuses au niveau de leurs basses spéculations, de leurs calculs sordides et mercantiles. — Dans la pensée de ces hommes — et , je le répète avec bonheur , le nombre en est bien restreint, — car parmi leurs plus ardens sectaires, il en est un grand nombre qui, trompés, entraînés par eux dans l'erreur, croient de bonne foi, que l'Européen ne pourrait, sous les tropiques, cultiver la terre. — Dans la pensée de ces hommes, cette proposition : l'Européen ne peut cultiver la terre sous les Tropiques, n'offre que les prémices du système; les conséquences, les conclusions, qu'ils en veulent déduire, les cachant sous un masque trompeur, espérant conduire la France à les consacrer, les voici :

« L'Européen ne peut cultiver la terre dans les régions
» équinoxiales, *donc les esclaves noirs y sont nécessaires,*
» *indispensables*, et proclamer l'émancipation, ce serait
» décréter la perte, l'abandon de nos possessions coloniales. »

Aussi, ces hommes, en présence même de tous les sacrifices, que s'impose la France pour détruire, à jamais, l'infâme trafic de la traite, se nourrissent-ils encore de la pensée que cet anathème ne sera pas irrévocable.....

Ces hommes — et, chose étrange, ce n'est pas aux colonies — je le redis avec un noble orgueil — qu'ils sont en plus grand nombre — ces hommes, loin de croire l'esclavage à jamais condamné, en rêvent encore le maintien, élément indispensable de leur trafic odieux; aussi, pour amener la France à consacrer leurs coupables rêveries, s'efforcent-ils d'accréditer cette opinion : « l'Européen ne
» peut, sans s'exposer à une mort aussi certaine que pré-
» maturée, cultiver la terre sous les Tropiques. »

» La convention nationale, se disent-ils, avait, le 16
» pluviôse an II, proclamé que, dans toutes les colonies
» l'esclavage des noirs était à jamais aboli, *et l'esclavage a*
» *été rétabli, et l'esclavage subsiste encore...* La traite n'a-
» vait-elle pas aussi été abolie, par l'arrêté du 29 mars 1815,
» et l'article additionnel du traité du 20 novembre 1815, la
» loi du 18 avril 1818, etc., etc. ? Des mesures, plus ou
» moins sévères, ayant pour objet sa complète répression,
» n'avaient-elles pas été consacrées par l'ordonnance du
» 8 janvier 1817, la loi du 15 avril 1818, les ordonnances

» des 24 juin 1818, 22 décembre 1819, 13 août 1823, etc.?
» et, bien que la loi du 25 avril 1827, eût elle-même ajouté
» à la sévérité des dispositions qui l'avaient précédée...
» En dépit de toutes ces ordonnances, de tous ces décrets,
» de toutes ces lois, la traite n'était-elle donc pas en pleine
» vigueur en 1830... Et, si la loi du 4 mars 1831, si les
» conventions des 30 novembre 1831 et 22 mars 1833, lui
» ont porté des coups plus terribles, la nouvelle convention
» du 29 mars 1845, ne vient-elle donc pas de constater
» elle-même que ces coups, si terribles qu'ils fussent, n'a-
» vaient pu, cependant détruire, anéantir la traite...

» Eh bien ! soutenons, persistons à maintenir... Effor-
» çons-nous de faire prévaloir cette opinion : *que l'Européen
» ne peut, sous les Tropiques, cultiver la terre, que le
» travail libre n'est qu'une vaine utopie...* Et, en présence
» des difficultés que présente la répression de la traite ; en
» présence des sacrifices considérables qu'impose à la
» France et à l'Angleterre l'exécution de la convention du
» 29 mai, d'une part, et de l'autre, croyant enfin à l'im-
» possibilité de suppléer, par le travail des Européens, aux
» ressources qu'offrait la traite, bientôt, la France et l'An-
» gleterre se décourageront. — Les maladies, d'ailleurs,
» décimeront les équipages, la dissension éclatera parmi
» les chefs des deux escadres... et, bientôt, si nous n'obte-
» nons que la loi vienne proclamer que la traite est un
» commerce comme un autre, et l'Africain une marchan-
» dise,... du moins, à cet enthousiasme philanthropique qui,
» aujourd'hui, fulmine contre nous l'anathème et les peines
» les plus sévères, succédera cette tolérance, qui, depuis
» 1815 jusqu'à 1830, nous a laissés librement exercer, en
» dépit des lois, des ordonnances, des décrets, *notre com-
» merce de billes d'ébène...* bientôt, en un mot, revivront
» pour nous les beaux jours de la traite... »

Voilà tout le secret de cette contradiction apparente, la clef de ce système : « L'Européen qui, aux Antilles et à la » Guyane, peut se livrer à tous les genres de métiers, éle- » ver des remparts, ouvrir des routes et des tranchées, ne » saurait impunément y cultiver la terre... »

Mais la France, mais le gouvernement du Roi ne se laisseront pas abuser : ils feront justice de cette trame honteuse et mensongère, cachant, sous les dehors de la vérité, ses calculs infâmes, ses espérances odieuses ; ils feront justice de ce faux-semblant de philanthropie qui, sous le prétexte de protéger l'Européen contre de funestes tentatives de colonisation, ne médite, ne demande, ne poursuit que la réhabilitation de ce trafic odieux, que réprouvent les saintes lois de la raison, de l'humanité, de la religion.

Oui, le gouvernement du Roi saura faire tomber ce masque perfide ;

Oui, par l'emploi énergique, continu, persévérant des moyens puissans, dont la convention du 29 mai vient d'armer la France et l'Angleterre, elles sauront déjouer les ruses de tous ces traitans audacieux, soit que, souillant le pavillon national, ils osent en couvrir leurs criminelles tentatives, soit que, sous des couleurs faussement usurpées, ils espèrent plus facilement échapper à la surveillance vigilante et active, dont ils sont l'objet (A).

(A) Reconnaissons-le, pourtant, la convention du 29 mai, elle-même n'obtiendrait que des résultats insuffisans, si, pour combattre la traite et l'esclavage, au milieu même de leur foyer le plus actif, les lumières de la religion de Jésus-Christ n'étaient portées, dévelop-pées par de nombreux et fervens apôtres au sein des populations africaines. Aussi, combien tous les vrais amis de l'humanité et de la vérité, doivent-ils, par tous les moyens qui sont en leur pouvoir,

Mais, pour étouffer complètement, par des faits positifs, irrécusables, ces voix mensongères qui lui crient : « L'Européen ne saurait impunément aller demander à la terre si féconde de la Guyane des élémens de richesse et de prospérité, » que la France entière unisse ses efforts à ceux de ces hommes recommandables qui composent déjà la Société d'études pour la colonisation de la Guyane ;

Que la France entière se montre avide de recueillir, enfin, tous les riches produits, tous les trésors de cette terre, si longtems calomniée, méconnue, négligée, oubliée; et, pour jouir, enfin, de toutes les magnificences de cette nature puissante et grandiose, de cette végétation luxuriante, que la France fasse entendre au gouvernement, porte au pied du trône, ses désirs et ses vœux.

Et si, les accueillant, le gouvernement du Roi se montre disposé à favoriser la colonisation de la Guyane, par l'*immigration, sagement dirigée, prudemment conduite;* s'il consent à s'imposer quelques sacrifices qui, bientôt, lui seront largement rendus, le seul, le plus sûr moyen qu'il puisse adopter *pour préparer* les lieux à recevoir ces nouveaux élémens de colonisation européenne, c'est d'ordonner, avant tout, l'exécution du projet émis par M. J. Le Chevalier, projet, dont le plan, si sagement combiné, offre toutes les garanties désirables.

Car la pensée fondamentale de ce projet, ce n'est pas uniquement d'obtenir, par le travail libre des noirs qui cultivent aujourd'hui les douze mille hectares seulement de terre actuellement mis en culture à la Guyane, des résultats plus

---

s'efforcer de seconder les travaux persévérans, par lesquels l'institut d'Afrique, cette Société éminemment philanthropique ne cesse de poursuivre cette grande tâche de régénération.

avantageux que ceux qu'on en retire ; c'est d'employer, surtout, *en centuplant leurs forces par l'association et l'apport
des capitaux*, les 20,000 habitans de toutes conditions qui
composent cette petite et chétive population, à disposer les
lieux, de manière à ce que, bientôt, ils puissent recevoir
une population nouvelle, dont la force sera plus en rapport
avec cette nature puissante, en présence de laquelle la population actuelle ne peut que s'épuiser dans l'impuissance
de ses moyens...

Mais, si la Guyane a des terres pour vingt millions de
bras ; si ses immenses forêts d'une profondeur inconnue,
peuvent à elles seules, *largement approvisonner tous les
chantiers de construction de l'Europe entière ;* si ses vastes
pâturages, aujourd'hui déserts, ne demandent que quelques
légers sacrifices, quelques faibles avances, pour se peupler,
bientôt, d'innombrables troupeaux ; si la France, en un mot,
peut faire de la Guyane, une colonie puissamment productive ; il ne faut pas cependant, que l'enthousiasme égare ; il ne
faut pas que le désir de mettre en présence de cette grande
et forte nature, une population qui lui soit en harmonie,
fasse commettre les fautes, à jamais déplorables, de 1763 :

Pour coloniser la Guyane, il faut, avec soin, éviter les fautes de 1763.

Si, au lieu d'entasser, dans l'espace de quelques mois,
douze mille individus sur les bords du Kourou, on se fût
contenté d'y transporter, la première année, cinq ou six
cents colons, mille au plus ; si, au lieu de prendre les élémens de colonisation parmi les oisifs et les paresseux de la
capitale et de toutes les autres villes de France, on eût
scrupuleusement choisi les nouveaux colons parmi des
hommes habitués, ceux-ci, à se courber sur les instrumens aratoires, à manier habilement, ceux-là, l'herminette
et la hache, exercés, les uns, à creuser des canaux, à des-
sécher les terres, les autres à les défricher et les mettre en

Colonisation progressive, choix des colons, etc., etc.

culture ; si, avant tout, on eût songé à pourvoir cette petite
colonie de tous les approvisionnemens nécessaires , à continuer, entretenir ces approvisionnemens , pendant quinze
à dix-huit mois , deux à trois ans au plus , en ayant, toutefois , soin de ne les distribuer qu'avec mesure et sagesse ;
si, surtout , à la tête de cette population, on eût placé des
hommes habiles et expérimentés , probes *et sincèrement
dévoués à la cause commune*, au lieu de ces chefs qui , les
premiers, ont porté le désordre et la dévastation dans cette
désastreuse expédition de Kourou, qui , les premiers , y ont
répandu la contagion du mauvais exemple, y ont fait éclater
les premiers germes de discorde et de désunion ; si tous ces
chefs, non moins insensés que coupables, se fussent efforcés
d'imiter les vertus , la fermeté , l'énergie , le dévoûment
désintéressé , le zèle éclairé du célèbre Simon Mantelle ;
si , au lieu de paralyser ses généreux efforts, d'annihiler ses
sages précautions ; si , au lieu de mépriser les conseils que
leur offrait sa prudente expérience , ils se fussent fait une
loi de se modeler sur cet homme recommandable , bientôt,
à ces premiers essais, sortis victorieux de la lutte ; bientôt
à cette petite colonie , devenue florissante et prospère , on
eût pu adjoindre, dans une proportion double de la première tentative, de nouveaux élémens de force et de population : conduits, guidés, eux aussi par les mêmes principes d'ordre et de prévoyance, ils eussent profité de
l'expérience et des travaux de leurs devanciers, élargissant ainsi progressivement le cercle des défrichemens et de
la culture, en même temps que celui de la population.
Ainsi conduite et dirigée , à quel degré de prospérité, ne fût
pas arrivée, je le demande, dans quelle proportion ne se
fût pas multipliée, bientôt , cette population européenne ,
si follement, si cruellement sacrifiée, dans le court espace
de quelques mois...

Et, si à ma faible voix pouvait, du sein de la tombe, s'unir la grande et puissante voix de toutes ces malheureuses victimes...

Oh ! ce n'est pas le climat de la Guyane qu'elles traduiraient, elles, à la barre de l'opinion publique ; car elles diraient que, sur les navires où , sans précaution aucune , on les avait entassées dans la malpropreté et le désordre, déjà, pendant la traversée , et bien avant qu'elles pussent se ressentir de l'influence du climat, les maladies les plus désastreuses avaient éclaté au sein de ces foyers pestillentiels; et ce n'étaient pas , la plupart, du moins, des colons, mais des malades, affaiblis, épuisés , qui débarquaient sur cette plage , qu'on venait, disait-on, féconder par le travail ; ce n'étaient pas des instrumens de défrichement et de culture , que demandaient leurs voix éteintes par la souffrance , mais un hôpital et des lits... Mais de même qu'on n'eût pu leur fournir des instrumens et des outils ; de même qu'on n'avait pas même songé à les en pourvoir... on ne put, non plus, accorder à leurs cris de détresse et de souffrance , un hôpital, pas même un simple hangar, où ils pussent, au moins, abriter leurs misères... Non ! elles n'accuseraient pas non plus cette terre de la Guyane, que l'Eropéen ne saurait , dit-on , cultiver impunément ; car les malades qu'on y avait débarqués, succombèrent bientôt, *privés de tout secours* ; et le petit nombre de ceux qui, pendant la traversée, avait conservé la santé et la force, ne tardèrent pas à trouver, eux aussi , les maladies, la misère et la mort dans leurs déréglemens et leur paresse , *avant qu'ils eussent même songé à cultiver un champ de riz ou de manioc...*

Cette désastreuse expédition ne peut donc, sous aucun rapport, offrir le plus spécieux argument à l'appui de cette

opinion « que l'Européen ne peut impunément cultiver la
» terre sous les Tropiques. »

Mais il y a plus , c'est que de nombreux exemples s'é-
lèvent , avec cette force puissante , que portent en eux des
faits positifs et réitérés, pour contredire cette mensongère
opinion :

*Ne sont-ce pas en effet des Européens qui, pendant plus d'un
siècle , ont défriché, créé, cultivé, entretenu les premières
habitations des Antilles et de la Guyane,* alors que le règne
de l'esclavage des noirs n'avait pas encore remplacé
l'usage des engagemens, contractés le plus habituellement
pour trois ans , d'où les émigrans prirent le nom d'engagés
ou trente-six mois [1]?

Et , depuis, ne vit-on pas encore , à toutes les époques;
ne voit-on pas même, aujourd'hui, des soldats libérés obtenir de petites concessions, les défricher eux-mêmes, créer
d'abord des plantations de vivres , puis acheter un ou deux
esclaves, étendre, peu à peu, le cercle de leurs cultures,
et devenir, bientôt, de petits propriétaires assez aisés, surtout dans les quartiers, où, aux travaux de l'agriculture,
ils peuvent réunir l'éducation du bétail. — Et ces exemples
de succès et de prospérité, n'ont-ils pas aussi été offerts par
quelques-uns des colons échappés au désastre de Kourou?

Lors, qu'après les avoir arrachés à une mort certaine [2],
Simon Mantelle eût ramené à Cayenne ces tristes débris du
drame horrible qui venait de s'accomplir sur les bords du

---

[1] N° 4 des publications de la Société d'études, pour la colonisation de la Guyane française ; introduction aux extraits des auteurs et
voyageurs qui ont écrit sur la Guyane , par M. Victor de Nouvion ,
page 48.

[2] Mêmes publications, même numéro, page 191.

Kourou, ces malheureux périrent-ils, eux-aussi, sous l'influence climatérique de la Guyane ?

Non, et ce n'est pas à l'oisiveté, *mais bien à la culture de cette terre, tant calomniée, qu'ils durent leur conservation :*

En effet, M. Maillard, ordonnateur à Cayenne, fit distribuer à ces malheureuses familles, environ [1] huit cents têtes de bétail; et, *c'est sur ces mêmes bords où ils avaient vu si misérablement succomber leurs compatriotes, que le plus grand nombre de ces nouveaux habitans allèrent former leurs établissemens : c'est à Kourou* et dans les savanes de Synnamary et d'Iraconbo, que, joignant à l'éducation du bétail la culture de la terre, ils trouvèrent tous bientôt, sinon la richesse, mais du moins, une abondante aisance.

Ces faits *ne prouvent-ils donc pas, de la manière la plus incontestable, que ce n'est ni le climat, ni la terre de la Guyane qu'il faut accuser du désastre* à jamais déplorable des bords du Kourou.

D'un autre côté, bien qu'en général, les habitans des colonies évitent, avec soin, d'employer aux travaux de l'agriculture les soldats, appartenant aux diverses garnisons des Antilles ou de la Guyane, il s'en est fréquemment rencontré, il s'en rencontre chaque jour encore, qui, ne subissant pas l'empire des préjugés, se sont estimés fort heureux de pouvoir mettre à profit, l'expérience, l'habileté, le bon vouloir des soldats européens. — Arrachés, par ces occupations, aux dangers de l'oisiveté et de l'intempérance, ces travailleurs jouissaient d'une santé parfaite, loin de

Soldats Européens employés à des travaux d'agriculture, par plusieurs habitants de la Guyane.

---

[1] Publications de la Société d'études pour la colonisation de la Guyane française, N° 4, extraits de divers auteurs et voyageurs qui ont écrit sur la Guyane, par M. Victor de Nouvion, pages 262-263.

rencontrer cette mort certaine, dont on menace l'Européen qui, sous les Tropiques, veut cultiver la terre.

Et pour ne citer que des exemples récens [1], M. Favard, délégué actuel de la Guyane, ne les employait-il pas à abattre des arbres et défricher ensuite le terrain ? M. Bernard, l'un des habitans les plus éclairés de la Guyane, n'a-t-il pas fait *labourer à la charrue, par des soldats européens,* 64 hectares *de terres d'alluvion ?* Et ces hommes qui, travaillant *avec une ardeur* que l'homme recommandable qui les dirigeait s'efforçait, sans cesse, de modérer, faisaient chacun, dans une journée de huit heures seulement employées au travail, *l'ouvrage de trente-cinq noirs,* n'ont-ils pas joui constamment de la santé la plus parfaite ?

En présence de tels faits, ce que je vais dire de l'expérience, que j'ai eu moi-même occasion de faire de l'aptitude des soldats européens aux travaux de l'agriculture, paraîtra bien peu concluant. Mais qu'importe la petite durée du tems, pendant lequel les travaux sont exécutés : Si le climat de la Guyane était à ce point meurtrier, qu'on le prétend, il suffirait de travailler, pendant un seul jour, sous l'ardeur *de ce soleil dévorant,* pour en subir la triste influence et succomber à la fin du jour : Qu'importe encore que les travaux exécutés soient plus ou moins considérables, si, à leur exécution, les travailleurs ont consacré toute leur activité, déployé toutes leurs forces.

Désireux d'essayer, en 1836, la culture de quelques plantes qui me paraissaient pouvoir offrir d'heureux résultats, surtout aux propriétaires peu fortunés qui ne peuvent

---

[1] Publications de la Société d'études pour la colonisation de la Guyane française, n° 4, extraits de divers auteurs et voyageurs qui ont écrit sur la Guyane, par M. Victor de Nouvion, pages 573 et 438.

disposer que d'un petit nombre de bras ; et mes occupations me retenant à la ville, je résolus d'acquérir, aux alentours, quelques petits terrains. Je commençai par en acheter un, sur le bord de l'anse, à l'extrémité du nouveau quartier de la savane ; il était complètement inculte, rempli, non-seulement de broussailles et de aziers, mais même d'arbres assez forts, de souches qui avaient jeté des racines très-profondes. Pour mettre ce terrain en culture, je voulus d'abord m'adresser à des nègres libres, auxquels je proposai un arrangement qui me semblait leur être fort avantageux : ils eussent défriché et préparé la terre, semé et planté, moyennant une somme déterminée ; puis, les associant à ma petite exploitation, je leur faisais l'abandon de tous les légumes qu'ils eussent pu cultiver, dans les intervalles, assez largement espacés des plantes, dont je voulais essayer la culture. De plus, je leur offrais deux bonnes rations de vivres par semaine, pendant six mois, et enfin, de leur faire construire, à l'un des angles du terrain, une petite case, divisée en deux ou trois pièces, dont la jouissance leur eût été laissée pendant la durée de notre petite association. En échange de ces avantages, ils devaient entretenir la culture, soigner mes plantes, détruire les mauvaises herbes, arroser, etc., etc., *ce qui leur eût encore laissé le loisir de pouvoir s'employer ailleurs ;* et si, plus tard, mes essais offraient d'heureux résultats, *ils devaient les partager avec moi,* dans des proportions fort raisonnables.

Je m'adressai successivement à plusieurs nègres qui, au premier mot, refusèrent mes propositions, préférant vagabonder, vivre au jour le jour, en allant chercher quelques crabes dans les palétuviers. Enfin, après un grand nombre de tentatives infructueuses qui m'affligèrent profondément, parce que, dès cette époque, elles me convainquirent que les noirs libérés ne travailleraient, — sauf quelques rares exceptions — que s'ils y étaient contraints par des réglemens sévères, paralysant en quelque sorte en eux l'abus de la liberté, je parvins à trouver trois nègres qui parurent accueillir mes propositions. Nous allâmes ensemble visiter les lieux. J'avais eu le soin de faire dresser un plan, reproduisant parfaitement les distributions, les divisions qui devaient, après le défrichement opéré, affecter chacune des parties du terrain à telle ou telle destination. D'abord les nègres ne firent pas trop de difficultés à conclure le marché; mais, lorsque je leur eus expliqué, le plan à la main, toutes mes intentions, ils commencèrent à faire entendre mille objections, prétendirent qu'il y avait du travail *pour trois mois* et demandèrent un prix beaucoup plus élevé que celui qui me semblait devoir être le juste salaire du travail qu'il y avait à faire. Enfin, je souscrivis à ces exigences, et ils consentirent à parcourir le terrain avec moi, me faisant, à chaque pas, remarquer les souches et les racines qu'il fallait extraire. Bientôt nous rencontrâmes, sous les aziers, deux énormes fourmillières... c'est alors, surtout, qu'ils se récrièrent, faisant entendre mille doléances, voulant encore élever le salaire convenu. Je tins bon, le prix que je donnais me paraissant être déjà le double de ce qu'il devait être, et le marché fut définitivement conclu. Rendez-vous fut pris pour le lendemain matin, à six heures, sur le terrain, afin de mettre, de suite, la main à l'œuvre. Les nègres s'étaient chargés de se procurer les instrumens nécessaires, que je devais payer. Je fus exact au rendez-vous; à sept heures, mes compagnons de travail n'étaient pas arrivés; j'allai chez l'un d'eux; il n'y était pas. Je revins au terrain, où j'attendis jusqu'à huit ou neuf heures, et, mes occupations m'appelant à la maison, j'y retournais, lersque je rencontrai l'un des nègres qui, de la part de ses compagnons, venait m'annoncer que ces derniers ne voulaient pas tenir leur marché, et que, pour lui, il ne pouvait exécuter seul le travail; mais qu'il allait faire en sorte de s'adjoindre deux camarades *qu'il prendrait à la journée, réservant pour lui seul les avantages stipulés*. Huit ou dix jours après, il vint me déclarer que, *n'ayant trouvé personne qui voulût le seconder*, il se voyait obligé de rompre le marché.

J'en fus vivement contrarié, péniblement affecté; car, après avoir, depuis longtems, rêvé le travail libre des noirs, je me voyais forcé de reconnaître que, dans les premières années, du moins, qui suivraient l'abolition de l'esclavage, il faudrait encore user de certaines rigueurs envers les émancipés, pour les amener, peu à peu, à se livrer d'eux-mêmes au travail.

Quelques jours après, j'eus occasion de voir M. Caternault, capitaine-adjudant du bataillon d'infanterie de marine, alors en garnison à Cayenne, et de lui raconter ce qui m'était arrivé. « Que ne faites-vous marché avec des » soldats, me dit-il, nous avons un grand nombre de cul- » tivateurs, qui ne demandent pas mieux que de s'employer. » Je puis, surtout, vous en désigner trois qui travaillent, » déjà, dans quelques jardins de la ville; je vous assure » que vous en serez satisfait. »

Dès le lendemain, j'avais parcouru mon terrain avec mes trois nouveaux compagnons de travail; ils avaient parfaitement conçu l'exécution du plan que je leur soumettais; *et, pour un prix qui ne s'élevait pas même à la moitié de celui que m'avaient demandé les nègres*, ils se chargèrent de défricher, défoncer et distribuer le terrain.

Pendant *dix jours, ils travaillèrent du matin au*

soir, interrompant seulement leur travail, de onze heures du matin à deux heures de l'après-midi. *Nous étions en novembre, l'un des mois les plus chauds de l'année:* les pluies n'avaient pas encore commencé à tomber. *Ils avaient de simples chapeaux de paille,* au fond desquels je leur donnai le conseil de placer de larges feuilles, assez épaisses, ce qui les garantissait mieux encore des rayons du soleil [1]. — *Dans ces dix jours, ils m'avaient fait un travail que trois nègres n'eussent pas exécuté dans trois mois;* et, pendant, il leur avait fallu fouiller la terre à une assez grande profondeur, pour extraire les racines et détruire les fourmis rouges, dont les retraites se ramifiaient à l'infini. Nous nous séparâmes contens les uns des autres, et je leur promis, qu'aussitôt que mon terrain serait clos, je ferais un nouveau marché avec eux pour le cultiver ; que, du reste, j'allais en acquérir d'autres, qu'ils auraient aussi à défricher.

Mais, bientôt, je fus obligé de quitter, à mon grand regret, la Guyane, et de renoncer à tous mes projets.

L'ardeur et la grande aptitude que j'ai toujours vu les soldats apporter, à la Guyane, aux travaux qui leur étaient confiés, donne, selon moi, un terrible démenti à cette opinion, aussi faussement que malheureusement accréditée : « que, sous les Tropiques, l'Européen ne peut cultiver im-
» punément la terre. »

Faire de Cayenne une station d'ac-

Aussi, ai-je la conviction la plus intime, qu'il y aurait d'immenses avantages pour le pays à ce que, selon le projet,

---

[1] Au lieu de simples chapeaux de paille, il serait, je crois, mieux que les Européens, travaillant à l'ardeur du soleil, adoptassent des feutres gris, très-légers et à bords fort larges, se rabattant sur le cou et le visage.

dont l'administration avait, de 1825 à 1828, conçu la pensée, on fît de Cayenne une station d'acclimatement pour les militaires destinés aux garnisons des Antilles : Sous tous les rapports, cette mesure offrirait, je le répète, d'immenses avantages , d'abord, les militaires n'arriveraient aux Antilles, dont le climat — il ne peut y avoir le moindre doute à cet égard — est moins sain que celui de la Guyane , qu'après s'être préparés , dans cette dernière colonie, à supporter l'influence climatérique des Antilles ; et d'un autre côté, la présence de ce grand nombre de soldats à Cayenne offrirait aux habitans qui voudraient les employer, un moyen de suppléer puissamment aux bras esclaves qui leur manquent, *et dont le nombre ne fera que décroître, surtout , si l'émancipation générale se faisait attendre longtems encore.*

Ces occupations auraient, pour les soldats eux-mêmes , l'immense avantage de contribuer puissamment à leur acclimatement, et de les préserver des dangers de l'intempérance et de l'oisiveté.

Il serait aussi très-avantageux, en attendant que le projet de colonisation de M. Jules Le Chevalier fût mis à exécution , et surtout *si, pour le malheur de la colonie, ce projet doit être complètement abandonné*, de faire revivre pour la Guyane les dispositions de l'ordonnance du Roi du 18 octobre 1750 qui réglaient les concessions accordées aux soldats libérés des garnisons de Saint-Domingue.

Qu'il me soit permis de transcrire ici l'article 1er, ainsi conçu : « Dans *chacune* des trente-quatre compagnies » françaises de la garnison de Saint-Domingue, il sera » accordé , *chaque année, congé absolu à deux soldats,* » auxquels il sera concédé des terres ; néanmoins les » congés ne leur seront délivrés, qu'après que les soldats

» concessionnaires auront défriché et mis en valeur, pen-
» dant les trois premières années, le nombre de carrés de
» terre qui sera jugé convenable par le gouverneur, lieu-
» tenant-général, etc. »

Seulement, je crois qu'il serait à désirer : 1° que le nombre des congés fût au moins triplé, et 2° que la condition
première de ces concessions fût que les soldats libérés,
chaque année, *formassent entre eux une association*, dont
la durée serait de cinq années au moins, et *se fixassent sur
le même point*, exploitant ainsi, en commun, les concessions obtenues. Non-seulement cette union de leurs forces
leur offrirait d'immenses avantages ; mais encore il serait
plus facile à l'administration de leur offrir les secours, les
soins et la protection, dont ils auraient besoin, tels que
vivres, instrumens aratoires et autres, les médicamens et les
visites périodiques et rapprochées d'un médecin, etc., etc.

Les soldats congédiés auraient de grands avantages *à former des Etablissemens communs* dans les savanes de Sinnamary et d'Iraconbo.

L'essentiel serait aussi de bien choisir les lieux pour ces
petits établissemens, *et de soumettre les nouveax colons à*
des règlemens sévères, ayant pour objet de les prémunir
contre les écarts de l'intempérance et de l'oisiveté. Il faudrait qu'une surveillance de tous les instans s'exerçât à
leur égard.

Ne serait-il pas, surtout, à désirer que ces nouveaux
colons, auxquels leur position, assez peu aisée dans le
principe, ne permettrait pas d'espérer de s'allier à des
familles blanches ou de couleur possédant une certaine fortune, songeassent, au lieu de demander leurs compagnes au
concubinage, à contracter des unions légitimes avec des
jeunes filles de couleur, sortant des établissemens, dont,
dans mon *Mémoire* de 1842, j'ai indiqué la création?

Elevées dans les principes de la morale chrétienne, ayant,
d'ailleurs, contracté l'habitude du travail, elles apporte-

raient à ces nouveaux élémens de colonisation tous les gages de bonheur et de prospérité qui puisent leur source dans la crainte de Dieu et l'amour de la vertu.

Mais dans le but de favoriser ces mariages , il serait à désirer que le gouvernement s'imposât quelques légres sacrifices pour constituer une petite dot à ces pauvres filles.

Indépendamment des résultats qui viennent d'être signalés. ces unions présenteraient l'immense avantage , tout en proscrivant de plus en plus le concubinage, *d'accélérer la fusion si désirable de toutes les classes qui composent la société coloniale.* Déjà cette fusion tend à se former : plusieurs mariages ont eu lieu, dans ces derniers temps, entre des blancs , assez haut placés dans les rangs de la société coloniale et des personnes appartenant à la classe de couleur ; mais que de siècles il faudrait pour l'opérer complètement, si de nombreux encouragemens ne venaient seconder cette tendance , que le gouvernement du Roi ne saurait trop favoriser et développer.

Les savanes qui s'étendent entre Sinnamary et Iracombo, conviendraient parfaitement, si je ne me trompe, à la formation de ces petits établissemens ; car, à la culture des vivres et de quelques carrés de cotonniers, on y pourrait joindre la pêche des lamantins et des tortues de mer, et, surtout, la formation d'une ménagerie, *par chaque exploitation commune.*

Cette partie de la colonie conviendrait surtout, parce que possédant, déjà, un certain nombre d'établissemens , les nouveaux colons y seraient moins isolés que dans les savanes qui s'étendent entre l'Oyapock et l'Araguari, où bordent le lac Mapa, bien que, sous tous les autres rapports, ces dernières offrent les mêmes et de plus grands avantages que celles de Sinnamary et d'Iracombo.

Et pour que ces nouvelles ménageries pussent commencer

Leur accorder les mê-

avec un certain nombre de têtes de bétail, il serait à désirer que, comme le fit, en 1787, l'administrateur Lescallier, en faveur de trente soldats congédiés, qu'il envoya dans les quartiers de Sinnamary et d'Iracombo, y former, eux aussi, des hattes, accorder, à titre d'avances, pour cinq ans, à chacun de nos soldats congédiés, cinq têtes au moins de bétail [1]. Il serait indispensable de leur accorder aussi la même ration de pain et de viande, que Lescallier faisait distribuer à chacnn des membres de sa petite colonie.

Et, si ceux-ci, prospérèrent si rapidement, que, bientôt, ils purent acheter plusieurs nègres, pourquoi ne pas espérer les mêmes résultats des nouveaux essais qui sont proposés ici;

Si, au commencement de la révolution, les savanes de Sinnamary et d'Iraconbo étaient tellement pourvues de magnifiques troupeaux, qu'elles fournissaient, à la consommation du pays, à un prix aussi modique qu'en France (40 à 50 centimes le 1/2 kilogramme) [2], tandis qu'aujourd'hui, la viande provenant d'animaux, *achetés au Sénégal ou même en France*, se vend 80 à 90 centimes, même un franc, et souvent 1 franc 20 centimes;

Si, dès l'année 1775, le nombre de têtes de gros bétail, porté à plus de 16,000 [3], put, du superflu de la consommation, fournir au chargement de 25 caboteurs de la Martinique et de la Guadeloupe;

---

[1] N° 4. *Des Publications de la société d'études pour la colonisation de la Guyane Française*, pag. 263.

[2] Même numéro *Des Publications de la société d'études*, même page.

[3] Au 1er Janvier 1837, il n'y avait, au contraire, dans toute la Guyane, que 9,000 têtes environ de gros bétail, sur lesquelles on ne pouvait prélever *que 700 environ pour la consommation locale*. — Voir la *Notice Statistique, publiée par la société d'études pour la colonisation de la Guyane*, pag. 93 et 94.

Comment expliquer cette abondance, ces richesses d'alors, à quelles causes attribuer la misère et la pénurie actuelles?

Les causes de ces magnifiques développemens qu'avaient pris, dans un petit nombre d'années, les ménageries de Sinnamary et d'Iraconbo, ne devons-nous pas les voir dans tous les encouragemens accordés, tant par Lescalier que par d'autres administrateurs, ses devanciers, MM. Maillard, Delacroix et Mallouet, jaloux, comme lui, de voir prospérer ce beau pays de la Guyane?

Les causes de la détresse et de la pénurie actuelles sont non-seulement les désastres de la révolution, mais encore *l'indifférence* et l'apathie, dont, depuis bien longtems, étaient frappés le plus grand nombre des habitans de la Guyane, et, *surtout, l'insuffisance* des secours qui leur ont été accordés; insuffisance de secours qui, du reste, sous ce rapport, comme sous tant d'autres, n'a pas peu contribué à décourager, dégoûter les colons et entretenir cette apathie, à laquelle les plus éclairés d'entre eux ont senti la nécessité de s'arracher, en offrant aux autres l'exemple d'une courageuse et énergique persévérance.

Et, si le décret colonial du 21 octobre 1837, et l'arrêté local du 30 décembre 1837 ont institué des primes, tant en faveur des propriétaires de hattes qui présentent, chaque année, au concours public, les plus beaux animaux, ou qui auront introduit des améliorations dans le régime de leurs ménageries, qu'en faveur des introductions, par bâtimens français ou étrangers, de taureaux et vaches de belle race, certes la reconnaissance la plus profonde est, à jamais, acquise aux administrateurs qui se sont vus animés du désir de rendre ainsi aux ménageries de la Guyane leur prospérité première; mais, qu'il me soit permis de le répéter, la lenteur et la faiblesse des améliorations obtenues, prouvent évidemment l'insuffisance des secours et des encouragemens accordés.

A l'administration actuelle de faire sortir la colonie de la Guyane de sa maladive enfance.

Mais à l'administration actuelle est réservée la gloire de faire sortir la Guyane de cette maladive enfance qui, se prolongeant, contrairement à l'ordre naturel de la constitution des êtres et des choses, semble la retenir, en dépit de la durée des années et des siècles, dans les liens du pre-mier âge.

Oui, à l'administration actuelle, au gouvernement du Roi de frapper cette terre, si productive, de la baguette magique du bon vouloir, de l'énergie, s'unissant à la *persévérance*, et, centuplant ainsi la puissance des moyens, mis en œuvre, d'en faire, bientôt, jaillir mille sources fécondes de richesses, de grandeur, de prospérité. Aussi, en formant ici, le vœu que le gouvernement du Roi veuille bien accueillir favorablement les quelques propositions émises, tant dans cette note, que dans les autres écrits que j'ai l'honneur d'adresser à M. le directeur des colonies, ai-je la confiance la plus entière que, si ces propositions sont reconnues contenir le principe de quelques utiles améliorations, cet accueil favorable, que, dans l'intérêt de mon pays, ma faible voix vient solliciter de la bienveillance du gouvernement du Roi, leur est complétement assuré par avance.

Cette confiance, avec laquelle, nous devons, colons de la Guyane, envisager l'avenir, n'en trouvons-nous pas les motifs dans la sollicitude actuelle, dont le gouvernement du roi nous offre les preuves irréfragables? — Pour ne citer qu'un exemple, n'est-ce pas, sur la demande de son Excellence le ministre de la marine et des colonies [1], que les

---

[1] Prière de se reporter aux notes additionnelles placées à la suite de cette note supplémentaire.

chambres ont voté cette somme de 50,000 fr. destinée à
l'évaluation des propriétées de la Guyane, dans le but
d'arriver à l'exécution de ce vaste projet de colonisation qui
devait nous sauver et que nous avons si follement repoussé ?

N'est-ce pas encore cette bienveillante sollicitude qui vient
de placer à la tête de la colonie, l'un de ces hommes, aussi
dévoués qu'éclairés, dont le passage, toujours trop rapide, ne
peut, cependant, être marqué que par des traces profondes
dans la voie des progrès et des améliorations ; et si, dans
ces derniers tems, nos gouverneurs, surtout MM. Jubelin
et Layrle ont fait vivement regretter que des administrateurs aussi éminens, n'aient pu continuer à nous doter des
bienfaits de leur expérience, aussi sage qu'éclairée, espérons que, cette fois du moins, M. le gouverneur Parizet *qui
connaît si bien notre pays, ses besoins et ses ressources,*
daignera nous faire ressentir, longtems encore, les heureux
effets d'une administration, non moins paternelle qu'éminemment éclairée.

Oui, pénétrons-nous de cette conviction, que le présent
offre à l'avenir des gages certains de succès et de prospérité ; et, loin de répudier les moyens de salut et de réhabilitation qui nous sont offerts, empressons-nous d'appeler
sur notre pauvre pays de nouvelles faveurs, en accueillant,
avec empressement et reconnaissance, les bienfaits qui nous
seront offerts. — En échange de cette sollicitude et de ces
bienfaits, offrons, nous aussi, au gouvernement du Roi,
notre concours le plus illimité, notre participation la plus
entière, la plus dévouée ; *sachons apprécier et comprendre
les besoins et les nécessités de l'époque* ; et quand, dans ce
siècle, tout autour de nous progresse, grandit, se déve-
loppe ; quand, par des pas de géant, l'agriculture et l'industrie surtout, marquent tous leurs progrès immenses,

prodigieux, que les regrets du passé ne nous retiennent pas seuls à l'écart : Sachons jouir nous aussi de ces sources fécondes de richesse et de prospérité ; — mais, si nous voulons approcher nos lèvres de cette coupe dorée, sachons surtout nous en montrer dignes, en appelant à partager, eux aussi, cette liqueur précieuse tous ces pauvres noirs, dont les sueurs et les labeurs ont, seuls, depuis si longtems, fécondé nos champs de cannes et d'épices.

De la nécessité d'une Organisation nouvelle de la représentation de l'Agriculture coloniale.

Dispositions législatives qui régissent et protégent aux colonies l'agriculture.

Si dans ma lettre adressée à MM. les délégués des colonies, pages 5 à 33, et dans ma note à M. le directeur des colonies, page 32, je propose d'organiser, aux colonies, *sur les bases les plus larges des congrès* d'agriculture, et, dans chacun des cantons, des comices agricoles, etc. Ce n'est pas que je veuille prétendre qu'aucune disposition législative n'ait jamais régi et ne régisse encore l'agriculture aux colonies.

Sans remonter à une époque plus reculée, je me contenterai de rappeler :

1° L'arrêté du 23 ventôse an XI (14 mars 1803) ordonnant l'établissement de chambres d'agriculture à Saint-Domingue, à la Martinique, à la Guadeloupe, à Cayenne, à l'île de France, à l'île de la Réunion, — au nombre de quatre pour Saint-Domingue, et d'une seule pour chacune des autres colonies, etc., etc.

2° L'ordonnance du 13 novembre 1816, établissant un comité consultatif de l'agriculture et du commerce à l'île Bourbon, etc., etc.

3° Celle du 22 novembre 1819, qui a pour objet d'étendre aux autres colonies françaises l'établissement de ces comités, portant leurs membres à neuf pour Bourbon , la Martinique et la Guadeloupe, et à cinq pour Cayenne, etc., etc.

4° Celle du 13 août 1823 , ayant pour objet diverses modifications.

5° Celle du 21 août 1825, concernant le gouvernement de l'île Bourbon et dépendances.

Elle porte (article 182) : le conseil général *peut être* consulté par le gouverneur :

« 1° Sur les *améliorations* à introduire dans le régime inté-
» rieur de la colonie, spécialement dans le régime des esclaves.

» 2° *Sur les mesures à prendre pour favoriser* le com-
» merce et *l'agriculture.* »

« Art. 183. Le conseil général est spécialement chargé de
» signaler les abus à réformer, les économies à faire , les
» *améliorations* à introduire, et d'*exprimer ses vœux* sur ce
» qui peut accroître *la prospérité de la colonie* et intéresser
» le bien de notre service. »

Les articles 198 et 199 de l'ordonnance du 9 février 1827, sur le gouvernement de la Martinique et celui de la Guadeloupe.

Les articles 187 et 188 de l'ordonnance du 27 août 1828, concernant le gouvernement de la Guyane, reproduisent les mêmes dispositions.

L'article 27 de l'ordonnance du 21 août précitée, concernant le gouvernement de l'île Bourbon, porte :

« § 1. Le gouverneur prend connaissance de *l'état des*
» *besoins de l'agriculture et pourvoit à tout ce qui peut*
» *en accroître et en améliorer les produits.*

» § 2. Il distribue les *primes* et *encouragemens* accordés
» par le gouvernement. »

Aux termes de l'article 156, les attributions conférées au gouverneur par ce dernier paragraphe de l'article 27, sont exercées par lui, après avoir pris l'avis du conseil privé, mais sans qu'il soit tenu de s'y conformer.

Les dispositions de ces deux articles ont été textuellement reproduit dans :

1° Les articles 28, § 1 et 2, et 172 de l'ordonnance du 9 février 1827, concernant le gouvernement de la Martinique et celui de la Guadeloupe.

2° Les articles 27, § 1 et 2 et 161 de l'ordonnance du 27 août 1828, concernant le gouvernement de la Guyane.

Enfin, la loi du 24 avril 1833, qui remplace le conseil général de nos diverses colonies, ci-dessus indiquées, par un conseil colonial, porte :

« Art. 10. Le conseil colonial *peut faire connaître ses* » *vœux sur les objets intéressant* la colonie, soit par une » adresse au Roi, s'il s'agit de matières réservées aux lois » de l'état, ou aux ordonnances royales, soit par un » mémoire au gouverneur, s'il s'agit d'autres matières. »

Les dispositions de cet article n'ont point abrogé celles des articles 182 et 183 — 198 et 199 — 187 et 188 précités des ordonnances des 21 août 1825, 9 février 1827 et 27 août 1828, concernant les divers gouvernemens des colonies ; car, non-seulement elles n'ont rien de contraire, mais encore elles viennent ajouter aux attributions des conseillers coloniaux ; — donc, non-seulement en vertu de l'article 10 de la loi du 24 avril, le conseil colonial peut faire connaître ses vœux sur les objets intéressant la colonie, mais encore, comme le conseil général, il peut *toujours* être consulté par le gouverneur : 1° Sur les améliorations à introduire, etc.; 2° sur les mesures à prendre pour favoriser le commerce et *l'agriculture*. — La loi du 24 avril n'a rien changé non plus aux attributions conférées aux gouverneurs par les ordonnances précitées, en ce qui concerne la connaissance qu'ils doivent prendre de l'état *des besoins de l'agriculture*, etc.

Ainsi, aujourd'hui, comme en 1825, 1827, 1828 ; aujourd'hui, comme avant et depuis ces dernières époques, la bienveillante sollicitude, tant des gouverneurs que des conseillers coloniaux est pleinement acquise aux besoins de l'agriculture.

Eh bien ! en présence même de cette sollicitude ; en présence de toutes ces dispositions législatives qui régissent la matière, et des arrêtés qui, dans chaque localité, ont été pris, en vertu de ces dispositions législatives, je n'en persiste pas moins à former le vœu le plus ardent, pour qu'une *représentation nouvelle de l'agriculture*, soit par ordonnance de Sa Majesté, organisée aux colonies sur les bases les plus larges.

Nécessité d'une organisation nouvelle de la représentation de l'agriculture.

La bienveillante sollicitude des gouverneurs et des conseillers coloniaux est acquise, je le répète, aux besoins de l'agriculture ;

Mais cette sollicitude, *se répartissant entre tous les intérêts, tous les besoins de la colonie*, n'est-il pas évident qu'elle est moins efficace que ne le serait celle *d'une administration spéciale qui aurait pour mission unique* de rechercher et d'étudier les améliorations à introduire, les mesures à adopter, les abus à combattre, à déraciner, *dans le seul intérêt de l'agriculture ?*

N'est-il pas évident encore, *qu'en créant un centre d'action*, où se réuniraient, se coordonneraient, *en se multipliant par l'union*, les élémens dispersés de prospérité agricole qui émanent de ces divers pouvoirs coloniaux, on ouvrirait à l'agriculture une source plus féconde de développement et d'améliorations de tous les genres, et par conséquent de bien-être ?

Que l'on considère, en effet, tous les immenses détails, tous les graves intérêts, que doit embrasser la sollicitude du premier chef de la colonie ; qu'on envisage la multiplicité, l'importance de ses attributions, et l'on reconnaîtra qu'il est de toute impossibilité, quels que soient son dévoûment et son désir de travailler à la prospérité du pays, que cette sollicitude paternelle puisse s'étendre, avec une égale et, surtout, une complète efficacité, sur toutes les branches de l'administration.

D'un autre côté, le conseil colonial ne se réunissant qu'une fois chaque année, en session ordinaire, n'est-il pas impossible que, dans cette unique session, les besoins de l'agriculture qui demandent des soins incessans, des améliorations continues, puissent se ressentir, d'une manière assez fructueuse, des propositions dont-ils sont l'objet, à des époques si peu rapprochées.

Il serait donc bien à désirer que, tout en laissant aux divers pouvoirs coloniaux qui ont actuellement mission de donner leurs soins aux intérêts agricoles, les attributions qui leurs sont conférées, *on songeât sérieusement à organiser une représentation spéciale de l'agriculture coloniale.*

Quelques propositions relatives à cette représentation.

Certes, loin de moi la présomption de me croire la capacité et les connaissances nécessaires pour établir, d'une manière pleinement satisfaisante, les bases sur lesquelles devrait s'organiser cette représentation ; je m'empresse de le confesser, cette capacité, ces connaissances me manquent ; mais, en attendant que des hommes spéciaux, plus éclairés, plus expérimentés, viennent compléter cette œuvre de bon vouloir, à laquelle, selon la mesure de ma faible expérience et de mes connaissances si bornées, je m'associe sincèrement, qu'il me soit permis de former quelques vœux qui, à défaut d'autre mérite, *auront celui d'appeler, sur cette matière*, *l'attention du gouvernement du Roi et des hommes spéciaux*, dont les lumières et l'expérience voudront bien suppléer à l'insuffisance de mes propositions, ayant pour objet :

1° La création, dans chacune des colonies, de Bourbon, de la Martinique, de la Guadeloupe et de la Guyane, de congrès d'agriculture, se réunissant *au moins une fois par trimestre,* au nombre de :

Deux pour Bourbon, savoir : l'un à Saint-Denis et l'autre à Saint-Paul ; — deux pour la Martinique, savoir : l'un au Fort-Royal et l'autre à Saint-Pierre ; — trois pour la Guadeloupe, savoir : un à la Basse-Terre, un à la Pointe-à-Pitre, un au grand bourg de Marie-Galante ; — un pour la Guyane, à Cayenne.

Les membres de chacun de ces congrès pourraient être portés à neuf, pour chacun des congrès de Bourbon, de la Martinique, de la Guadeloupe, à l'exception de celui de Marie-Galante, dont le nombre serait porté à six, comme pour celui de la Guyane.

Choisis parmi les habitans notables (blancs ou hommes de couleur), *résidans dans chacune des villes* indiquées, ils n'auraient *pas de frais de déplacement* à supporter, et apporteraient tout le zèle désirable à se rendre aux réunions.

Les attributions des congrès d'agriculture seraient d'adresser, tant directement à Sa Majesté ou à son excellence le ministre de la marine et des colonies, qu'aux gouverneurs, leurs vœux, ayant pour objet :

Les moyens *de hâter le développement intellectuel des esclaves et des affranchis;* de leur inspirer l'amour du travail, de l'ordre, de tous les devoirs sociaux, en les moralisant ; de leur accorder la plus large somme possible de bien-être ; — d'étendre et améliorer la culture ; *de favoriser l'immigration de travailleurs européens et autres*; l'introduction et la mise en activité de nouvelles machines à vapeur ou autres ; la création de nouveaux établissemens , de nouvelles usines; l'*extension du système des usines centrales ;* — de perfectionner la fabrication du sucre, la préparation des autres denrées, coton, rocou, etc., —de remplacer, autant que possible, le travail manuel par l'emploi de la force mécanique, afin de rendre aux travaux des champs tous les bras que leur enlèvent aujourd'hui la préparation et la fabrication des denrées ; — de décerner, chaque année, de grands prix d'encouragement à ceux des habitans ou industriels qui, dans la circonscription territoriale de chaque congrès, auront enrichi le pays des améliorations les plus perfectionnées et les plus utiles, tant dans le desséchement et le défrichement que dans la culture des terres ; la préparation ou la fabrication des denrées , et par la création, l'introduction, le perfectionnement d'établissemens ou d'usines, etc., qui seront reconnus ouvrir une nouvelle source de prospérité à l'agriculture coloniale ; — d'étudier et faire connaître *celles des usines, dont le système offre le plus d'avantage, sous le double rapport du rendement et de l'économie, dans la fabrication*; — *de favoriser l'exploitation de ceux des bois de la Guyane qui ont eté reconnus propres aux constructions navales ;* le desséchement des marais, des savanes noyées, des pinotières , etc., etc.; le *développement* et la prospérité *des ménageries, l'établissement des haras,* etc., etc. Tout ce qui peut, en un mot, intéresser la prospérité et la tranquillité des colonies.

Les congrès pourraient correspondre entre eux, se soumettre leurs propositions; et, *pour établir comme un lien qui rattachât les intérêts agricoles-coloniaux à ceux de la métropole*, les congrès des colonies *devraient* correspondre aussi avec *la Société royale d'Agriculture*.

2° *La nomination d'ingénieurs-agricoles-inspecteurs*, chargés *de visiter, au moins une fois par trimestre*, les divers établissemens et habitations de chaque colonie ; *de se concerter avec les propriétaires* sur les besoins à satisfaire, les améliorations à introduire ; d'étudier les moyens proposés, et d'aider à l'application de ceux qui auraient été adoptés ; *de présider à l'établissement et à l'essai des usines ;* d'étudier les *moyens de transport propres à faciliter l'exploitation des bois de la Guyane ;* de se livrer à l'étude des travaux de dessèchement; *d'indiquer les routes, canaux, chaussées*, dont la création peut être utile au pays, fournir les plans des travaux, que demanderait leur exécution, etc ; — *d'entourer d'une sollicitude toute spéciale les nouveaux établissemens* qui seraient formés, soit par des cultivateurs européens (soldats congédiés ou immigrans), soit par des affranchis; d'indiquer les secours dont ils auraient besoin; de visiter les ménageries et haras ; d'étudier et indiquer les mesures qui peuvent hâter leur développement; de concourir, avec les comices ruraux, à la distribution des primes ordinaires d'encouragement, etc., etc., et d'adresser à chacun des congrès, auxquels ces ingénieurs seraient attachés, des rapports motivés, présentant les résultats de leurs tournées; d'assister, en outre, aux délibérations du congrès, et d'y provoquer l'expression de tels vœux qui leur paraîtraient nécessaires.

3° *L'organisation, dans chaque colonie, de comices ruraux, d'un nombre égal à celui des colléges électoraux actuels*, et composés, quant à la circonspection territoriale, sur les bases et dans les proportions adoptées pour le tableau des circonspections électorales, annexé à la loi du 24 avril 1833 :

Ainsi pour Bourbon, huit comices,
pour la Martinique, six,
pour la Guadeloupe, neuf,
pour la Guyane, six.

Ces comices auraient pour mission de rechercher et étudier, d'une manière toute spéciale, les améliorations qui seraient applicables aux diverses localités, comprises dans leurs circonspections respectives, et d'adresser aux congrès, desquels ils dépendraient, leurs vœux, relativement à ces améliorations; de distribuer, chaque année, avec l'assistance des ingénieurs-agricoles, les primes d'encouragement, ordinairement accordées aux plus beaux produits de l'espèce chevaline, bovine, etc., etc.

Grande assemblée générale des Antilles. 4° La *fondation d'une grande assemblée générale* de l'agriculture, de l'industrie et du commerce, tenant annuellement session à la Martinique.

Quant à la formation de ces diverses assemblées, voici d'après quel mode elle pourrait avoir lieu :

Mode d'élection des membres des diverses assemblées, et des ingénieurs-agricoles, etc., etc. 1° Les membres des comices seraient nommés, pour cinq ans, par le gouverneur, *délibérant en conseil privé et conformément aux décisions du conseil.* Ils seraient choisis parmi les notables habitans (blancs ou hommes de couleur) de chaque circonspection territoriale, âgés de vingt-cinq ans au moins, et résidant dans la circonspection, en ayant soin, surtout, d'y appeler ceux qui se seraient fait connaître par certains travaux scientifiques ou pratiques. Leur nombre pourrait être porté à neuf ou douze, selon l'étendue territoriale et la population, dépendant de chaque comice.

2° Les membres de chaque congrès [1] *seraient élus* et

---

[1] Le nombre de ces congrès et de leurs membres, a été indiqué plus haut.

nommés aussi, pour cinq ans, *par les comices, dépendans de chacun de ces congrès;* ils seraient choisis parmi les propriétaires ou industriels notables, âgés de trente ans, résidans dans les villes où siègeraient ces congrès, mais possédant des propriétés agricoles ou des établissemens industriels, ayant pour objet, soit de faciliter et perfectionner l'agriculture, soit de préparer ou fabriquer les denrées provenant des produits agricoles, dans la circonscription des comices qui les nommeraient.

Pour procéder à ces élections, les divers comices de chaque colonie de Bourbon, de la Martinique et de la Guadeloupe, *seraient répartis en deux ou trois sections;* selon le nombre de congrès à former, et constitueraient autant de colléges électoraux-agricoles, composés chacun des comices les plus rapprochés; ainsi deux pour Bourbon, deux pour la Martinique et trois pour la Guadeloupe.

Chacun des comices correspondrait avec le congrès, à la formation duquel il aurait concouru.

Les comices pourraient, en outre, correspondre entre eux, se communiquer leurs vœux et leurs projets, avant de les adresser aux congrès respectifs, dont ils dépendraient.

Chacun des six comices de la Guyane nommerait séparément l'un des membres du congrès.

3° Les ingénieurs-agricoles-inspecteurs, seraient nommés par le Roi; la durée de leurs fonctions serait illimitée; ils seraient choisis parmi des ingénieurs des ponts-et-chaussées, ayant exercé leurs fonctions pendant deux ans au moins, soit aux colonies, soit comme attachés aux constructions navales, *ou surtout aux travaux hydrauliques* de l'un de nos ports de l'État, ou à l'usine d'Indret. — Il serait aussi à désirer qu'ils eussent pu suivre, pendant quelque tems, les cours spéciaux des chaires d'agriculture du jardin des plantes, de l'un des instituts-agricoles du gouvernement, de l'école d'Alfort et de celle de chimie-industrielle, actuellement occupée par M. Payen, et enfin les cours de l'école des haras. — En un mot, qu'ils eussent au moins des notions assez approfondies, de toutes les sciences, de tous les arts qui doivent concourir à former l'agronome parfait.

A ces attributions, des ingénieurs-agricoles-inspecteurs, pourraient être ajoutées, avec des avantages, non moins grands pour les colonies, celles de jeter les premiers fondemens *de l'enseignement agricole aux colonies* [1] *;* et, à cet effet, *des cours gratuits seraient ouverts par eux, dans l'intervalle de leurs tournées.* Et, pour que cet enseignement offrît le double avantage de la pratique, s'unissant à la théorie, union nécessaire, indispensable, il serait à désirer que, tantôt sur un point, tantôt sur un autre des quartiers ruraux, les ingénieurs convoquassent les habitans du quartier dont ils feraient la tournée, ainsi que l'élite des ateliers, à assister à des cours *d'application*, mettant en pratique les théories développées; ces cours, dont la durée serait de huit à dix jours consécutifs pour chaque quartier, et seraient renouvelés plusieurs fois l'année, ne pourraient manquer d'offrir de très-heureux résultats.

Le nombre des ingénieurs-agricoles-inspecteurs serait égal à celui des congrès d'agriculture, un ingénieur étant attaché à chaque congrès; cependant, à la Guyane, ils seraient au nombre de deux, *l'un pour les quartiers au vent de Cayenne, et l'autre pour les quartiers sous le vent.*

---

[1] Voir la note B placée à la suite de cette note supplémentaire.

4° Enfin, chacun des congrès de la Martinique, et de la Guadeloupe et celui de Cayenne, enverrait un délégué ou commissaire, élu, chaque année, dans son sein, ou en dehors, à la grande assemblée générale, tenant, annuellement, session à la Martinique. Les chambres de commerce et les sociétés industrielles qui seraient approuvées, ainsi que les conseils coloniaux, pourraient y envoyer aussi des délégués, dont le nombre serait déterminé par l'ordonnance royale. *Enfin les colonies voisines*, anglaises, hollandaises et autres *seraient invitées à s'y faire aussi représenter.*

A cette grande assemblée, présidée par le gouverneur en personne, — ou par un commissaire nommé par lui, — seraient agitées toutes les questions qui peuvent intéresser la prospérité commerciale, agricole et industrielle des colonies; celles, surtout, qui auraient pour objet *de favoriser les communications et les transactions commerciales à établir*, tant entre nos diverses colonies, qu'entre elles et celles de nos voisins.

Les délibérations de l'assemblée et les vœux, qu'elle aurait formés, seraient adressés, soit à Sa Majesté, soit à son Excellence le ministre de la marine et des colonies.

Cette grande assemblée générale serait remplacée, à Bourbon, par une réunion générale et annuelle de tous les comices et des deux congrès de la colonie, réunion générale à laquelle la colonie de l'île Maurice pourrait être invitée à envoyer des représentans (A).

(A) Qu'il me soit permis, ici, d'unir mes vœux à ceux par lesquels les habitans de Bourbon sollicitent l'intervention du gouvernement du Roi, pour l'établissement d'un service régulier de bateaux à vapeur entre leur île et Suez, en touchant à Maurice. Lorsque des colonies infiniment plus éloignées que Bourbon : Pondichéry, Madras, Calcuta,

Et, si de trop grandes difficultés s'opposaient à la fondation de la grande assemblée générale des Antilles et Guyanes françaises, anglaises, hollandaises et autres colonies voisines, il serait aussi à désirer que, comme il vient d'être dit pour Bourbon, elle fût remplacée, dans chacune des colonies de la Martinique, de la Guadeloupe et de Cayenne, par la réunion annuelle et générale des congrès et comices de chacune desdites colonies.

---

par exemple, jouissent depuis longtems, de ces moyens de correspondre avec l'Europe, avec cette promptitude et cette régularité, dont la vapeur peut seule offrir les immenses avantages, n'est-il pas étrange que rien n'ait encore été fait à cet égard en faveur de Bourbon ? Espérons que le gouvernement du Roi n'aura pas vainement entendu les vœux de cette belle colonie : lorsque bientôt un immense réseau de chemins de fer va lier entre eux tous les points les plus éloignés du continent européen ; lorsque le commerce, l'industrie, l'agriculture, et plus que tout cela encore, les rapports moraux et intellectuels des peuples entre eux, trouvent déjà dans la puissance de la vapeur, appliquée aux communications continentales, des élémens si féconds de prospérité, de développement, de bien-être et de civilisation, pourquoi donc ne pas lui demander aussi les moyens non-seulement de rapprocher, si je puis m'exprimer ainsi, nos colonies de la métropole, mais encore de les lier entre elles et celles de nos voisins d'outre-mer ; pourquoi donc ne pas leur offrir à elles aussi tous ces élémens de prospérité, de développement de bien-être et de civilisation que les progrès de notre époque ont enfantés non-seulement pour la métropole, pour l'Europe tout entière, mais aussi pour les colonies, pour tous les pays d'outre-mer, pour le monde entier ? On se plaint que les colonies restent stationnaires : que l'industrie, le commerce, l'agriculture s'y traînent languissans et routiniers, que surtout les idées y sont arriérées d'un siècle... Ce reproche peut-être ne manque pas de fondement ; mais sur qui donc le faire peser : sur les colonies ou sur la métropole !...

Le service des congrès et des comices serait, dans tous les cas, et toujours gratuit, sauf les frais de secrétariat qui seraient réglés par le gouverneur, *en conseil privé,* et portés au budget de l'administration de la marine et des colonies, ainsi que les frais de déplacement des délégués des congrès à la grande assemblée générale.

Quant aux ingénieurs-agricoles-inspecteurs, ils auraient droit, non-seulement à un traitement assez élevé pour engager des hommes capables à solliciter ces emplois, mais encore à des frais de tournée qui les rémunèrent largement. Il serait aussi à désirer que, pour exciter davantage leur zèle, on créât entre eux une sorte de hiérarchie.

Loin de moi, je le répète, la présomption d'avoir indiqué, d'une manière satisfaisante, tous les élémens constitutifs de la représentation de l'agriculture coloniale ; mais que le gouvernement du Roi daigne accorder à mes propositions incomplètes le secours des lumières et de l'expérience des hommes spéciaux, qui les rendent susceptibles d'une utile application, et je croirai mes faibles efforts récompensés bien au-delà de ce que me permet d'espérer ma médiocrité.

J'ajouterai, qu'en outre de ces nouveaux élémens, que la représentation de l'agriculture coloniale ne manquera pas de puiser dans l'expérience et les connaissances des hommes spéciaux, il resterait encore à compléter ce projet par un grand nombre de dispositions de détail qui devraient y prendre place, avant de le faire passer dans le domaine le l'application :

C'est ainsi, par exemple, qu'il y aurait à réglementer la présidence, la durée et la tenue des assemblées, soit qu'elles procèdent à l'élection des membres que chaque assemblée doit nommer, soit qu'elles délibèrent sur les intérêts qui appartiendraient à leurs diverses attributions, etc. , etc., etc.

J'ai dit qu'il serait à désirer que les ingénieurs-agricoles-inspecteurs eussent suivi, pendant quelque tems, les cours de l'école des haras.

Accorder à la Guyane l'établissement de ménageries et de deux haras royaux.

Qu'il me soit permis de compléter ma pensée, en formant, dès ici, le vœu que le gouvernement veuille bien accorder à la Guyane l'établissement de deux haras, l'un dans les savanes de Synnamary ou d'Iraconbo, l'autre dans celles d'Oyapock.

Il serait, surtout, à désirer que ces haras fussent destinés à la reproduction des bêtes de somme et de trait, des mulets, surtourt. — Avec ses immenses savanes, la Guyane qui ne possède, actuellement, que trois cents et quelques chevaux, étalons, mulets [1], etc., etc., qui lui sont fournis par la France, le Brésil et les États-Unis d'Amérique, pourrait en élever une assez grande quantité pour, non-seulement suppléer où, du moins, aider aux travailleurs, qu'elle n'a pas, mais encore en fournir à toutes les Antilles qui manquent de bêtes de somme et de trait; ce serait là pourvoir la Guyane d'une branche de commerce qui, jointe à celui des bestiaux, dont il a été parlé déjà, dans cette note, lui offrirait des avantages incalculables et aux Antilles des ressources, dont elles sont privées.

---

[1] D'après la *Notice Statistique*, *publiée par la société d'études* et qui n'est que la reproduction textuelle de la *Statistique officielle*, *publiée par le gouvernement*, *en* 1838, le nombre de ces animaux n'était, à la Guyane, au 1er Janvier 1837, que de 126 chevaux, 26 ânes, 80 mulets, 70 baudets et étalons. Ces chiffres si misérables ne dénotent-ils pas ou une excessive insouciance, ou une grande incurie ?

Il serait donc bien à désirer que le gouvernement du Roi, voulût bien favoriser, par la création de ménageries et haras royaux à la Guyane, avec toute l'extension que comportent ses savanes si étendues, la reproduction des bêtes de somme, de trait et de boucherie.

Toutes les améliorations, tous les travaux, toutes les institutions, toutes les réformes que réclament les intérêts coloniaux et ceux de la Guyane, surtout, donneraient matière à d'innombrables volumes [1]; mais toutes les améliorations ne peuvent être réalisées simultanément ; aussi me bornerai-je, pour le moment, à émettre un dernier vœu, déjà formé, l'année dernière, par un homme éminemment recommandable, dans un article publié par le journal la *Flotte :* il a pour objet le rétablissement du chantier de l'Acarouani l'un des affluens de la Mana, à la Guyane;

En présence des considérations si puissantes, déduites , avec autant de force que d'autorité, dans l'article auquel je fais allusion, par M. Etancelin , président de la Société maritime, je ne me permettrai pas d'ajouter un seul mot à l'appui de cette proposition.

Chantier de l'Acarouani.

Limites de la Guyane.

Je ne puis cependant, terminer cette note, sans appeler de tous mes vœux, la solution de la question, encore litigieuse , si je ne me trompe , de la limite méridionale de la Guyane.

Limite méridionale de la Guyane.

---

[1] Vouloir bien se reporter aux notes additionnelles placées à la suite de cette note supplémentaire.

La nature avait-elle même posé, d'une manière aussi large que précise, la limite méridionale de la Guyane française : elle était fixée par l'Océan et la rivière des Amazones qui la déterminait aussi à l'ouest.

Et, si le traité d'Utrecht, en cédant au Portugal la *partie* de ce vaste territoire, *dite du cap Nord,* et située entre la rive gauche du fleuve des Amazones et la rivière de Japoc ou de Vincent-Pinson, a déplacé ces limites naturelles, fallait-il, du moins, restreindre la partie concédée, à ces terres dites du cap Nord qui, aux termes du traité, sont resserrées entre le fleuve des Amazones et la rivière de Japoc, en suivant une ligne presque perpendiculaire qui, partant de l'embouchure de cette dernière rivière, descend à Macapa, etc., etc.

Si, postérieurement, les traités de Madrid (29 septembre 1801) et d'Amiens (27 mars 1802) ont de nouveau, déterminé la limite des deux Guyanes française et portugaise, les fixant, savoir : celui de Madrid à la rivière de Carapanatuba ou Campanatuba, un peu au-dessus de Macapa, et celui d'Amiens à la rivière de l'Araguari (ou Araouari),

Toujours est-il — et les termes de ces deux derniers traités le démontrent évidemment — toujours est-il que l'ancienne et si déraisonnable prétention, élevée par la cour de Lisbonne et *fondée sur la confusion,* non moins étrange qu'inconcevable, *qu'elle voulait établir entre la rivière de Japoc et celle d'Oyapock,* avait toujours été considérée comme si peu sérieuse, qu'on a tout lieu de s'étonner que le traité de Vienne (9 juin 1815), n'ait provisoirement remis la France en possession de la Guyane française, que jusqu'à la *rivière d'Oyapock seulement.*

Les auteurs du traité devaient-ils au moins, *prenant un terme moyen entre les prétentions de la France et du Por-*

tugal, fixer, provisoirement, les limites des deux Guyanes française et portuguaise, à la rivière de Japoc où de Vincent-Pinson, en remontant de son embouchure à sa source, et, de là, leur faisant suivre une ligne qui, courant obliquement du sud au nord-ouest, aurait eu pour point extrême la jonction du R. Branco et du R. Nègre.

En statuant ainsi, le traité de Vienne eût équitablement respecté les prétentions de la France et du Portugal, en divisant entre les deux nations, par *portions, à peu près égales*, le territoire litigieux, sauf décision ultérieure *entre les limites fixées par les traités d'Utrecht, de Madrid et d'Amiens, et ne laissant ainsi en litige que la partie comprise entre la rivière de Vincent-Pinson et la rive gauche de la rivière des Amazones.*

Tandis, au contraire, qu'il commença par consacrer, provisoirement, il est vrai, les étranges prétentions du Portugal, en enlevant, de suite, à la France, non-seulement tout le littoral, compris entre Macapa et la rivière de Vincent-Pinson, *littoral qui nous était acquis, aux termes du traité de Madrid*, mais encore tout celui qui s'étend entre cette dernière rivière et l'Oyapock.

Cette décision sacrifiait, en ceci — comme ils l'étaient sur tant d'autres points — les intérêts et les droits incontestables de la France, d'une manière d'autant plus flagrante, qu'à supposer qu'on eût pu contester à la Guyane française les limites fixées par le traité d'Utrecht, et même par celui de Madrid, il ne fallait pas au moins méconnaître, qu'aux *termes du dernier traité, celui d'Amiens*, la limite des deux Guyanes [française et portuguaise, *avait été fixée à la rivière de Laraguari,* ce qui attribuait à la Guyane française tout cet immense littoral, compris entre cette dernière rivière et l'Oyapock.

Mais , si ces stipulations du traité de Vienne sont étrangement injustes, ce qui surprend plus encore , ce sont les termes de la convention , conclue , le 28 août 1817, entre la France et le Portugal, en exécution de l'article 107 du traité de Vienne.

En effet, cet article 107 du traité de Vienne est ainsi conçu: « Le prince régent du Portugal et du Brésil, pour
» manifester, d'une manière incontestable , sa considéra-
» tion particulière pour S. M. T.-C., s'engage à restituer
» à sa dite Majesté , la Guyane française, jusqu'à la rivière
» d'Oyapock, dont l'embouchure est située entre le 4me et
» le 5me degré de latitude septentrionale, limite que le
» Portugal a toujours considérée [1] comme celle qui avait
» été fixée par le traité d'Utrecht.
    » L'époque de la remise de cette colonie à S. M. T.-C.,
» sera déterminée, dès que les circonstances le permet-
» tront, *par une convention* particulière entre les deux
» cours, et l'on procèdera à l'amiable *à la fixation défi-*
» *nitive des limites des deux Guyanes portugaise et fran-*
» *çaise, conformément au sens précis de l'article* 8me *du*
» traité d'Utrecht. »

Si ces stipulations sacrifiaient, provisoirement, les intérêts de la France, du moins lui laissaient-elles un espoir , c'était de voir rétablir les limites de la Guyane française , *conformément au sens précis de l'article* 8me *du traité d'Utrecht*; si elles lui enlevaient le littoral, que les précédens traités lui avaient assuré, du moins lui laissaient-elles l'espoir *de voir ses possessions intérieures l'indemniser* quelque peu , *de la perte de son littoral.*

---

[1] Les traités de Madrid et d'Amiens *démentent formellement cette assertion.*

Eh bien! voici de quelle manière, la convention du 28 août 1817, réalisa cet espoir :

Art: 1er. « S. M. T.-F. animée du désir d'exécuter le » 107me article du congrès de Vienne, s'engage à faire la » remise à S. M. T.-C. dans l'espace de trois mois, ou » plus tôt, si faire se peut, de la Guyane française , » *jusqu'à la rivière d'Oyapock*, dont l'embouchure » est située entre les 4me et 5me degré de latitude nord, *et* » *jusqu'au 322e degré de longitude à l'est de l'île de Fer,* » *par le parallèle du 2me degré, 24me de latitude nord.*

» Des commissaires, de part et d'autre, seront nommés, » immédiatement, et envoyés pour fixer les limites entre » la Guyane française et la Guyane portugaise, conformé- » ment au sens précis du 8me article du traité d'Utrecht et » aux stipulations de l'acte du congrès de Vienne, etc., etc.»

Aussi, non-seulement, par les termes de cette convention, la Guyane française est privée de tout le littoral compris entre la rivière des Amazones et celle d'Oyapock, ainsi qu'il avait été stipulé au traité de Vienne ; mais, lui faisant des conditions plus désavantageuses encore , ils lui enlèvent *la plus grande partie de son territoire intérieur, restreignant sa profondeur au 322e degré de latitude, à l'est de l'île de Fer, par le parallèle du 2me degré 24me de latitude nord.*

Certes , il eût donc été infiniment plus avantageux pour la France d'adopter, pour limite méridionale provisoire de la Guyane française, soit la ligne ci-dessus indiquée, comme partageant par portions à peu près égales et à titre de transaction, les prétentions respectives de la France et du Portugal, soit la limite, fixée par le traité de Madrid, soit même celle qu'avait tracée le traité d'Amiens ; et, pour s'en convaincre, il suffit de comparer, une carte de la Guyane sous les yeux, le texte de la convention du 28 août 1817, tant avec les termes de la transaction indiquée, qu'avec ceux de ces deux derniers traités :

Traité de Madrid, 29 *septembre* 1801 :

« Art. 4. — Les limites entre les deux Guyanes fran-
» çaise et portugaise, *seront déterminées, à* l'avenir, *par*
» *la rivière Carapanatuba* ou Campanatuba, qui se jette
» dans l'Amazone, *à environ un tiers de degré de l'Equateur,*
» *latitude septentrionale,* au-dessus du fort de Macapa;
» ces limites *suivront le cours de la rivière jusqu'à sa*
» *source,* d'où elles se porteront vers la grande chaîne de
» montagnes qui fait le partage des eaux, *elles suivront les*
» *inflexions* de cette chaîne, jusqu'au point où elle *se rap-*
» *proche le plus du Rio-Branco*, *vers le deuxième degré et*
» *un tiers nord de l'Équateur.* »

Traité d'Amiens, 6 *germinal an X* (27 *mars* 1802) :

« Art. 7. — Les territoires et possessions de Sa Majesté
» Très-Fidèle sont maintenus dans leur intégrité, tels qu'ils
» étaient avant la guerre : cependant les limites des
» Guyanes française et portugaise sont fixées à la rivière
» d'Arawari (ou Araguari), qui se jette dans l'Océan, au-
» dessous du cap Nord, *près de l'île Neuve et de l'île de*
» *la Pénitence,* environ à un degré un tiers de latitude
» septentrionale. Ces limites suivront la rivière d'Arawari,
» depuis son embouchure la plus éloignée du cap Nord,
» jusqu'à sa source, et, ensuite, une ligne droite, tirée de
» cette source, jusqu'au Rio-Branco, vers l'ouest.

» En conséquence, *la rive septentrionale de la rivière* » *d'Arawari,* depuis sa dernière embouchure jusqu'à sa » source, *et les terres* qui se trouvent *au nord de la ligne* » *des limites, fixées ci-dessus, appartiendront en toute* » *souveraineté à la république française,* etc., etc. »

Si les conditions de ce dernier traité enlevaient à la France le littoral compris *entre l'Araguari et la rivière de Carapanatuba,* littoral que lui avait attribué le traité de Madrid (29 septembre 1801), *du moins ne lui enlevaient-elles pas,* comme l'a fait la convention du 28 août 1817, *non-seulement toute cette étendue de littoral qui sépare l'A-raguari de l'Oyapock, mais encore la plus grande partie de son territoire intérieur,* resserrant ainsi la Guyane française dans les limites les plus étroites.

Et, si la transaction indiquée, lui eût enlevé le littoral compris entre l'Araguari et la rivière de Vincent-Pinson, au moins eût-elle laissé intact, non-seulement tout le littoral qui s'étend entre cette dernière rivière et l'Oyapock, mais encore une grande partie du territoire intérieur, tandis, au contraire, que la convention du 28 août a tout sacrifié, littoral et territoire intérieur.

Mais, peut-on objecter : la convention du 28 août ne statuait que provisoirement, s'en référant à la décision ultérieure de commissaires, chargés de fixer les limites définitives, *conformément au sens précis du* 8me *article du traité d'Utrecht.*

Qu'importe que la convention du 28 août ne statuât que provisoirement ; qu'importe qu'elle s'en référât au sens précis du traité d'Utrecht ; elle n'en sacrifiait pas moins *actuellement* tous les intérêts de la France ; et, si les auteurs du traité se fussent pénétrés de cette vérité : que, *si le présent appartient à l'homme, Dieu seul dispose de l'avenir ;*

s'ils se fussent dit: Ces stipulations provisoires, que nous arrêtons aujourd'hui, peuvent, dès demain, par suite de circonstances que nous ne pouvons prévoir, — ce qui malheureusement est arrivé, — sinon devenir définitives, mais du moins nous laisser, pendant un grand nombre d'années, dans cet état provisoire qui dépouille la France de la partie la plus avantageuse de ses légitimes possessions, assurément ils se fussent abstenus; assurément ils n'eussent pas imposé à la Guyane française des sacrifices aussi considérables; assurément ils n'eussent pas fait en faveur du Portugal la part léonine, si jamais il en fut; ils n'eussent pas, même pour un seul jour, consacré toutes ses prétentions, au mépris des droits incontestables de la France.

Mais que pouvions-nous, du reste, attendre d'un gouvernement qui se reconstituait en faisant subir à la France le joug de l'étranger; que pouvions nous espérer de ceux qui n'avaient eu d'autre souci que de ressaisir, par la force des baïonnettes étrangères, le pouvoir absolu, plâtré d'une charte mensongère, s'inquiétant fort peu de revendiquer les droits de la nation, de reconquérir nos anciennes possessions coloniales, pas plus que les limites naturelles du territoire de la France.

Mais aujourd'hui que la France est forte et puissante; aujourd'hui, qu'elle doit se montrer fière de sa belle dynastie constitutionnelle; aujourd'hui que la France peut faire entendre une voix ferme, énergique; aujourd'hui, *la Guyane française peut et doit* reprendre et son littoral, et son territoire si injustement usurpés.

Et, à supposer que le gouvernement brésilien voulût faire revivre les prétentions si déraisonnables de la cour de Lisbonne; puisque la convention du 28 mars 1817 s'en est référée, pour la fixation des limites des deux Guyanes française et portugaise (aujourd'hui brésilienne), au sens précis du traité d'Utrecth, les prétentions du Brésil ne peuvent être autres que de faire trancher le différend, dans ce sens.

Eh bien! pourquoi donc laisser se prolonger, plus long-tems, ce provisoire spoliateur, dans lequel la convention du 28 mars nous a si arbitrairement resserrés ; pourquoi ne pas rendre au traité d'Utretch son vrai sens, lui donner sa seule exécution possible, en restreignant la possession brésilienne à la partie dite des terres de cap Nord, entre la rive gauche de la rivière des Amazones et l'embouchure de la rivière de Vincent-Pinson, en suivant une ligne qui descende presque perpendiculairement de ce dernier point à l'embouchure de la rivière d'Anauirapucu, à quelques lieues au-dessous de Macapa, ainsi du reste que ces limites sont tracées, d'après les termes du traité d'Utrecht, sur la carte de la Guyane française publiée, avec tant de soin et d'une manière si exacte, par la Société d'études pour la colonisation de la Guyane française?

Cependant, si, dans des questions d'un intérêt si majeur, il m'était permis d'admettre une opinion, j'ajouterais qu'il serait non-seulement plus facile, mais surtout *infiniment plus avantageux pour la France* d'en finir, de suite, au moyen d'une transaction : je dis infiniment plus avantageux, j'explique ma pensée :

D'abord, tant que des limites définitives n'aüront pas remplacé les limites provisoires, dans lesquelles nous resserre la convention du 28 mars, il sera non-seulement impossible de réaliser le projet de colonisation de M. Jules Le Chevalier, mais encore *les habitans de la Guyane ne pourront, avec sécurité, tenter aucun établissement au-delà de l'Oyapock ;* tandis, au contraire, qu'à peine le diffé--

rend sera-t-il définitivement tranché, qu'on verra une foule d'établissemens se former entre Oyapock et Mapa, même au-delà et offrir bientot au pays d'immenses ressources.

Cela est si vrai, qu'après la prise de possession du poste de Mapa, exécutée en 1836, au nom du gouvernement français, par M. Romny, commandant du génie, déjà non-seulement des pêcheries s'étaient organisées, des hattes avaient commencé à se former, mais encore M. Romny lui-même avait jeté les bases d'une compagnie, au capital de douze cent mille ou au moins un million de francs, dont le but devait être de fonder une vaste ménagerie qui, bientôt[1], eût non-seulement approvisionné la Guyane entière, mais encore toutes les Antilles.

Eh bien ! que nos limites soient définitivement fixées, et bientôt revivra et sera mis à exécution ce projet dont l'abandon a été la conséquence de celle du poste de Mapa.

---

[1] L'exécution de ce projet eût offert des bénéfices considérables aux colons et aux capitalistes de la métropole qui eussent voulu s'y associer ; pour mon compte, je n'aurais pas hésité à y placer une partie de mon faible avoir, convaincu qu'il m'eût été impossible de mieux faire dans l'intérêt de ma famille. D'après les documens recueillis et donnés par M. Romny, qui a étudié les lieux avec autant d'intelligence, que d'une manière complète, on aurait une étendue de 50 lieues carrées de savanes, indépendamment des lacs, des rivières, ce qui assurerait la nourriture de cinquante mille têtes de bétail. Les capitalistes français ne devraient donc pas hésiter à provoquer d'eux-mêmes l'exécution de ce projet, qui, considéré sous le double point de vue de l'intérêt public et des avantages immenses qu'il offrirait aux intérêts privés qui y seraient engagés, mérite de fixer l'attention du gouvernement et des capitalistes.

Mais il est encore un autre rapport, sur lequel une transaction offrirait, *tant au Brésil qu'à la France, d'incontestables avantages*, que ne peut leur présenter la stricte exécution du traité d'Utrecht :

En effet, aux termes du traité interprétés ainsi que l'a toujours fait la France — et, raisonnablement, ils ne peuvent l'être dans un autre sens, — la Guyane brésilienne se trouverait resserrée dans la limite étroite des terres, dites du cap Nord ; c'est-à-dire qu'avec le littoral compris entre la rivière des Amazones et celle de Vincent-Pinson, *elle n'aurait de territoire intérieur que ces terres dites du cap Nord.*

De son côté, la Guyane française recouvrerait ses immenses possessions intérieures, *mais serait privée d'un littoral qui correspondît à ce vaste territoire et lui offrît des débouchés suffisans*, puisque son littoral s'arrêterait à l'embouchure de la rivière de Vincent-Pinson.

Or, cette transaction qui concèderait, d'une part, un peu plus de terres intérieures à la Guyane brésilienne, et *de l'autre, un littoral plus étendu à la Guyane française*, ne serait-elle pas également avantageuse aux deux colonies ?

Je ne me permettrai pas de *pousser plus loin l'expression de ma pensée à cet égard*, me bornant à émettre cette proposition dans un sens assez large pour qu'elle ne puisse en rien contrarier les intentions du gouvernement du Roi, qui sont complètement favorables, je n'en doute pas, à l'agrandissement et à la prospérité de la Guyane.

En commençant cette note, je n'avais la pensée que de présenter très-succinctement un petit nombre de considérations ; mais comment m'eût-il été possible d'envisager, un seul instant, la pauvreté, la détresse de mon pays, en pré-

sence des immenses ressources que renferme cette terre
de promission, sans me laisser aller au-delà des limites, que
je m'étais tracées ; sans céder à cet entraînement si naturel
qu'inspire l'amour de la patrie. Oui, je voudrais qu'il fût en
mon pouvoir de doter ma chère Guyane de tous les trésors
quelle cache dans son sein ; je voudrais que le ciel m'eût
comblé des dons de la fortune la plus immense : qu'il m'eût
donné des capitaux par millions, pour les consacrer à la
réhabilitation , à l'agrandissement de cette pauvre colonie
de Cayenne, que les calomnies et les préjugés ont perdue,
ruinée. Je voudrais, qu'à défaut de cette puissance de l'or,
le ciel eût au moins accordé à ma parole l'autorité que
donnent les talens et les connaissances, et tout ce prestige
que porte avec elle, une position sociale élevée. A la prospérité de mon pays j'aurais été non moins heureux que fier
de consacrer tous ces dons du ciel, avec mes veilles les
plus laborieuses, mes méditations, mes travaux de tous les
instans ; mais, hélas ! si je ne puis lui offrir que mes faibles
vœux, que mes vœux impuissans et stériles... Et si la privation de cette autorité qui manque à ma parole ne me permet pas même d'espérer que celles de mes propositions qui
pourraient donner lieu à d'utiles essais, obtiennent les
approbations qui les pourraient féconder... du moins, à
mon amère douleur, restera la douce consolation d'avoir
obéi à l'impulsion de mon cœur, au cri de ma conscience.

D'un autre côté, si, plus d'une fois dans cet écrit, je
n'ai pu me dispenser d'imputer, du moins en partie, à quelques-uns de mes compatriotes de toutes les époques, cet
état de maladive enfance, dans lequel se traîne une colonie
que le ciel avait comblée de tant d'élémens de prospérité ;
si, surtout, en présence de cet acte d'insigne folie qui
vient de repousser les moyens de salut que nous appor-

tait l'admirable projet de M. Jules Le Chevalier, je n'ai pu
me défendre d'un sentiment douloureux qui s'est exhalé en
des paroles empreintes, peut-être, d'une certaine amertume contre les auteurs de cette funeste désapprobation,
que mes compatriotes me le pardonnent en considération
des intentions dont je suis animé : c'est autant dans leurs
propres intérêts que dans le mien ; c'est surtout, au point
de vue de la prospérité de notre chère Guyane, que se
sont manifestés ces amers regrets. Et, si en dépit de leur
résistance, je forme le vœu le plus ardent pour que le
gouvernement du Roi n'hésite pas à user de tous les
moyens qui sont en son pouvoir, pour amener l'exécution
du projet, qu'ils se pénètrent, comme je le suis, de l'immi-
nence de notre ruine complète, — et plus que moi, ils
peuvent s'en convaincre, placés qu'ils sont au centre de ce
triste théâtre de notre détresse, de nos misères, — qu'ils
se pénètrent de cette nécessité absolue qui nous impose
l'emploi d'un remède aussi prompt qu'énergique, et, loin de
s'offenser de mes paroles, loin d'incriminer mes intentions,
ils rendront justice, j'ose l'espérer, à la sincérité de mes
sentimens ; et, loin de me lancer le blâme et les reproches,
ils ne manqueront pas de m'accorder une complète adhésion qui serait à mes yeux la plus belle récompense que
pussent mériter mes faibles efforts.

Mais si, malgré cette assurance que je me fais un devoir
d'offrir, ici, à mes compatriotes, de la sincérité de mes
sentimens ; si, méconnaissant le vif intérêt que je leur
porte à tous, qu'ils soient comme moi des enfans de la
Guyane, ou que notre cher pays soit devenu leur patrie
d'adoption ; si méconnaissant, dis-je, cet intérêt, non moins
vif que sincère, cette fraternelle affection, dans laquelle,
au souvenir du pays, je réunis tous ceux que j'aime à

nommer mes compatriotes (colons de la Guyane, des Antilles, de Bourbon), ils repoussaient, s'armant contre moi des traits de la colère et de la haine, et mes protestations et l'expression de mes sentimens, oh! assurément, ce n'est pas avec indifférence que je me verrais ainsi frappé d'une cruelle répulsion; ce n'est pas sans éprouver une profonde et amère douleur, que je me sentirais ainsi blessé au cœur; mais quelque poignans que fussent ces coups, fort de ma conscience et de mes intentions, je n'en resterais pas moins fidèle à mes convictions, je n'en persisterais pas moins à m'efforcer de les faire prévaloir, puisant dans la sincérité, dans la pureté de mes intentions, une courageuse résignation, en même temps que les élé-mens nouveaux d'une énergique et ferme persistance.

Hy. PAIN.

Lannion, le 10 septembre 1846.

NOTES ADDITIONNELLES.

A.

« Pour ne citer qu'un exemple, n'est-ce pas sur la demande de S. Exc. le ministre de la marine et des colonies, etc., etc. (Page 28 de la note supplémentaire.) »

Aujourd'hui que M. de Mackau n'est plus au pouvoir, je me sens plus à l'aise, en proclamant hautement, ici, que les intentions si bienveillantes, dont il était animé à l'égard des colonies, ont été généralement méconnues : Oui, M. de Mackau voulait sincèrement les pousser dans la voie du progrès et, surtout, leur ouvrir celle de la prospérité. Mais sa sollicitude pour les intérêts coloniaux n'a jamais été accueillie que par d'injustes préventions, par de perfides insinuations, par d'amères critiques; on ne s'est même que trop souvent efforcé d'attaquer ses actes avec l'arme du ridicule, cette arme si terrible, lors même qu'elle est dirigée contre les intentions les plus pures, les actions les plus honorables. M. de Mackau voulait semer les bienfaits et la prospérité, et, bien avant que l'action de sa persévérante sollicitude pût féconder cette semence précieuse, il n'avait lui-même recueilli que l'ingratitude...

Pour moi, le seul tort que je puisse imputer à M. de Mackau, c'est de n'avoir que trop écouté les plaintes exagérées de ceux qui, en France, se faisaient les organes, souvent infidèles de la société coloniale. Le seul tort qui, à mes yeux, puisse lui être attribué, c'est que, se laissant arrêter par toutes ces étourdissantes clameurs, il ne soit pas entré plus franchement, *plus résolument* dans la voie de l'émancipation. Mais était-ce donc *à ceux des colons*, dont la résistance et les craintes exagérées avaient provoqué le système consacré par la loi du 18 juillet 1845, à lui en faire un crime? Était-ce aux colons — ou plutôt à ceux qui, se posant comme leurs défenseurs, avaient obstinément, systématiquement repoussé *tout autre mode d'émancipation*, ou simultanée, ou partielle, à s'efforcer d'incriminer les intentions de M. de Mackau? Leur appartenait-il donc d'attaquer d'une manière si peu mesurée, si violente, si souvent inconvenante, et la loi du 18 juillet, et les ordonnances qui en ont été les conséquences, loi et ordonnances qui, si elles ont consacré un système incomplet, irrationnel, dangereux, ne sont cependant que le résultat fâcheux des appréhensions, des plaintes, des réclamations émises au nom des colons...

Oui, M. de Mackau voulait sincèrement la prospérité, le développement des intérêts coloniaux, considérés sous ce triste point de vue religieux, moral et matériel qui, seul, peut embrasser tous les besoins de l'époque... Pierre angulaire, base essentielle qu'on ne saurait diviser, sans compromettre, sacrifier ou les droits imprescriptibles de l'humanité et de la liberté, ou ceux de la propriété, consacrés qu'ils sont, eux aussi, par la puissance des siècles et des lois.

Oui, telle était la règle de conduite que s'était tracée ce ministre, dont les intentions ont été si étrangement méconnues, et les actes si violemment attaqués; oui, telle était la ligne qu'il voulait suivre. Et, pour s'en convaincre, il suffit d'observer avec calme et impartialité, surtout, sans se laisser égarer par d'injustes préventions, par d'aveugles passions, tous ses pas dans la voie qu'il a suivie, depuis le jour, où, animé des sentimens les plus louables, des intentions les plus bienveillantes, il était entré au pouvoir, jusqu'à celui où, le cœur, sans doute, bien abreuvé d'amertume, il en est sorti, laissant cependant après lui des traces non douteuses des intentions dont il était animé.

Et si, dans la série des actes, émanés de son administration, vous ne rencontrez rien de décisif; si vous n'y voyez que des palliatifs et non le seul remède énergique qui puisse arracher les colonies, la Guyane surtout à tous les maux qui les accablent; du moins, n'y rencontrez-vous aussi que les intentions les plus pures et les plus sincères, que la sollicitude la plus bienveillante, la plus persévérante. Vous y verrez surtout, planant au-dessus de tous ses actes et les couvrant comme du reflet de sa pensée tout entière, la résolution fermement arrêtée de sauvegarder les droits acquis, de protéger, de défendre les personnes et les propriétés. Vous y rencontrerez toutes les précautions, que commandent la prudence et la circonspection, s'unissant au désir le plus ardent de faire le bien. Et si, dans cette grande œuvre de préparation à l'émancipation, que lui avaient imposée les circonstances; si dans l'accomplissement de cette tâche si difficile, si délicate, vous rencontrez des fautes... ou, plutôt, des erreurs; si vous y voyez un système temporiseur, poussé, peut-être, à l'excès, ces fautes, ces erreurs, ce système ne vous offrent-ils donc pas eux-mêmes la preuve irréfragable de cette pensée grande, noble, généreuse qui dominait tous ses actes: « Protéger, sauver, conserver les colonies, tout en restant fidèle à la sainte cause de l'humanité, de la liberté. »

Et ce système temporiseur eût-il, — contrairement à la pensée de M. de Mackau, — produit des résultats encore plus mauvais, plus dangereux que ceux qui, avec la loi du 18 juillet, en sont

sortis, encore une fois, était-ce donc à ceux qui se disent les défenseurs des colonies, à en faire le thème des attaques les plus
acerbes, les plus violentes ; était-ce à eux, lorsque de leurs
rangs n'étaient que trop souvent parties les protestations les plus
énergiques contre tous les systèmes d'émancipation qui s'étaient,
jusqu'alors, produits ; était-ce donc à eux, après avoir, à grands
cris, réclamé l'émancipation progressive et partielle, autant de
fois qu'avait été prononcé le mot d'émancipation générale, à
repousser encore le système par eux sollicité, lorsque cédant à
leurs instantes réclamations, lorsque partageant leurs appréhensions, M. de Mackau venait d'entrer lui-même dans la voie
que ces réclamations et la manifestation de ces appréhensions lui
avaient indiquée, tracée !

Aussi, qu'en est-il résulté ? C'est, qu'avec assez de raison,
on a dit, on a écrit, — et l'opinion publique a sanctionné cet
arrêt : — « Les colons ne veulent ni l'émancipation générale, ni
» l'émancipation progressive : ils repoussent également toute
» pensée d'émancipation, sous quelque forme qu'elle se pro-
» duise : parlez-leur, en effet, de l'émancipation générale, ils
» réclament l'émancipation partielle, ils la proclament le seul
» mode que puisse leur assurer les garanties désirables ; et si,
» les prenant au mot, vous leur offrez cette émancipation partielle,
» progressive ; à son tour, ils la repoussent comme un système
» désorganisateur, dissolvant, désastreux... »

Mais je m'arrête..... Dans cette note, je ne voulais qu'offrir à
l'administration de M. de Mackau un faible hommage de gratitude pour tout ce que — selon moi, dans mes convictions — elle
a fait en faveur des colonies ; je ne voulais que protester contre
d'injustes attaques, et, malgré moi, je me suis laissé entraîner
hors des limites qu'avait tracées ma pensée. Je m'arrête..... Car,
aujourd'hui, que, tous, nous ne devons être animés que d'une
seule et même pensée, celle de nous rallier au nouveau drapeau

que vient d'arborer le conseil colonial de la Guadeloupe , à Dieu
ne plaise que je veuille réveiller même le souvenir de notre
vieille résistance ; à Dieu ne plaise que je veuille raviver nos
dissidences..... Ce serait complètement méconnaître le sens des
paroles conciliatrices qu'a fait entendre la noble et puissante
voix de M. le président Ambert. Oui , entre nous plus de dissidence, plus de partage dans la manifestation de nos opinions :
une voie , non moins sûre que féconde , nous est ouverte ; ne
songeons, désormais, qu'à la suivre franchement, résolument.
Et, si nous devons à l'administration de M. de Mackau un juste
tribut de regrets et de gratitude, espérons que celle de son
successeur ne se montrera pas moins jalouse de développer les
élémens de prospérité et les gages de sécurité que vient offrir à la
Société coloniale la nouvelle bannière, sous laquelle, tous, sans en
excepter un seul, nous devons avec empressement nous ranger :
espérons que, sortis de nos rangs, ces mots qui résument , d'une
manière si complète , le seul système qui puisse sauver les colonies, que ces mots, dis-je : *instruction morale et religieuse,
liberté, ordre , travail, bien-être,* n'auront pas été vainement prononcés : dans le cœur de M. le ministre actuel de la marine,
ils éveilleront les sympathiques échos, que dans celui de M. de
Mackau, ils eussent infailliblement rencontrés. Oui, rallions-nous,
non-seulement à la devise que les nobles accens d'une voix qui nous
est chère ont imprimée, en caractères ineffaçables, sur le drapeau colonial, mais encore à cette adresse si digne qui vient de
porter au pied du trône les vœux du conseil colonial de la Guadeloupe : n'ayons qu'une voix pour demander l'émancipation
avec association et indemnité, et soyons assurés que la bienfaisance royale non-seulement s'étendra sur toutes nos misères ,
pour en tarir à jamais les sources, mais encore que pour
nous elle fera luire des jours heureux et prospères.

B.

« Jeter les premiers fondemens de l'enseignement agricole aux colonies, etc., etc.
(Note supplémentaire, page 40. »)

Espérons qu'avant longtems ces vœux seront accomplis : A peine sont-ils formés que, déjà, les colonies viennent d'être dotées d'un grand bienfait, qu'elles doivent à la bienveillante sollicitude, dont M. de Mackau était animé à leur égard. Ayons la douce espérance que M. le Ministre actuel de la marine ne laissera pas inachevée l'œuvre, dont la décision ci-après transcrite, prise par son prédécesseur a jeté les bases premières; mais des institutions isolées seraient insuffisantes : Pour ouvrir à l'agriculture coloniale une ère nouvelle, il faut, je le répète, un système complet qui, sur des bases nouvelles, *institue la représentation de l'agriculture aux colonies;* mais en attendant, acceptons, avec un sentiment profond de sincère gratitude, les premiers pas que la décision de M. de Mackau nous fait faire dans cette voie nouvelle.

Ici je laisse parler le *Moniteur :*

(18 février 1847) « M. le ministre de la marine et des colo-
» nies vient de décider que huit bourses seraient instituées au
» compte de son département, à l'institut-royal-agricole de
» Grignon, en faveur des jeunes créoles de nos colonies à
» culture, ce qui comporte deux bourses pour chacune des
» colonies de la Martinique, de la Guadeloupe, de la Guyane
» et de Bourbon.

» *L'importance* et, surtout, *l'opportunité* de cette fondation
» n'ont pas besoin d'être démontrées aux familles qui se trou-
» veraient en position d'en réclamer le bénéfice pour leurs enfans.

» — Les conditions d'âge et d'études préparatoires, exigées par

» le programme de Grignon, devront être remplies par les can-
» didats à ces bourses spéciales. Quant aux demandes, elles
» devront parvenir au département de la marine, par l'intermé-
» diaire des gouverneurs de chaque colonie, même dans le cas
» où les familles résideraient en Europe. »

Cette fondation qui, à elle seule, suffirait, plus que toutes protestations, pour démontrer combien étaient injustes les attaques dont l'administration de M. de Mackau a été l'objet, de la part d'un certain nombre de ceux-là mêmes dont l'avenir et les intérêts n'ont jamais cessé de préoccuper sa constante sollicitude, a inspiré au journal la *Presse* les réflexions suivantes, que je crois fort utile de reproduire ici, et que je prie son honorable administrateur de vouloir bien me permettre de lui emprunter, persuadé que je suis, que les colons ne sauraient trop les méditer. Ils ne pourront que gagner à se pénétrer de plus en plus, des sages enseignemens qu'ils y peuvent puiser :

« Nous félicitons M. le ministre de la marine de la pensée
» de cette fondation : Quoique les colonies soient beaucoup
» moins arriérées en matière d'agriculture, qu'on ne se plaît à
» le dire, nous croyons que les notions théoriques manquent
» généralement à leur vieille pratique. Or, les connaissances rai-
» sonnées qui font de l'agronomie une science, et dont nous
» voyons le besoin se manifester de toutes parts, en Europe,
» doivent être considérées comme l'une des ressources suprêmes
» de l'avenir colonial. A le bien prendre en effet, et toute part
» faite aux difficultés complexes de sa solution, le problème qui
» s'agite pour nos départemens d'outre-mer, n'est pas autre que
» celui qui remue l'Europe : C'est toujours *la question de*
» *produire au meilleur marché possible.* Seulement, tandis
» qu'en Europe, c'est à l'industrie manufacturière qu'est dévolue
» la rude tâche d'en poursuivre l'inconnu, *aux colonies, pays*
» *essentiellement et exclusivement agricoles, c'est à l'agricul-*

» *ture qu'incombe* le fardeau. Il faut donc que les efforts cons-
» tans, raisonnés qui ont porté si loin l'industrie de la métropole,
» commencent à se faire jour dans l'industrie des colonies.
» *Il faut qu'elles regardent l'avenir et se préparent à lui opposer*
» *non pas le regret ou le découragement, mais le savoir.*

» Or, nous ne sommes pas suspects dans notre approbation :
» Nous leur disons que la voie qui est ouverte, aujourd'hui,
» est la bonne; d'abord par cette raison qui en vaut bien une
» autre : Quelle commence par le commencement; puis, parce
» que l'établissement dont a fait choix le gouvernement pour
» l'admission des jeunes créoles est, à notre avis, *le plus com-*
» *plet qui existe :* Par la variété de son enseignement théorique,
» auquel ne concourent pas moins de huit professeurs spéciaux,
» par l'étendue de ses exploitations, servant aux démonstrations
» pratiques, Grignon peut être considéré comme remplissant
» toutes les conditions qu'exige le haut enseignement agricole,
» vraiment digne de ce nom. Nous le répétons donc, il faut
» féliciter le gouvernement de son idée.

» Mais quoiqu'elle se réalise sur une échelle relativement
» assez large, puisqu'il s'agit de fondation gratuite, *cette idée*
» *n'exercera qu'une influence bien restreinte, si elle ne dépasse*
» *pas l'œuvre du gouvernement :* A notre avis, les colons ne
» doivent la considérer *que comme un avertissement qui leur est*
» *donné, comme une voie qui leur est ouverte :* Il appartient
» aux familles assez aisées pour se passer de l'assistance du
» gouvernement, *de faire pour leurs enfans les frais de cette*
» *instruction spéciale,* comme elles feraient les frais de celle qui
» se donne aux autres écoles supérieures.

» *Il appartient enfin aux colonies de pousser la métropole à*
» *agrandir, s'il est possible, le cercle de cette fondation qui se*
» *rattache à un ordre d'idées qu'elles ne peuvent trop favoriser*
» *par leur concours.* (Journal la *Presse*, 18 février 1847. »)

Qu'il me soit permis d'appeler, d'une manière toute spéciale, l'attention de mes compatriotes de la Guyane sur les réflexions si solides que je viens de transcrire, persuadé, je le répète, qu'elles ne sauraient être trop méditées, trop pesées par les intéressés qui n'en peuvent retirer que de bons et féconds enseignemens :

Pénétrons-nous bien, surtout, de cette vérité : Que le gouvernement ne peut tout faire ; que même toutes ses tentatives resteraient frappées d'impuissance, si, dans notre concours, dans notre participation, elles ne puisaient les premiers élémens de succès, sans lesquels nous ne pouvons rien espérer, rien attendre de l'avenir. Reconnaissons que le gouvernement ne peut, lui seul, prendre toujours l'initiative de toutes les nombreuses institutions, de toutes les innombrables réformes que réclament les intérêts coloniaux. Assurément nous pouvons compter que les moyens puissans dont peut disposer le gouvernement du Roi, ne nous feront pas défaut ; mais, pour nous créer plus de droits encore à ses bienfaits, ne reculons pas nous-mêmes devant des sacrifices qui ne seront que des avances faites à l'avenir.....

Voyons ce qui se passe en France : Quelles sont les localités qui, dans la répartition des secours de l'État, obtiennent une part plus large, plus efficace ? Ce sont celles qui, prenant elles-mêmes l'initiative des mesures utiles et fécondes, n'hésitent pas aussi à s'imposer largement, et viennent ensuite fortes de leurs sacrifices, armées de ces preuves irrécusables du bon vouloir, demander à l'État des secours qu'il ne peut alors refuser aux départemens, aux villes, aux simples bourgades, aux plus chétifs hameaux qui ont su se créer ainsi des titres à sa puissante assistance.

Notre grande affaire à nous autres, colons de la Guyane, c'est de déterminer le gouvernement du Roi à *s'occuper sérieusement et sans retard* de la colonisation de notre beau pays ; c'est d'obtenir, qu'à l'accomplissement de cette grande œuvre de colonisation, il consacre des forces, des moyens, des ressources, *qui soient en rapport avec le but qu'il s'agit d'atteindre;* c'est de le déterminer à entrer résolument, largement, sans hésitation, sans parcimonie, dans cette voie, au bout de laquelle se laissent facilement apercevoir les résultats immenses qui, pour la France elle-même aussi bien que pour nous, seraient si prodigieusement avantageux. Mais, voulons-nous vraiment, sérieusement que le gouvernement nous vienne ainsi en aide; voulons-nous qu'il s'impose les sacrifices nécessaires, indispensables... Commençons nous-mêmes par faire à l'intérêt général de la colonie le sacrifice de nos petits intérêts privés, sacrifice qui, du reste, ne serait autre, — soyons-en bien persuadés — que celui que s'impose le cultivateur intelligent et prévoyant qui confie à la terre la semence qui, fécondée par elle, lui produit au centuple.

Que l'intérêt du pays soit donc notre unique loi, et faisant surtout à la chose publique le sacrifice de notre orgueil et de nos préjugés; revenant sur une détermination non moins funeste qu'insensée, détermination dont les conséquences seraient désastreuses pour le pays, et dans laquelle nous ne saurions persister sans nous faire nous-mêmes les artisans de notre ruine complète, n'hésitons pas à solliciter l'exécution immédiate du projet de colonisation de M. Jules Le Chevalier.

Il en coûte à l'amour-propre, je le sais, de venir demander, solliciter ce que l'on a, tout d'abord, condamné, dédaigné, repoussé... Mais voyez un vieillard décrépit, impotent, dont la faiblesse a trahi le courage..... ou, plutôt, la présomption..... Il avait d'abord dédaigneusement repoussé le bras qui lui offrait un appui secourable; mais, bientôt, il sent que sous lui ses genoux se dérobent... Il chancelle, il va tomber... peut-être pour ne se relever jamais... Oh ! entendez, alors, ses cris de détresse, voyez-le étendre les bras et chercher, de sa main tremblante, cet appui qu'avait dédaigné, repoussé son orgueil insensé... Oh! c'est qu'en présence de ce danger imminent, au sentiment de l'orgueil a succédé l'instinct de la conservation : Il comprend, alors, qu'unir l'orgueil à la faiblesse, c'est se montrer deux fois insensé...

Voyez encore un naufragé qui, vigoureux et habile nageur, a dédaigné tous les débris flottans qui, surnageant tout autour de lui, semblaient l'inviter à leur confier le soin de le porter sûrement au rivage. Plein du sentiment de sa force et de son habileté, dont, vingt fois, il avait fait l'expérience, il mesure d'un regard assuré la distance qui le sépare de la terre... Certainement ses efforts ne seront pas impuissans, et ce n'est pas une pensée présomptueuse que ce sentiment de confiance dont il était animé ; car, voyez : déjà, bien loin derrière lui, retentissent, déchirans et sinistres, les cris de détresse de ses malheureux compagnons d'infortune... «Que je les plains, se » dit-il : blâmant mon audace, ils s'efforçaient de me détourner de » mon énergique détermination, qu'ils taxaient d'insigne folie, » et les voilà qui luttent en vain contre la mort, tandis que moi, » bientôt, mes pieds auront touché la terre. » Assurément il doit, en effet, se féliciter de sa détermination ; car, voyez comme il gagne le rivage : la distance qui l'en sépare n'est plus que de quelques brasses ; un dernier effort donc, il est sauvé... Mais d'où vient qu'il hésite ?... Tout-à-coup il lui a semblé que cette terre à laquelle il allait toucher et vers laquelle, secondant ses efforts, le portait le flot qui monte, se retirait s'éloignant rapidement... Oh! bientôt, il ne peut plus douter : Ce n'est pas le rivage qui s'éloigne, ce n'est pas la terre qui se retire, mais hélas! lui-même qui, entraîné par une force irrésistible, se sent reporter au large. C'est en vain que, pour revenir vers la terre, il s'épuise : ses efforts sont impuissans ; car, le malheureux! il a rencontré l'un de ces courans violens qui, plus forts que le flot qui monte, plus forts que le nageur le plus vigoureux, le plus habile, plus forts que la puissance de la vapeur elle-même, précipitent leurs ondes bouillonnantes, entraînant tout ce qu'un destin funeste vient livrer à leur cours insurmontable... Mais quel bruit a frappé son oreille? Ce sont des voix qui s'approchent, des rames qui s'agitent. Par un effort suprême, il se dresse sur la vague qui le soulève, et que découvre-t-il, grand Dieu! ces débris par lui dédaignés, recueillis, réunis, liés ensemble, ont offert aux autres naufragés un refuge solide qui, habilement dirigé, évitant les courans, obéissant à la double impulsion de ses rames et de sa voile que gonfle un vent favorable, les conduit sûrement vers la terre. Oh! combien, dans son cœur, que déchire le désespoir, il maudit sa présomptueuse audace! Combien il déplore son orgueil insensé! En vain, il voudrait, de sa voix éteinte par la fatigue et l'épuisement, dominer le bruit des flots : ses cris de détresse ne peuvent arriver à ses fortunés compagnons, dont, pour punir davantage son orgueil, ajouter à son désespoir, le ciel semble avoir pris plaisir à lui faire connaître le salut. C'est en vain que vers eux il voudrait tendre ses bras affaiblis, engourdis déjà par les efforts de cette lutte inégale, que, dans son orgueil insensé, il a osé engager, corps-à-corps, avec le terrible élément : Complètement épuisé, il a cessé de battre les flots de ses membres qu'il ne peut mouvoir; et, au moment, où, la rage au cœur, le désespoir dans l'âme, il se sent attirer par les profondeurs de l'abîme, il entend les cris d'allégresse, par lesquels ceux que l'orgueil n'a pas, comme lui, perdus, saluent la terre hospitalière, dont leurs pieds, déjà, touchent le rivage.

Et, nous aussi, ne nous laissons point entraîner à notre perte par un orgueil insensé. Oh! il en est tems encore : Ne repoussons pas, comme le vieillard impotent, décrépit et pourtant orgueilleux et téméraire, image frappante de notre vieux système à jamais usé, condamné... ne repoussons pas l'appui qui nous est offert; ne dédaignons pas, non plus, semblables à ce pauvre, mais aussi, bien présomptueux, bien imprudent naufragé, les secours que, pour nous sauver, a réunis une main amie. Ou, plutôt, si, entraînés comme eux à adopter une résolution funeste, nous avons, nous aussi, compromis notre avenir, notre existence... Oh! qu'à la vue de cet abîme que nous avons nous-mêmes ouvert sous nos pas, l'instinct de la conservation se dressant en nous... ou plutôt — car c'est à de nobles cœurs, à des âmes généreuses que je m'adresse — que l'amour du pays, dominant de sa voix puissante les conseils perfides d'un faux amour-propre, nous n'hésitions plus, revenant sur une résolution funeste, à solliciter l'exécution immédiate du projet de colonisation qui seul peut sauver notre pauvre et chère colonie d'une ruine qui serait non moins complète que certaine.

Mais que cette exécution puisse se réaliser dans un tems plus ou moins rapproché, notre grande affaire encore, à nous autres colons de la Guyane; celle qui, aujourd'hui, domine notre existence tout entière, c'est d'obtenir, par l'immigration, des bras libres qui viennent remplacer les bras esclaves, que nous ont enlevés et nous enlèvent, chaque jour encore, et l'abolition de la traite, et l'excédant des décès sur les naissances résultat malheureux du libertinage des esclaves, plus encore que de la disproportion qui existe entre le nombre des hommes et celui des femmes. Notre grande affaire c'est, je ne saurais trop le redire, de mettre en présence de cette puissante et riche nature, que le ciel nous a départie, une population dont la force numérique et le bon vouloir soit en harmonie avec tous les élémens de richesse et de prospérité, que notre chère Guyane recèle dans son sein.

Eh bien! Voulons-nous que, pour reconstituer par l'immigration, nos ateliers déjà si réduits, si chétifs, le gouvernement nous vienne en aide, n'hésitons pas à nous imposer les premiers sacrifices : *formons une compagnie*, à laquelle chacun de nous, dans la proportion de ses moyens, apporterait son tribut. Lorsque nous aurons ainsi réuni les premiers élémens d'un fonds social qui inspire quelque confiance, adressons-nous aux capitalistes de la métropole, et, après avoir enfin complété, à l'aide de leurs avances, un capital qui puisse nous permettre de tenter l'immigration sur une échelle assez vaste, présentons au gouvernement et notre plan d'immigration et le chiffre des capitaux, dont nous pourrons disposer; demandons alors que, par une subvention et par tous les moyens dont lui-même il peut disposer, le gouvernement du Roi vienne compléter nos ressources, nos moyens d'action et surtout couvrir notre entreprise de sa puissante protection. Mais, pour que ces secours et cette protection nous soient plus sûrement accordés, ayons surtout le soin de ne présenter qu'un plan qui offre au gouvernement toutes les garanties morales, qu'il est en droit d'exiger, pour que l'œuvre de l'immigration n'apparaisse à tous les regards que complètement dégagée de toute assimilation à ce trafic honteux et coupable, que non-seulement proscrivent l'humanité, la morale, la religion, que non-seulement la loi a frappé de peines justement sévères, mais encore, dont *la seule apparence* rencontrerait dans l'opinion publique la plus énergique réprobation.

Si, dans les colonies anglaises, l'immigration est loin d'avoir produit les résultats que nous pouvons en attendre, c'est — il faut le dire — que, sous plus d'un rapport, le mode adopté présente des vices essentiels, qu'il nous est facile d'éviter.

A chacun ses idées..... il est possible que les miennes soient erronées; mais il me semble, que conçue et surtout conduite, comme j'en conçois le plan et l'exécution, cette opération ne demanderait pas un capital excessivement élevé, non-seulement pour atteindre le but principal, l'introduction de travailleurs jeunes, laborieux, actifs, intelligens et honnêtes, bien choisis en un mot, mais encore pour offrir aux capitalistes qui voudraient y prendre part, un intérêt raisonnable, satisfaisant.

Soumettons donc, sans plus tarder, au gouvernement et notre plan et le chiffre des capitaux, dont nous pouvons disposer; et, si ce plan réunit toutes les garanties désirables, si nos sacrifices offrent la preuve du bon vouloir, soyons assurés que le gouvernement du Roi s'empressera de seconder largement nos efforts et de couvrir notre entreprise de son égide protectrice et puissante.

Il en sera ainsi pour toutes les institutions que nous voudrons fonder, pour toutes les réformes que nous voudrons entreprendre :

Si, par exemple, les conseils coloniaux pensaient qu'un jury de récompenses, l'une des institutions les plus utiles, à mon avis, qui font l'objet des propositions consignées dans ce recueil, peut devenir, en effet, l'un des plus sûrs élémens de bon ordre, de travail, de soumissions que nous pussions établir, pourquoi attendraient-ils que le gouvernement en prît l'initiative? Et, d'ailleurs, instituée par les colons eux-mêmes, cette mesure ne serait-elle donc pas infiniment plus efficace? Son influence ne se manifesterait-elle pas d'une manière plus certaine, plus puissante, plus féconde, si cette institution apparaissait aux regards des esclaves et des affranchis, comme un témoignage irréfragable de la bienveillance des maîtres, plutôt que semblable à une obligation qui serait imposée à ces derniers, en faveur des esclaves et affranchis?

Qu'il me soit donc encore permis de presser mes compatriotes de toutes les colonies de prendre l'initiative à cet égard. Combien seraient légers les sacrifices que la fondation de cette institution imposerait à chacun de nous! A la Guyane, par exemple, il ne faudrait pas plus de trois à quatre mille francs, chaque année.

Cette somme, distribuée avec justice et impartialité , partie en numéraire, partie en médailles , à trente ou quarante travailleurs, reconnus et proclamés , avec solennité, les plus laborieux, les plus soumis , les plus vertueux d'entre leurs frères, suffirait pour l'accomplissement de cette œuvre , dont les résultats heureux seraient non moins avantageux aux maîtres qu'aux travailleurs.

Je reviens à un ordre d'idées , dont je me suis un peu écarté , sans cependant m'en éloigner complètement , car ces deux questions de la colonisation de la Guyane par l'immigration et de la fondation d'un jury de récompenses pour les travailleurs, ne sont-elles donc pas intimement liées à celle qui fait l'objet principal de cette note, l'enseignement agricole et l'organisation de la représentation de l'agriculture aux colonies : toutes les trois intéressent également l'agriculture.

Que mes compatriotes, après avoir médité , mûrement pesé les réflexions que j'ai empruntées à un journal qui paraît tout dévoué aux intérêts coloniaux , comme à tout ce qui est grand , utile , juste et digne d'occuper les intelligences les plus éclairées, veuillent bien aussi accorder quelque attention au projet d'organisation de la représentation de l'agriculture aux colonies, projet que , dans ce recueil , j'ai soumis à leur appréciation. Ce projet ne présente, je le sais, qu'une ébauche fort incomplète ; mais, si les conseils coloniaux croyaient, comme j'en suis moi-même convaincu , qu'il pût donner lieu à d'utiles applications ; s'ils y voyaient des élémens de prospérité et de bien-être, offerts à l'avenir colonial , à eux d'y mettre la dernière main ; à eux surtout d'en proposer l'adoption, après l'avoir modifié ou complété ; à eux de solliciter de la bienveillance royale une ordonnance qui en fasse une institution solide , durable , féconde.

C.

Je n'ai pas la prétention d'avoir résolu, ni même essayé de résoudre les questions les plus importantes, dont les intérêts coloniaux réclament la solution. Je sais qu'en dehors des améliorations que j'ai proposées et, surtout, des réformes que j'ai signalées, il y a beaucoup à faire.

Aussi, pourrait-on spécialement appliquer aux colonies ce passage de la *Presse :*

« Mais que de choses utiles à entreprendre; que de grandes
» choses à accomplir; *que de mauvaises lois à réformer ;* que
» d'abus à poursuivre; *que d'encouragemens à donner;* que de
» difficultés à prévoir, à écarter; que de problêmes à résoudre ;
» *que d'institutions à fonder!* (Journal la *Presse,* 8 mai 1847.) »

Sans énumérer, ici, toutes les institutions, dont les intérêts coloniaux réclament la fondation, et, surtout, toutes les réformes auxquelles il serait plus urgent encore de songer sérieusement, qu'il me soit permis d'unir mes vœux à ceux des colons résidans à Paris qui se sont réunis pour mettre à l'ordre du jour, dans une pétition adressée aux chambres, la question si importante et, pourtant, depuis si longtems ajournée, de la représentation parlementaire *directe* des colonies. (Pétition dont je regrette de ne pas connaître la teneur).

Si un sentiment de réserve dont chacun appréciera la convenance, m'a fait garder le silence, sur un grand nombre de points que, dans mes notes adressées à M. le directeur des colonies, j'ai négligés à dessein; si la position assez délicate, dans laquelle m'a placé, vis-à-vis du conseil des délégués, le dédain avec lequel il a cru devoir accueillir une communication qui lui était faite dans les intentions les plus pures, les plus sincères, et dans laquelle, du reste, *il devait voir la manifestation d'un senti-ment de déférence;* si, dis-je, cette position, m'imposant une plus grande réserve encore sur une question qui le touche de si près, j'avais cru devoir m'abstenir d'émettre à cet égard des opinions depuis longtemps arrêtées, aujourd'hui que la pétition des colons résidans à Paris a, d'une manière formelle et positive, mis à l'ordre du jour la question de la représentation parlemen-taire des colonies, je n'hésite plus à unir non-seulement mes vœux, mais encore mes faibles efforts à ceux des auteurs de la pétition.

Mais cette question de la représentation parlementaire des colonies me paraissant trop importante, trop sérieuse, trop vitale pour être resserrée dans les proportions d'une note rejetée à la fin d'un recueil qui lui-même n'offre déja qu'un examen fort incomplet des questions qui y sont non traitées, mais à peine effleurées, je me propose d'essayer d'établir, dans un article spécial, que, sans retard, les colonies doivent être appelées, comme le sont toutes les fractions de la population et du territoire de la métropole, à l'exercice du droit sacré de la représentation parlementaire.

Et, pour arriver à cette démonstration, après avoir suivi la représentation coloniale dans toutes les phases diverses, dans les fluctuations si nombreuses que lui ont fait subir les lois et décrets, émanés des différentes législatures qui, depuis 1789, se sont succédé, je m'efforcerai d'établir : que les lois des 19 avril 1831 et 24 avril 1833 qui portent, dans leurs dispositions, l'exclusion dont les colonies sont actuellement frappées, sont en cela contraires, sinon au texte, mais du moins à l'esprit de la charte, et formellement en opposition avec tous les principes qui forment les bases fondamentales de notre monarchie *représentative;* qu'aujourd'hui, surtout, l'existence des colonies étant à la veille d'être mise en question, il serait non-seulement injuste, non-seulement imprudent, mais encore souverainement inconstitutionnel de ne pas les appeler à prendre part, elles aussi, par leurs représentans réguliers, à l'exercice de la puissance législative. Pour faire ressortir, enfin, d'une manière plus complète encore, s'il est possible, tous les vices de la représentation actuelle et l'urgence d'une réforme, il me sera, je crois, facile de démontrer que la double qualité de pair de France et de député-délégué des colonies n'est pas moins irrationnelle, pas moins inconstitutionnelle que ne l'est elle-même l'exclusion, dont la France d'outre-mer a été frappée ; que, quant à la situation du simple délégué, elle n'offre pas même l'ombre de la représentation, etc., etc.

Pour terminer cette note, il me reste à émettre mon opinion sur la loi du 9 août 1847, à laquelle *nous devons le bienfait* d'une composition nouvelle des cours criminelles aux colonies pour le jugement des crimes commis, soit par des individus libres envers des esclaves, soit par des esclaves envers des libres.

Considérer cette loi comme un bienfait, c'est dire que loin de partager les opinions émises dans les commentaires passionnés qui l'ont accueillie, au non des colons, je n'hésite pas au contraire à protester, de toute la force de mes convictions, contre la signification qu'on s'est efforcé d'attacher à cette loi qui vient, en partie du moins, réformer une institution vicieuse qui, depuis trop longtems déjà, pèse, à mon avis, d'une manière fâcheuse, sur la société coloniale tout entière.

Je m'explique :

La loi du 9 août me paraît un bienfait, et c'est ainsi qu'elle devait être, selon moi, considérée par tous les habitans des colonies, d'abord, parce qu'elle vient les arracher à toutes ces accusations de partialité qui, depuis plusieurs années, n'ont cessé, à tort ou à raison, d'accueillir la plupart des décisions rendues par les cours d'assises des colonies.

Je dis à tort ou à raison, car il me semble bien difficile d'apprécier, à deux et trois mille lieues, les élémens d'un verdict d'acquittement ou de culpabilité. Bien souvent, je le reconnais, des acquittemens prononcés aux colonies m'ont paru scandaleux; mais avais-je sous les yeux, et tous ceux qui, trop souvent, prennent à tâche d'ajouter au scandale apparent de ces acquittemens, le scandale de leurs attaques passionnées, usurpant *vainement* le masque d'une mensongère philanthropie, ont-ils donc sous les yeux des élémens tels, que sans craindre de porter une accusation injuste et par conséquent odieuse, il soit permis d'incriminer, ainsi qu'à la suite de chaque affaire on le fait, les assesseurs et les magistrats qui ont pris part à la formation des verdicts attaqués ! Et, eussent-ils à leur disposition toutes les pièces du procès, — je dis plus — eussent-ils même assisté aux débats, suivi toutes les phases de l'instruction, qu'il y aurait encore au moins témérité de leur part à jeter à la conscience des assesseurs et des magistrats coloniaux ces odieuses incriminations de partialité, de prévarication, de forfaiture qui, tour à tour, répétées dans l'une et l'autre chambre, vont défrayer les colonnes de certains journaux, souvent réduits aux abois. N'est-il donc pas un principe sacré qui devrait imposer plus de réserve dans l'appréciation des décisions rendues aux colonies, comme de celles qui le sont en France ! Le respect dû à la chose jugée n'est-il pas un droit aussi bien acquis aux colonies qu'à la métropole ! Ce principe, ce n'est pas en France seulement, ce n'est pas aux colonies seulement, qu'il doit exercer son empire... c'est partout où il y a des juges, quelque dénomination que prenne la juridiction à laquelle ils appartiennent; partout où des citoyens, investis d'un mandat légal, décident de la vie, de l'honneur, de la fortune de leurs concitoyens. La conscience des magistrats ou des juges quels qu'ils soient n'est-elle donc pas, en effet, un sanctuaire inviolable, dans lequel, *jamais*, ne doivent pénétrer les téméraires soupçons, les investigations hasardées ! à celui-là seul qui sonde les reins et les consciences le droit de scruter la conscience du juge, cette forteresse sacrée, inattaquable, en présence de laquelle doit s'arrêter, pénétrée d'un saint respect, la pensée humaine, dont les armes trempées d'erreur, ne sauraient distinguer l'innocent du coupable, le juge juste et équitable du prévaricateur, de l'indigne.

Aux colonies donc, pas plus qu'en France, pas plus que partout ailleurs, les verdicts d'un tribunal criminel quelque dénomination qu'il prenne, quels que soient les hommes qui le composent, ne doivent pas plus que toutes autres décisions de la justice, être livrés aux téméraires investigations, aux soupçons passionnés, et par conséquent le plus souvent erronés, des partis, plus ou moins intéressés à s'armer contre eux (juges et verdicts) *des apparences* trop souvent trompeuses, à l'aide desquelles on se montre toujours empressé de traduire en certitude les élémens incertains d'une odieuse suspicion.

Et, d'ailleurs, s'il est vrai que les décisions rendues aux colonies, dans certains procès criminels, aient offert à la France le triste exemple d'acquittemens systématiques qui, comme l'a dit l'honorable M. d'Haussonville, dans son rapport à la chambre des députés, « ont affligé la conscience publique ; si ces acquit-» temens scandaleux, ont ému le gouvernement du Roi, du » retentissement douloureux qu'ils ont eu en France... » Est-ce donc aux colonies seulement que se produisent de tels scandales ?

Pourquoi donc ne voir et n'entendre toujours que ce qui se passe aux colonies, et ne pas voir, ne pas entendre ce qui se fait en France, en Algérie surtout ? Pourquoi donc ne s'émouvoir que des abus qui ont lieu aux colonies... Je me trompe : si toutes les attaques n'étaient franchement, sincèrement et surtout

loyalement dirigées que contre *les abus eux-mêmes;* oh ! loin de
le trouver mauvais ; bien loin de m'efforcer de repousser ces
attaques, je m'empresserais, je m'empresse de leur prêter mon
faible concours. Mais pourquoi toujours prendre à tâche, non pas
de combattre *les abus et les préjugés eux-mêmes*, mais d'incriminer les personnes et les intentions? Pourquoi, personnifiant
pour ainsi dire les abus et les préjugés par ces expressions, sans
cesse répétées : les colons, les colons, pourquoi se montrer,
en vérité, plus hostile envers ceux-ci, que vraiment animé du
désir qui serait si louable, de détruire ces abus et ces préjugés.,
quelque part qu'ils se produisent, en France, en Algérie, aux
colonies? Et, afin qu'on n'attache pas à mes expressions un
sens qu'elles n'ont pas, je me hâte d'ajouter, que, loin de vou-
oir faire, ici, allusion aux paroles de l'honorable rapporteur
que je viens de nommer, je n'ai trouvé dans son rapport — et
quiconque a bien voulu le lire sans préventions, partagera mon
opinion, — je n'ai trouvé, dis-je, dans ce rapport, rien qui
endît à incriminer les assesseurs coloniaux. Il se fait au contraire
remarquer par une modération d'autant plus louable, qu'il était
bien difficile à l'honorable rapporteur de se maintenir, ainsi
qu'il l'a fait, dans les limites de cette judicieuse et si loyale
impartialité, avec laquelle il a su énergiquement attaquer une
institution mauvaise en elle-même, tout en excusant, je dirai
plus, tout en justifiant ceux que tant d'autres ont pris plaisir à
charger de tout l'odieux qui ne devait peser que sur l'institution
elle seule.

Ceux-ci, je l'ai dit, et ne crains pas de le leur trop faire
entendre, ils s'attachent non à combattre les institutions mauvaises, les abus et les préjugés, partout où ils se produisent,
mais à incriminer les intentions, les personnes, *et surtout si
ces personnes ont le malheur d'être des colons propriétaires
d'esclaves.* En veulent-ils une preuve ? La voici : laissons de

côté les abus et les préjugés qui fourmillent en Algérie ; fermons complaisamment les yeux sur toutes les énormités qui n'ont cessé d'y surgir ; faisons plus, fermons nos cœurs et nos entrailles aux cris déchirans, que les supplices les plus atroces, que les tortures les plus inhumaines ont arrachés aux malheureuses victimes d'une discipline barbare... Détournons les regards pour ne pas voir ces malheureux se tordre, se débattre dans la cruelle agonie à laquelle les condamnent... non pas un verdict régulièrement prononcé par des assesseurs coloniaux, mais la volonté arbitraire, le caprice, ou la vengeance personnelle d'un simple caporal, érigé en juge souverain par la toute-puissance du sabre ; détournons les regards... ou plutôt contemplons-les froidement ces supplices, ces tortures, dont les noms hideusement barbares, suffiraient seuls à soulever d'horreur et d'indignation toute âme honnête, tout cœur noble et généreux ; contemplons-les froidement ; car ceux qui les subissent, ils ne sont pas des esclaves, mais les nobles défenseurs de la patrie ; car ce n'est pas le sang africain qui coule dans leurs veines, mais le sang français..... ils ne sont pas dignes de notre pitié, de nos sympathies.....

Oui , laissons de côté les abus et les préjugés qui sur l'Algérie ont, trop longtems, fait peser leur tyrannique empire, et contre lesquels — tant sont profondes les racines qu'ils ont jetées — lutteront en vain les efforts généreux du Prince clément, dans les mains duquel vient de se transformer en un sceptre paternel, la verge de fer qui pesait naguère..... Oui, laissons-les de côté ces abus, ces préjugés..... Mais en France, n'en existe-t-il donc pas qui, non moins que les verdicts coloniaux, pourraient fournir matière à la verve emphatique de ces accusateurs-émérites ! Est-ce donc par exemple, aux colonies seulement que se produisent des acquittemens scandaleux, des verdicts étranges..... Reconnaissons qu'en France aussi des acquittemens, chaque jour répétés, ne paraissent pas moins étranges, pas moins scandaleux

que les verdicts qui, rendus aux colonies, sont venus affliger la
conscience publique. Et sans le saint respect, dont les colons
s'honorent d'être pénétrés pour toute décision qui émane de la
justice, ne se croiraient-ils pas, en vérité, bien fondés à renvoyer aux jurés métropolitains les accusations qui ne cessent de
les poursuivre; ne se croiraient-ils pas, en vérité, bien fondés à
crier eux aussi au scandale, en voyant surtout les étranges
abus qui, chaque jour, se produisent en France, dans l'admission des circonstances atténuantes? Est-il en effet un crime
quelque hideux qu'il soit, qui, aujourd'hui, ne revendique et
n'obtienne le bénéfice des dispositions de l'article 463 du Code
pénal[1]?

Mais, en présence de cette tendance fâcheuse, funeste à couvrir
tous les crimes du complaisant et élastique manteau des circonstances atténuantes, faut-il donc, oubliant le saint respect que
commandent les décisions de la justice; faut-il, foulant aux
pieds le respect dû à la chose jugée, et fouillant la conscience
des jurés métropolitains, y porter, *à la suite de chaque affaire*,
le téméraire flambeau des investigations hasardées ? Oh ! à Dieu
ne plaise que je veuille souiller ma plume en la consacrant à
proclamer une pareille doctrine! Aussi telle n'est pas ma pensée;
et ellen'est pas la conséquence que je veux déduire de ce rapprochement auquel je viens de me livrer.

Mais, si les abus qui surgissent en France ou en Algérie, trouvent tant d'adorateurs devant eux prosternés, pourquoi donc ne
pas même se borner à combattre les abus et les préjugés coloniaux : pourquoi incriminer les intentions, pourquoi, sous le

---

[1] A peine ces réflexions venaient-elles d'être écrites, qu'une voix
puissante et grave leur a prêté l'autorité qui leur manquait. Voir le
discours de rentrée de M. le procureur-général Dupin.

prétexte mensonger d'attaquer et de détruire les abus, déclarer aux colons eux-mêmes une guerre acharnée.

Et, si, posant un frein à la fougue réformatrice de certains déclamateurs qui, à tout niveler, ne cessent de s'évertuer, il est, en France, un principe tellement sacré, qu'à eux-mêmes il impose le respect de la chose jugée; si, sans soulever contre eux l'indignation publique, ils ne sauraient ériger en principe : que la conscience des juges n'est pas un sanctuaire inviolable, et que chacun la peut, à son gré, sonder et scruter; si leur audace n'a pu encore les porter à déférer à la barre de l'opinion publique les élémens de conviction qui, en France, déterminent *tels et tels* verdicts d'acquittement ou de culpabilité? Si, *à la suite de chaque procès* criminel, dont les résultats paraissent plus ou moins étranges, ils n'osent publiquement, hautement incriminer les intentions des jurés métropolitains..... pourquoi donc leur serait-il plus permis de sonder, de scruter la conscience des assesseurs et des magistrats coloniaux? pourquoi donc leur serait-il plus permis non-seulement de contrôler, mais encore de déférer à la barre de l'opinion publique les élémens de conviction qui, aux colonies, déterminent *tels et tels* verdicts d'acquittement ou de culpabilité? pourquoi leur serait-il plus permis, à la suite de *chaque affaire* jugée aux colonies, de traîner les assesseurs et les magistrats coloniaux sur cette sellette en permanence, que pour eux seuls a dressée le zèle passioné d'une partiale philanthropie qui, fort heureusement aujourd'hui, se concentre dans le cercle étroit de certains radicaux excentriques?

Eh bien! cette loi qui vient arracher les assesseurs coloniaux à ces attaques qui ne cessaient de les poursuivre dans ce qu'ils ont de plus cher comme citoyens et comme juges, le sentiment de l'honneur et du devoir, cette loi, dis-je, ne doit-elle donc pas être, par nous tous considérée comme un grand bienfait; cette loi qui vient mettre un terme à ces incriminations odieuses qui, à la

suite de chaque procès, plaçaient, à leur tour, les juges sur le banc
d'ignominie que venaient de quitter ceux qu'ils avaient ou absous,
ou condamnés, n'est-elle donc pas un grand, un immense
bienfait, surtout au point de vue de la dignité et de l'autorité
de la justice ; n'est-elle pas un bienfait inappréciable, en ce
sens qu'elle vient détruire un scandale plus affligeant peut-être
que les acquittemens scandaleux contre lesquels on s'élevait ?
N'était-ce donc pas en effet un scandale bien affligeant que la
violation, sans cesse répétée de ces principes sacrés qui de la
conscience du juge ont fait un sanctuaire inviolable.

Mais si je n'admets pas qu'après *chaque décision judiciaire*,
rendue, soit au civil, soit au grand ou au petit criminel, la conscience du juge puisse être livrée aux plus outrageantes investigations ; si, jamais, je ne saurais admettre, qu'à la suite de *tels et
tels verdicts* d'acquittement ou de condamnation, les jurés, en
France, et aux colonies, les magistrats et les assesseurs puissent
être recherchés, incriminés, soit directement, soit indirectement,
à raison du verdict par eux rendu ; si je maintiens qu'on ne le
saurait faire sans violer les principes et les lois qui, en protégeant
la personne, la conscience et l'indépendance de ceux qui, au
nom de Dieu, de la société et du Roi rendent la justice, protègent
aussi et l'ordre public et la société elle-même; je reconnais,
j'admets cependant que, si par malheur, il arrive que des décisions fréquemment répétées, présentent un caractère étrange,
insolite, et viennent, dans leur ensemble, offrir *les apparences d'un système arrêté*, j'admets, dis-je, qu'alors la
conscience publique puisse s'émouvoir et que, tout en respectant et les intentions et la conscience des juges, tout en se
gardant bien de scruter, *dans chaque affaire prise isolément*,
— comme trop souvent on le fait à l'occasion des verdicts
rendus aux colonies — les élémens de conviction qui ont déterminé ces décisions, on puisse cependant signaler à l'attention

du gouvernement ces tendances funestes qui , si elles n'étaient réprimées compromettraient et la dignité et l'autorité de la justice, et l'ordre social tout entier ; je dis et je maintiens que, pour le gouvernement qui, toujours, doit veiller à ce que rien ne puisse jamais compromettre ce grand principe de l'égalité devant la loi et la justice, principe qui constitue toute la garantie d'une bonne et impartiale administration de la justice ; que pour le gouvernement, dont le premier devoir est de constamment veiller à ce que rien ne puisse, jamais, ou directement, ostensiblement attaquer , ou sourdement miner aucune des bases essentielles de l'ordre social , c'est alors non-seulement un droit incontestable, mais encore un devoir sacré de rechercher et les causes du mal et les remèdes qui puissent combattre , arrêter, paralyser ses funestes tendances.

Ainsi , par exemple, j'admets , je maintiens que, considérant, *dans leur ensemble* , les décisions qui , chaque jour répétées , érigent , ou semblent ériger en système l'application des dispositions de l'article 463 du Code pénal, la conscience publique s'alarme de cette tendance funeste qui , faussant et l'esprit et le but de la loi , paralysant sa juste sévérité , transporte aux crimes les plus atroces, souvent environnés des circonstances les plus aggravantes , les plus odieuses, l'indulgence qu'elle n'a voulu réserver qu'aux circonstances vraiment atténuantes , et convertit ainsi en un scandaleux abus l'une de ses plus belles, de ses plus admirables dispositions.

Et, en présence de cet abus incontestable qui ne saurait échapper à l'œil le moins clairvoyant, qui donc pourrait contester au gouvernement du Roi le droit..... qui donc oserait prétendre que ce n'est pas pour lui un impérieux devoir de rechercher et les causes du mal , et les moyens qui pourraient arrêter, paralyser cette tendance doublement désorganisatrice , doublement déplorable ; car ce n'est pas assez qu'elle nivelle cette échelle des

peines, que la sage et juste prévoyance du législateur a si bien
graduée, si bien proportionnée, selon le plus ou moins de gra--
vité des crimes qu'il s'agit de réprimer, — elle fait plus : elle
tend à compromettre, à mettre en question l'existence, ou,
ce qui serait pire encore, la moralité de l'une de nos plus belles,
de nos plus chères institutions, celle du jury.

Eh bien, si plaçant en regard de ces considérations les dispositions de la loi du 9 août 1847, et raisonnant dans ce cas,
comme nous l'avons fait relativement à l'abus qui se manifeste
dans l'admission des circonstances atténuantes, nous nous demandons : en provoquant cette loi, l'opinion publique s'est-elle fait
l'écho d'une honorable susceptibilité? En appelant la grande
réforme qu'elle consacre, le gouvernement du Roi a-t-il accompli
un devoir ? Evidemment nous n'hésiterons pas à répondre, nous
aussi colons : oui, l'opinion publique s'est fait l'écho d'une honorable susceptibilité ; oui, le gouvernement du Roi a accompli
un devoir.

Envisageons, en effet, dans leur ensemble, et cela sans sonder
sars scruter, *dans chaque affaire*, la conscience et les intentions
des magistrats et des assesseurs coloniaux, envisageons, dis-je,
dans leur ensemble, les résultats, maintes fois répétés de certains procès, jugés aux colonies ; et, si nous dépouillant franchement, loyalement de tout esprit de partialité, nous nous demandons
quelle devait être, en France, l'impression produite par les
verdicts qui les ont terminés, nous n'hésiterons pas à reconnaître,
à répondre avec franchise et sincérité que cette impression ne
pouvait être autre que celle que nous trouvons traduite, fidèlement réfléchie dans le travail consciencieux, si plein de réserve
et de modération de l'honorable rapporteur du projet de loi.

Et, si, pour le gouvernement du Roi c'est un devoir impérieux
de rechercher les moyens de réprimer cette tendance funeste
qui, en France, semble ériger en système l'application des dispo-

sitions de l'article 463 du Code pénal ; pour lui n'était-ce pas
aussi un devoir non moins impérieux, non moins sacré de rechercher aussi les moyens de réprimer cette tendance, non moins
funeste qui, dans certains procès criminels, jugés aux colonies
semblait ériger en système les verdicts d'acquittement qui les
terminaient. Eh bien ! ces moyens il les a trouvés en remontant
aux causes ; et comme ces causes n'étaient autres que des vices
organiques *de l'institution elle-même*, dès-lors donc n'était-ce
pas pour le gouvernement du Roi un devoir de créer une institution nouvelle, à la place de celle dont les vices lui étaient incon-
testablement démontrés.

Sous se rapport donc encore, nous devons voir un grand bienfait
dans la nouvelle cour criminelle que vient de créer la loi du 9
août 1847.

Qu'est-ce donc, d'ailleurs, que l'institution des assesseurs
coloniaux, si ce n'est une institution bâtarde qui n'a été formée
qu'en dénaturant, de la manière la plus fâcheuse, l'une des
plus belles, des plus admirables institutions, dont se glorifie la
France, celle du jury.

Peuvent-ils donc en effet, s'appeler des jurés, ces assesseurs
choisis, au nombre de soixante pour chacune des colonies des
Antilles et de Bourbon, et de trente seulement pour la Guyane ;
Sont-ils donc des jurés qu'on puisse raisonnablement assimiler
aux jurés métropolitains, ces quelques privilégiés, sortis du cercle
restreint d'un petit nombre d'autres privilégiés ? Sont-ils des
jurés ces assesseurs institués pour un temps limité (trois ans),
sur une liste formée, au gré de l'omnipotence d'un gouverneur, sans aucun contrôle qui soit la garantie des conditions
d'aptitude.

N'est-ce donc pas surtout une étrange imitation de la belle
institution, dont on n'a donné aux colonies que l'image hideusement mutilée, que ces cours d'assises composées de quatre

assesseurs et de trois conseillers, dont le nombre avait été porté à quatre par l'article 14 de la loi du 18 juillet 1845 ? Et pourtant, bien moins encore dans leur composition, que dans leurs attributions, elles offrent et cette hideuse mutilation de la belle institution du jury, et le renversement de tous les principes, de toutes les règles qui, en France, en forment les bases et deviennent la garantie des accusés. N'est-il donc pas, en effet, bien étrange de voir des magistrats flanqués d'assistans bourgeois, nommés assesseurs, concourir avec ces derniers à la solution des points de fait; n'est-il pas encore plus étrange de voir, à leur tour, ces doctes assesseurs prêter leur concours aux magistrats pour la décision des points de droit, et prononcer en commun avec eux l'application de la peine encourue ?

Et la loi du 9 août qui vient, en partie du moins, détruire cette imitation bizarre d'une belle et admirable institution ne serait pas un bienfait. Oh ! le soutenir, ce serait, en vérité, se montrer par trop partisan des institutions bâtardes, auxquelles on ne saurait assigner un nom. Je dois ajouter, cependant, que quels que soient les vices de l'institution des assesseurs, quelque bizarre que soit la composition des cours d'assises coloniales, nous n'en devons pas moins, tant que ces institutions conserveront une existence légale, les environner de tous nos respects et nous efforcer d'en paralyser les vices, en les entourant de tout le prestige nécessaire pour qu'elles puissent fonctionner avec efficacité.

Mais, me dira-t-on, pourquoi n'avoir pas, sur leurs ruines, élevé aux colonies cette grande et belle institution dont la France se glorifie ? Pourquoi n'avoir pas appelé les colonies à jouir elles aussi des garanties d'un jury régulier ; pourquoi ne les avoir pas, elles aussi, dotées de cours d'assises, organisées, composées comme elles le sont en France, plutôt que de leur imposer encore ce nouveau tribunal d'exception que vient de créer la loi du 9 août ?

Je regrette de ne pouvoir m'associer *complètement* à ce vœu, formé par mes compatriotes.

Je m'explique :

S'agit-il de crimes, commis par des personnes libres sur ou envers des personnes libres, je ne vois pas pourquoi les colonies seraient plus longtems privées des bienfaits de l'institution d'un jury proprement dit, tel, en un mot, qu'il existe en France? Sous ce rapport donc, je m'empresse d'unir mes vœux à ceux de mes compatriotes, et c'est dans le but d'aider au triomphe de ce vœu, autant que pour justifier la loi du 9 août, que je me suis efforcé de faire ressortir et les vices et la bizarrerie de l'institution des assesseurs, et non pour me donner le triste plaisir de discréditer des institutions qui, — j'éprouve le besoin de le répéter pour l'acquit de ma conscience et la satisfaction de mes principes, — ont droit à tous nos respects, tant qu'elles n'ont pas été régulièrement abolies, ou modifiées.

S'agit-il au contraire des affaires spéciales, déterminées par l'article 1er de la loi du 9 août 1847; s'agit-il en un mot de crimes commis, soit par des libres sur ou envers des esclaves, soit par des esclaves sur ou *envers* des libres, je maintiens que l'institution du jury ne serait pas moins anormale, pas moins irrationnelle que ne l'est, dans tous les cas, celle des assesseurs, telle que l'ont instituée les ordonnances des 30 septembre 1827, 24 septembre et 21 décembre 1828 :

Pour s'en convaincre, il suffit de se rappeler et les bases sur lesquelles repose l'institution du jury, et les principes qui en sont les élémens essentiels ; il suffit surtout de remonter à son origine. En présence de cette simple réflexion, il n'est certainement pas un homme raisonnable qui puisse se dispenser de reconnaître *que le jury n'est pas le tribunal naturel auquel doivent être déférées les affaires spéciales déterminées* par la loi du 9 août 1847.

21

Quand, au contraire, les noirs de nos colonies auront non-
seulement recouvré leur liberté, mais qu'ayant franchi ce tems
d'épreuves que doit leur constituer l'association et la tutelle,
ils auront conquis la plénitude de tous leurs droits de citoyens
et pourront être admis, *sans danger pour eux-mêmes et pour la
société coloniale*, à la jouissance pleine et entière, et surtout à
l'exercice de tous les droits civils et politiques, oh! alors, que sur
les ruines de la nouvelle cour criminelle que vient d'instituer la
loi du 9 août, comme sur celles de l'institution des assesseurs,
s'élève pour eux, comme pour les autres citoyens des colonies, la
grande et belle institution du jury.

Mais jusque-là, le seul tribunal qui puisse naturellement, régulièrement connaître des affaires criminelles, dans lesquelles ils
sont intéressés, soit comme auteurs des crimes commis, soit
comme victimes de ces crimes, c'est celui que vient d'instituer la
loi du 9 août 1847.

Cette déclaration franche et sincère n'est pas de nature, je le
sais, à me concilier la bienveillance de tous les habitans des
colonies et surtout ceux qui, en France, se sont donné la mission
de se montrer plus coloniaux que les colons eux-mêmes, mission
assurément plus nuisible que favorable aux vrais intérêts des
colonies;

Mais, en me décidant à publier cette brochure, dans laquelle,
avec une égale franchise, j'ai blâmé là où ma conscience m'a dit
de blâmer, comme aussi j'ai loué là où ma conscience m'a dit de
louer; en publiant des opinions qui, je ne me fais pas illusion
à cet égard, trouveront des contradicteurs, tantôt dans les
rangs des colons, tantôt dans ceux de leurs antagonistes les plus
prononcés eux-mêmes, je n'ai point cherché, on a pu s'en
apercevoir, à me couvrir de tel ou tel drapeau : le mien, c'est
celui de l'indépendance et de la vérité.

Si je n'ai pas hésité à me placer aussi sous celui que vient

d'arborer le conseil colonial de la Guadeloupe, c'est que la
devise qui y est inscrite résume mes opinions, sauf toutefois,
la modification ou l'addition, que j'ai proposée. Mais, si au lieu
de la trouver en harmonie avec mes principes, j'y avais au
contraire remarqué le plus léger point de dissidence; si, surtout, j'y avais rencontré les symboles funestes de la vieille
résistance coloniale; avec la même franchise, avec la même
ardeur que je me suis empressé de me ranger et d'appeler sous
cette noble bannière tous les partisans sincères et dévoués de la
cause coloniale, je n'aurais pas hésité à l'attaquer, à la combattre,
sans me mettre en peine des conséquences de cette lutte inégale,
ainsi engagée avec des adversaires plus habiles et mieux exercés
que moi. Celui-là qui, avant d'émettre sa pensée, se demande
s'il ne déplaira pas à tel ou tel parti; s'il ne s'exposera pas à
telles ou telles attaques, et qui, s'arrêtant effrayé, à la vue de
l'orage dont il se voit menacé, comprime ses opinions, enchaîne
sa langue, ou jette sa plume, celui-là n'est pas digne — quels que
soient ses talens et sa puissance comme orateur ou comme écri-
vain, — de se dire l'apôtre de la vérité. Celui, au contraire,
dont la conscience est le seul guide, n'est jamais indigne de se
ranger parmi les travailleurs de l'intelligence, quelque faible que
soit ou sa parole, ou sa plume, quelle que soit, en un mot,
son insuffisance. Qu'il blâme, ou qu'il loue; qu'il se défende,
ou qu'il attaque, parler ou écrire avec modération, avec réserve;
ne jamais franchir les bornes des convenances; respecter tout ce
que les hommes doivent respecter, la religion et la morale, les lois
et les pouvoirs de l'État; oui respecter les lois, tout en s'efforçant de provoquer, par les moyens légaux, la réforme de celles qui
sont ou vicieuses ou incomplètes; respecter encore non-seulement
les opinions qu'il combat, mais encore ceux-là, même, dont il
attaque les abus, c'est là tout ce qu'on peut lui demander, c'est
là, d'ailleurs, ce qu'il se doit à lui-même, ce que lui commande

sa propre dignité. Mais lui demander de comprimer sa pensée, de mentir à ses opinions, à sa conscience, ce serait ne pas comprendre, ce serait étrangement méconnaître la plus noble prérogative dont se doit montrer fier et jaloux tout homme qui se fait gloire de porter le cœur haut, et dont le front, jamais, ne saurait lâchement s'incliner en face d'un contradicteur, quelque puissant ou habile qu'il soit, quelque violent ou acerbe qu'il se montre.

Certes, il m'eût été bien doux de n'émettre, jamais, que des opinions en tous points conformes, parfaitement en harmonie avec les opinions de tous mes compatriotes... Eux vers lesquels me portent mes affections et aux intérêts desquels se lient mes intérêts; certes, la tâche que j'ai entreprise eût été plus facile et surtout plus douce, si, pour l'accomplir avec conscience et vérité, je n'avais eu, jamais, à me mettre en opposition avec ce *qu'à tort, selon moi,* — soit dit en passant — on est convenu d'appeler l'opinion coloniale (A).

Mais sacrifier à ce désir, immoler à cette satisfaction et mes convictions et la sainte cause de l'émancipation qui, du reste, n'est autre, aujourd'hui, que celle des vrais intérêts coloniaux, raisonnablement envisagés et sainement appréciés; mais, pour ne pas déplaire *au petit nombre de ceux de mes compatriotes* qui, ne voulant pas voir, s'obstinent encore à vouloir empêcher que la lumière ne jaillisse, porter avec eux une main sacrilége sur le flambeau de la vérité, pour le repousser ou l'étouffer sous la pression impie des préjugés et des mauvaises passions; mais unir mes efforts aux leurs pour écraser et éteindre sous mes pieds l'étincelle de vérité qui, déjà, commence à éclairer la situation; mais refuser d'unir mes vœux et mes faibles efforts aux vœux et aux efforts de ceux qui, avec une noble ardeur, travaillent à

(A) Vouloir bien voir la note ci-après.

activer, à développer cette flamme céleste ; mais ne pas aider, avec tout le zèle qui doit suppléer à ma faiblesse, à mon insuffisance, à déchirer le voile trompeur qui, trop longtems, a couvert la situation ; ne pas m'efforcer de faire briller aux regards de tous les résultats heureux que nous laisse espérer l'avenir colonial ainsi dévoilé, mis en lumière !.... Oh ! qu'on ne l'attende pas de moi ; qu'on ne demande pas que, désertant lâchement mes convictions, je me fasse, jamais, l'adepte impie d'un système rétrograde, enté sur des préjugés et des priviléges que condamnent également les saintes lois de la religion et de la raison.

DERNIÈRE NOTE.

Ce qu'à tort, selon moi, on est convenu d'appeler l'opinion coloniale.
(Page 92 des *Notes Additionnelles.*)

A l'appui de cette affirmation, je pourrais me contenter de renvoyer mes bienveillans lecteurs aux diverses manifestations qui, bien souvent, se sont produites au sein des conseils coloniaux, et spécialement de ceux de la Guyane et de la Guadeloupe.

Mais la dernière adresse du conseil colonial de la Guyane que, par une heureuse coïncidence, je reçois en même tems que l'épreuve de cette dernière feuille de ma publication, m'offre un témoignage trop péremptoire pour que je ne m'empresse d'en revendiquer l'autorité.

D'ailleurs cette adresse, votée en réponse au discours de M. le gouverneur Pariset, à l'ouverture de la session du mois d'août 1847, est trop remarquable pour que je ne m'estime heureux d'en reproduire ici quelques extraits :

Depuis longtems, déjà, les représentans de la Guyane avaient offert la preuve irrécusable que, parmi ceux qui, en France, se font les organes de l'opinion coloniale, il s'en trouve un trop grand nombre qui la traduisent d'une manière au moins inexacte...

Depuis longtems aussi, les représentans de cette colonie, à laquelle je me fais gloire d'appartenir, avaient, par l'attitude ferme et résolue qu'en présence des difficultés de l'époque ils ont su prendre, donné aux colonies l'exemple d'un concours sincère et éclairé, offert, sans arrière-pensée, au gouvernement du Roi, pour l'accomplissement de la grande transformation sociale qui se prépare;

Mais, jamais peut-être, le conseil colonial de la Guyane ne s'était exprimé d'une manière aussi nette, aussi décisive qu'il vient de le faire. Et, si dans cette manifestation, nous ne trouvons pas, comme dans l'adresse spéciale au Roi, votée par le conseil de la Guadeloupe, un système d'émancipation arrêté, n'oublions pas que, par son adhésion au projet de colonisation de M. Jules Le Chevalier, cette assemblée avait, bien avant celle de la Guadeloupe, manifesté ses sympathies en faveur du travail libre avec association;

Mais l'exécution de ce projet ayant rencontré, dans la colonie, de fâcheuses oppositions, il n'est donc pas étonnant que les représentans de la Guyane, se bornent aujourd'hui à formuler leur pensée d'une manière générale qui, bien qu'elle n'émette pas un système arrêté, n'en doit pas moins cependant être considérée comme une manifestation toute favorable à la cause de l'émancipation.

Voici l'article principal de l'adresse :

« Le conseil, éclairé sur la véritable portée de la loi du
» 18 juillet 1845, *se fera un devoir d'examiner* SI LE MOMENT
» N'EST PAS VENU *pour la Guyane d'entrer* ACTIVEMENT *dans*
» *la voie de la grande réforme qui se prépare.*

» Nous avons toujours offert *et nous offrons encore notre* » *concours* au gouvernement du Roi, POUR TOUTE TRANSFOR- » MATION *de la société coloniale, en nous appuyant sur les* » *principes proclamés par lui-même : une juste et préalable* » *indemnité*, ET L'ORGANISATION DU TRAVAIL LIBRE. »

L'opinion de la partie la plus éclairée de la société coloniale n'est donc pas celle qui, en France et aux colonies, se manifeste par une résistance, non moins opiniâtre qu'aveugle, à tout système d'émancipation, à toute pensée de progrès, à toute tendance libérale;

Non, l'opinion coloniale n'est pas celle qui se traîne encore dans les ornières fangeuses, qu'ont creusées les absurdes préjugés et les mauvaises passions :

Aux colonies comme en France, les seules manifestations que ne puissent désavouer — je ne dirai pas les hommes les plus éclairés — mais ceux-là qui sont les plus intéressés à la solution du problème qui, dans ses nœuds, tient l'avenir colonial tout entier, ne sont pas celles qui se traduisent par les incessantes clameurs d'un intérêt mercantile, dont tout les efforts tendent à étouffer, sous les chiffres de ses calculs sordides, toute pensée généreuse, tout noble élan;

Non, ils ne sont pas les interprètes vrais et sincères de l'opinion coloniale, pas plus que des vrais intérêts coloniaux, ceux-là qui, sans honte et sans pudeur, osent encore se proclamer les champions de l'esclavage et du trafic honteux qui l'alimentait naguère;

Ils ne sont pas, non plus — et qu'ils l'entendent bien — les interprètes vrais et sincères de l'opinion coloniale, ceux-là qui, n'osant pas lever le masque hypocrite dont ils se couvrent, osent se dire les partisans de la liberté, et ne cessent pourtant de pousser et d'égarer les habitans des colonies dans les voies funestes d'une systématique opposition.

Et s'ils osaient prétendre que c'est moi qui, dans cette manifestation de ma pensée, ne suis pas l'interprète de l'opinion coloniale, pour les confondre je n'aurais qu'à les renvoyer à la lecture des adresses votées par les conseils de la Guadeloupe et de la Guyane.

Oui, qu'ils relisent et méditent ces paroles : «Nous offrons notre » concours au gouvernement du Roi *pour toute transformation* » *sociale, etc., etc.* » Et ils reconnaîtront que, pénétrant dans la voie du progrès, plus avant même que ne l'avait fait le conseil de la Guadeloupe, les représentans de la Guyane, se montrent, se proclament *disposés à favoriser l'émancipation, sous quelque forme que s'en produise la pensée*, et sans émettre de préférence pour tel ou tel système.

Qu'ils cessent donc ces prétendus défenseurs de l'opinion coloniale de nous imprimer au front, à nous autres habitans ou enfans des colonies, cet odieux renom, dont, pour couvrir un intérêt caché, qu'ils n'osent avouer, ils ne craignent pas de nous jeter l'infamante imposture.

Aussi, gloire donc à vous... A vous honneur et reconnaissance, vous, nos nobles représentans; vous, nos seuls, nos vrais interprètes ; vous, nos seuls, nos vrais défenseurs! Oui, gloire, honneur et reconnaissance à vous qui, par vos manifestations si généreuses, si nobles, si dignes, avez su restituer au titre de colon cette considération, ce respect que lui avaient ravis certains défenseurs qui, à la cause coloniale, ont porté des coups plus funestes, que ne l'ont jamais été les attaques les plus violentes de ses ennemis les plus acharnés.

Étaient-ils donc, par exemple, les interprètes fidèles et sincères de l'opinion coloniale, ceux-là qui, d'une manière non moins extravagante que violente, se sont élevés, se sont récriés contre les dispositions si sages et si admirables de l'ordonnance du 18 mai 1846 sur l'instruction religieuse et élémentaire des esclaves ?

Et pour qu'eux-mêmes ils se fassent leurs propres juges, je n'ai qu'à leur mettre sous les yeux deux paragraphes de l'adresse déjà citée du conseil colonial de la Guyane :

« *Le conseil* apprécie les services du clergé : *l'intervention* » *des ministres de la religion* EST CELLE QUI, ENTRE TOUTES, » PEUT EXERCER LA PLUS HEUREUSE INFLUENCE *sur la marche* » *des événemens qui se préparent.*

» Le conseil, *en exprimant sa satisfaction au sujet de l'éta-* » *blissement des chapelles et des écoles dans certains quar-* » *tiers,* RÉITÈRE LE VOEU *qu'il a déjà formé* POUR LA CONS- » TRUCTION D'ÉDIFICES DESTINÉS AU CULTE *dans les localités,* » *où ils n'existent pas déjà.* »

Est-il donc besoin d'ajouter un mot de plus pour laver à jamais les colons *de cette prétendue opinion coloniale*, dont de faux amis, de perfides interprètes leur avaient imprimé au front la honteuse flétrissure !

Qu'actuellement, les représentans de la Guyane me permettent de leur offrir, d'une manière toute spéciale, le bien faible hommage de mes plus sincères félicitations pour l'émission de ce dernier vœu que je viens de citer : Oui, ce vœu les honore ; oui, ils se sont montrés vraiment sages, vraiment éclairés, en proclamant que l'influence de la religion est la seule qui puisse vraiment seconder les intentions si louables dont ils sont animés.

Mais malheureusement les chapelles ne peuvent s'élever que bien lentement, et, d'un autre côté, les ministres de la religion ne sont pas encore assez nombreux aux colonies, pour que cette influence, dont le conseil colonial de la Guyane sait si bien apprécier les puissans et salutaires effets, puisse s'exercer d'une manière pleinement satisfaisante.

Qu'il me soit donc permis d'émettre ici deux propositions qui, si elles étaient accueillies, viendraient, j'en ai l'intime conviction, puissamment en aide aux intentions du conseil :

1° Si les chapelles s'élèvent lentement, c'est que les fonds volés à cet effet sont insuffisans; c'est encore, il le faut reconnaître, que quelque grand que soit le bon vouloir dont le gouvernement du Roi se montre heureusement animé à cet égard, tous les édifices destinés au culte ne peuvent s'élever comme par enchantement : à l'achèvement de toute chose il faut un tems raisonnable que toute la célérité, tous les efforts des hommes ne peuvent que tendre à abréger.

Mais, si pour édifier partout des chapelles, il faut et le tems nécessaire et des fonds assez considérables, *du moins, pour élever des croix et construire des calvaires* sur plusieurs points de chaque quartier, je dirai plus, *sur chaque habitation*, il ne faut ni un tems bien long, ni beaucoup d'argent. Il n'est pas nécessaire d'attendre les secours et l'intervention du gouvernement : avec leurs propres ressources et tous les moyens qui sont à leur disposition, les habitans peuvent eux-mêmes entreprendre et exécuter ces constructions.

Ici, se présente à ma pensée un douloureux souvenir : à la Guyane j'ai visité plusieurs quartiers, j'ai parcouru un bien grand nombre d'habitations, et pas un calvaire ne s'est montré à mes regards attristés; pas une croix si ce n'est dans les cimetières, comme si la croix du Sauveur du monde n'était pas plus encore le signe de la vie, que celui de la mort !

Je ne prétends pas, qu'à cet égard, l'indifférence des habitans soit toujours aussi grande. Je n'en sais rien; je me plais même à penser que, sur un grand nombre d'habitations, comme en France, sur le bord de tous les chemins, dans tous les carrefours, la première chose qui, aujourd'hui, frappe et attire les regards de ceux qui y débarquent, c'est un calvaire ;

Mais qu'il me soit permis d'ajouter que là où il n'en existe pas encore, on s'empresse d'en ériger, et, bientôt, les maîtres apprendront combien sont puissamment efficaces les saints et pieux enseignemens qui descendent du haut de la croix.

2° Le clergé colonial n'est pas en nombre suffisant pour opérer tout le bien désirable, chacun le reconnaît.

Mais à qui en attribuer la faute? Au gouvernement ou au clergé métropolitain?

D'abord, est-ce au gouvernement? non et oui :

Non, si l'on considère que pour trouver, en France, des prêtres qui consentent à aller aux colonies, le gouvernement apporte à l'accomplissement de cette tâche si importante tout le zèle, toute la persévérance, tout le discernement qu'elle exige.

Oui, si l'on réfléchit à l'étrange organisation hiérarchique du clergé colonial. Croit-on, en effet, qu'un prêtre soit fort empressé d'avoir pour chef, non un évêque, mais un ministre de la marine et des colonies? Non assurément : dans toutes les professions, dans toutes les carrières, dans l'exercice de tout ministère, on aime à rencontrer ses supérieurs hiérarchiques dans l'ordre naturel des institutions et des choses.

Eh bien! que dans chacune de nos colonies soit institué un évêché pourvu, réglementé, administré comme le sont ceux de la métropole, et bientôt, vers les colonies, s'élanceront des légions d'apôtres qui, pleins de zèle et d'ardeur, animés surtout d'une ardente charité, iront unir leurs efforts à ceux de leurs devanciers, dont la pieuse et sainte influence offre, déjà, pour les tems difficiles qui se préparent, des élémens de paix et de sécurité, mille fois plus puissans que n'en présenteront jamais les troupes les plus aguerries, les mieux exercées.

Que les conseils coloniaux n'hésitent donc pas à porter au pied du trône leurs vœux les plus pressans, les plus supplians pour solliciter la création des évêchés coloniaux. Jamais ils n'en auront formés qui soient plus importans pour l'avenir colonial.

Mais toute part faite à cette répugnance bien naturelle qu'éprouvent les ecclésiastiques de la métropole à aller aux colonies se ranger sous la hiérarchie au sommet de laquelle se trouve placé un ministre de la marine, ne peut-on pas dire cependant qu'il est d'autres motifs, d'autres considérations qui devraient en paralyser les effets?

On a fait au clergé métropolitain le reproche d'être resté par trop indifférent à la grande transformation sociale qui se prépare pour les colonies. Je ne veux pas dire que ce reproche soit fondé ; j'aime à croire qu'il ne l'est pas. Mais, si se laissant dominer par une répugnance, bien naturelle du reste, je le répète, le clergé métropolitain ne trouvait, en dehors de ce sentiment, des motifs assez puissans pour l'en faire triompher, n'aurait-il pas à s'adresser le reproche de lui avoir sacrifié et le salut des noirs coloniaux et la haute et salutaire influence que les ministres de Jésus-Christ sont appelés à exercer aux colonies.

Mais non...... le clergé français n'aura pas à s'adresser ce reproche ; non, cette tache ne viendra pas ternir le glorieux renom que lui ont si justement acquis et son zèle éclairé et tous les actes de sublime dévouement qui, chaque jour, viennent ajouter à cette universelle et si juste considération, qu'il a su conquérir aux yeux ce ceux-là, même, qui — fort heureusement en petit nombre aujourd'hui, — feignent encore de ne pas croire à ses vertus, à ses convictions.

Non, le clergé français n'attendra pas qu'une hiérarchie régulière ait été fondée aux colonies, pour s'empresser, de tous les points de la France, de solliciter avec une noble et sainte ardeur le glorieux privilége d'aller accomplir cette grande œuvre de moralisation, de régénération qui, seule, peut assurer à l'avenir colonial les gages de sécurité et de prospérité qu'il s'agit de lui offrir.

Oui, le clergé français s'empressera d'aller porter à cette pauvre population africaine que l'esclavage a transplantée dans nos possessions coloniales les seuls enseignemens qui puissent lui apprendre :

Qu'esclaves, les noirs *doivent attendre avec patience, soumission et résignation*, l'avénement de ce grand jour de délivrance que leur préparent les décrets de la divine Providence ;

Que libres, ils ne doivent avoir d'autre règle de conduite que celle que leur tracent ces paroles du grand Apôtre :

« Car vous êtes appelés, mes Frères, à un état de liberté ;
» *ayez soin* seulement *que cette liberté ne vous serve pas d'occasion pour vivre selon la chair ;* MAIS ASSUJETTISSEZ-VOUS
» LES UNS ENVERS LES AUTRES, *par une charité spirituelle ;*

» Car toute la loi est renfermée dans ce seul précepte : *Vous*
» *aimerez votre prochain comme vous-même.* »

Qu'esclaves ou affranchis, les noirs ne doivent s'attendre à entendre sortir de la bouche de leurs pasteurs que des enseignemens entièrement conformes à ce conseil, si plein de sagesse, que saint Paul adressait à Tite :

« Exhortez les serviteurs à être bien soumis à leurs maîtres,
» à leur complaire en tout, à ne point les contredire ;

» A ne détourner rien de leur bien ; mais à témoigner en tout
» une entière fidélité, afin que leur conduite fasse révérer à
» tout le monde la doctrine de notre Sauveur. »

Que serviteurs ou maîtres, les habitans des colonies, n'ont de bonheur et de paix à espérer que de la conformité de leur conduite à ces autres paroles sorties de la bouche du grand Apôtre :

« Vous, serviteurs, obéissez à ceux qui sont vos maîtres selon
» la chair, avec crainte et avec respect, dans la simplicité de
» votre cœur comme à Jésus-Christ lui-même ;

» Ne les servez pas *seulement lorsqu'ils ont l'œil sur vous,*
» comme si vous ne pensiez qu'à plaire aux hommes ; mais faites,
» *de bon cœur,* la volonté de Dieu, *comme étant serviteurs de*
» *Jésus-Christ.*

» Et servez-les *avec affection,* regardant en eux le Seigneur
» et non les hommes ;

» Sachant que *chacun recevra du Seigneur* la récompense du
» bien qu'il aura fait, *soit qu'il soit esclave*, ou *qu'il soit libre.*

» Et vous, MAITRES, témoignez de même de l'affection à vos
» serviteurs : *ne les traitez point avec* RUDESSE *et avec*
» MENACES, sachant que vous avez, *les uns et les autres,* UN
» MAITRE COMMUN dans le ciel, *qui n'a point égard à la con-*
» *dition* des personnes. »

Que tous les habitans des colonies, quel que soit leur rang ou
leur condition , qu'ils appartiennent à la classe des blancs ou à
celle des hommes de couleur, qu'ils soient libres ou esclaves, ne
doivent jamais oublier que *tous nous sommes frères*, et que , si
parmi nous, il se trouvait quelqu'un qui pût malheureusement
l'oublier, les ministres d'une religion de paix et de charité sont
au milieu de nous pour faire toujours retentir ces paroles sublimes
du même apôtre :

« Vous *n'êtes tous qu'un corps et qu'un esprit*, comme vous
» avez été *tous* appelés à la même espérance ;

» Et qu'il n'y a qu'un Seigneur, qu'une foi et qu'un baptême ;

» Qu'un Dieu, *père de tous*, qui est au-dessus de tous, *qui*
» *étend sa providence sur tout, et qui réside en nous tous.* »

Et, ailleurs : « Que *toute aigreur*, tout emportement, toute
» colère, toute crierie, toute médisance, enfin que toute malice
» soit bannie d'entre vous ;

» Mais *soyez bons les uns envers les autres, pleins de com-*
» *passion et de tendresse*, VOUS ENTRE-PARDONNANT MUTUEL-
» LEMENT, comme Dieu vous a aussi pardonnés en Jésus-Christ. »

Certes, partout, il est grand, noble, sublime ce ministère de
paix et de charité que les ministres de la religion sont appelés à
exercer dans le monde entier ; mais aux colonies, plus que partout ailleurs, il doit, venant en aide à la grande transformation
sociale qui se prépare, peser d'un poids immense dans la balance
où présentement flottent incertaines nos destinées coloniales.

Aussi, qu'en présence de cette conviction, dont, plus mes regards se portent vers l'avenir, plus je me sens pénétré, le clergé français veuille bien permettre, qu'en étendant la main vers les colonies, je lui fasse entendre ces paroles que le Sauveur du monde adressait aux soixante-douze disciples :

« *La moisson est grande, mais* IL Y A PEU D'OUVRIERS; » *priez donc le maître de la moisson qu'il envoie de nouveaux* » *ouvriers* dans sa moisson. »

FIN.

TABLE SOMMAIRE

DE LA NOTE SUPPLÉMENTAIRE ADRESSÉE A M. LE DIRECTEUR
DE L'ADMINISTRATION GÉNÉRALE DES COLONIES.

NOTES ADDITIONNELLES.

DERNIÈRE NOTE.

ERRATA.

AVANT-PROPOS.

Page XIX, *deuxième alinéa, ligne* 8 : — qui leur eut éparguée, *lisez :* qui leur eut épargné.

Page XXIII, *premier alinéa, ligne* 16 : — où nous entraîne le courant des idées et l'irrésistible torrent du progrès, *lisez :* où nous entraînent, etc., etc.

Page XXX, *ligne* 9 : Ces accusations d'humanité et de tyrannie, *lisez :* Ces accusations d'inhumanité, etc., etc.

MEMOIRE DE 1842.
DEUXIÈME PARTIE. — DU TRAVAIL.

Page 36, *ligne* 20 : — il pourrait paraît resuspect, *lisez :* il pourrait paraître suspect.

Page 39, *ligne* 22 : — qui donc, en effet, à pu, *lisez :* a pu.

TROISIÈME PARTIE. — TUTELLE DES ÉMANCIPÉS.
Épigraphes.

Page 67, *troisième alinéa, ligne* 6 : — les injures qu'on vous à faites, *lisez :* qu'on vous a faites.

Page 68, *quatrième alinéa, ligne* 1 : — vous qu, *lisez :* vous qui.

Page 94, *ligne* 13 : — leur onduite, *lisez :* leur conduite.

Page 94, *note, avant-dernière ligne :* — il recueilleront, *lisez :* ils recueilleront.

NOTES ADDITIONNELLES, PLACÉES A LA SUITE DU MÉMOIRE DE 1842.

Page 97, *ligne* 1 : — au moment ou, *lisez :* au moment où.

Page 103, *troisième alinéa, ligne* 8 : — où il devra, étouffant en lui, etc., etc., *lisez :* ou il devra.

SUPPLÉMENT AU MÉMOIRE DE 1842.

LETTRE ADRESSÉE A MM. LES PRÉSIDENTS ET MEMBRES DU CONSEIL DES DÉLÉGUÉS.

Page 13, *ligne* 5 : — quotité déterminé, *lisez :* déterminée.

Page 29, *ligne* 20 : — ne s'empressât, *lisez :* ne s'empresse.

Page 32, *troisième alinéa*, *ligne* 9 : — tout incomplètes qu'elles soient, *lisez :* qu'elles sont.

NOTE ADRESSEE A M. LE DIRECTEUR DES COLONIES.

Page 19, *ligne* 17 : — ne pourrait-il pas être stipulée, *lisez :* stipulé.

Même page, *lignes* 19, 27, 31 : — encourerait, *lisez :* encourrait.

Page 24, *dernière ligne :* — apperçus, *lisez :* aperçus.

Page 25, *troisième alinéa*, *ligne* 3 : — quelle prescrit, *lisez :* qu'elle prescrit.

Page 27, *deuxième alinéa*, *ligne* 2 : — babitations, *lisez :* habitations.

Page 29, *deuxième alinéa*, *ligne* 8 : — seraient enseignés, *lisez :* seraient enseignées.

Page 44, *ligne* 13 : — en sau-vant, *lisez :* en sauvant.

NOTE SUPPLÉMENTAIRE.

Page 6, *lignes* 13 *et* 14 : — du 9 mars 1844 au 9 mars 1846, *lisez :* 1834, 1836.

Page 9, *ligne* 2 : — n'offre que les prémices, *lisez :* les prémisses.

Page 18, *dernier alinéa*, *ligne* 1 : — au lieu de 1836, *lisez :* 1835.

Page 22, *deuxième alinéa*, *ligne* 3 : — l'ardeur et l'aptitude, etc., donne, *lisez :* donnent.

Page 28, *ligne* 7 : — pre-mier âge, *lisez :* premier âge.

Page 56, *ligne* 6 : — quelle cache, *lisez :* qu'elle cache.

NOTES ADDITIONNELLES.

Page 66, *ligne* 9 : — quelle commence, *lisez :* qu'elle commence.

Page 77, *ligne* 11 : à été frappée, *lisez :* a été, etc.. etc.

Page 100, *deuxième alinéa*, *ligne* 6 : — aux yeux ce ceux-là, *lisez :* de ceux-là.

1638. — NANTES, IMPRIMERIE DE CHARLES GAILLARD.